Flucht nach vorn

D1726209

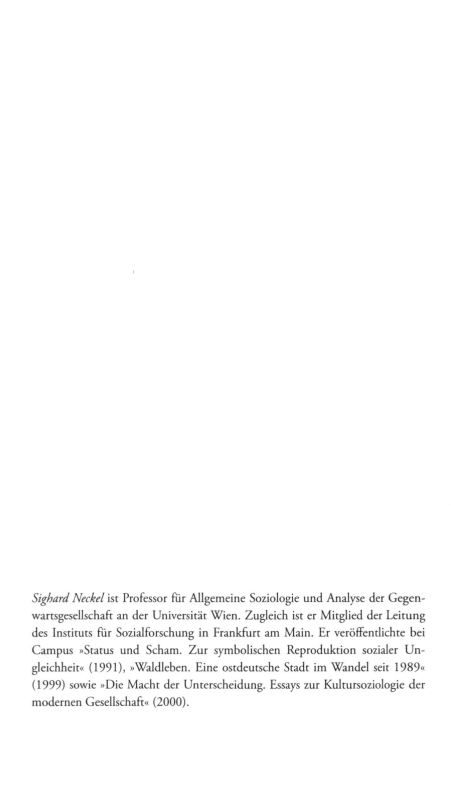

Sighard Neckel ist Professor für Allgemeine Soziologie und Analyse der Gegenwartsgesellschaft an der Universität Wien. Zugleich ist er Mitglied der Leitung des Instituts für Sozialforschung in Frankfurt am Main. Er veröffentlichte bei Campus »Status und Scham. Zur symbolischen Reproduktion sozialer Ungleichheit« (1991), »Waldleben. Eine ostdeutsche Stadt im Wandel seit 1989« (1999) sowie »Die Macht der Unterscheidung. Essays zur Kultursoziologie der modernen Gesellschaft« (2000).

Sighard Neckel

Flucht nach vorn

Die Erfolgskultur der Marktgesellschaft

Campus Verlag
Frankfurt/New York

Bibliografische Information der Deutschen Nationalbibliothek:
Die Deutsche Nationalbibliothek verzeichnet diese Publikation in der Deutschen Nationalbi-
bliografie. Detaillierte bibliografische Daten sind im Internet unter http://dnb.d-nb.de abrufbar.

ISBN 978-3-593-38758-1

Das Werk einschließlich aller seiner Teile ist urheberrechtlich geschützt. Jede Verwertung ist ohne
Zustimmung des Verlags unzulässig. Das gilt insbesondere für Vervielfältigungen, Übersetzungen,
Mikroverfilmungen und die Einspeicherung und Verarbeitung in elektronischen Systemen.
Copyright © 2008 Campus Verlag GmbH, Frankfurt/Main
Umschlaggestaltung: Guido Klütsch, Köln
Umschlagmotiv: © iStockphoto.com/timoph
Satz: Marion Jordan, Frankfurt/Main
Druck und Bindung: PRISMA Verlagsdruckerei GmbH
Gedruckt auf säurefreiem und chlorfrei gebleichtem Papier.
Printed in Germany

Besuchen Sie uns im Internet: www.campus.de

Inhalt

I. Vermarktlichung

II. Die Pflicht zum Erfolg

III. Gefühlskapitalismus

IV. Die Wiederkehr der Gegensätze

Einleitung: Fluchtpunkte von »Erfolg«

Es ist bereits siebzig Jahre her, dass der amerikanische Soziologe Robert K. Merton in einem berühmten Aufsatz über »Social Structure and Anomie« die individuelle Erfolgsorientierung im persönlichen Handeln als übermächtiges kulturelles Ziel seiner Gegenwart beschrieb. Wirtschaftlicher und finanzieller Erfolg seien derart vorrangige Quellen der sozialen Wertschätzung geworden, dass Merton die gesellschaftliche Überbetonung von »Erfolg« auf Kosten aller anderen Wertorientierungen kritisierte.

Merton sprach 1938 – dem Jahr, in dem »Social Structure and Anomie« zuerst erschien – ausdrücklich von der amerikanischen Kultur und nahm mit Bedacht keine Generalisierung seiner Aussagen für die moderne Gesellschaft im Allgemeinen vor. Die Kulturbedeutung des Erfolgs schien ihm aufgrund der besonderen geschichtlichen Voraussetzungen der USA zum *american exceptionalism* zu gehören. Nun kennen selbstverständlich auch andere Kulturen und historische Zeiten die sozialen Tatsachen des Erfolgs, auch wenn hierfür nicht immer ein Begriff oder gar eine soziale Normierung existierte. Das vorbürgerliche Zeitalter in der europäischen Gesellschaftsgeschichte etablierte den politischen Machterwerb und die gesellschaftliche Reputation als soziale Merkmale des Erfolgs, bevor dann der Protestantismus und die bürgerliche Erwerbsethik den Erfolg der Arbeit zum Maßstab der persönlichen Bewährung erhoben. Gleichwohl sah Merton den »Erfolgskult«, wie er dies bereits nannte, gänzlich dem amerikanischen Ethos der Lebensführung verhaftet. Zum einen verfügte die amerikanische Gesellschaft über keine feudale Epoche, in der sich die Mechanismen des ständischen Vorteilskampfes nachhaltig hätten entwickeln können. Die sozialen Distinktionen verlegten sich so auf eine materielle »Geldkultur«, deren soziologischer Kronzeuge Thorstein Veblen (1899/1986) gewesen ist. Zum anderen vermochte es allein das amerikanische Gesellschaftsmodell, den Erfolgskult nicht nur für bestimmte soziale Gruppen sondern für die gesellschaftliche Kultur im Ganzen und für

alle Bevölkerungsschichten gemeinsam zu etablieren. Eben dieser Umstand
der gesellschaftlichen Verallgemeinerung warf für Merton ja das Problem
auf, wie sich unterschiedliche Sozialgruppen auf den gleichermaßen ver-
bindlichen Wert des individuellen Erfolges beziehen könnten, ohne jedoch
in gleicher Weise auch über die legitimen Mittel der entsprechenden Zielverwirklichung zu verfügen, worin Merton die Gefahren von Wertverlust
und Anomie verborgen sah. Der Erfolgskult, so seine Schlussfolgerung,
leiste nur dem abweichenden Verhalten Vorschub und führe am Ende
dazu, dass die soziale Konformität zu den geltenden Normen schwinde.
Merton nahm hierbei einen Gedanken auf, der bereits bei einem Grün-
dungsvater der Soziologie die Gesellschaftsdiagnose bestimmte, stellte für
Émile Durkheim der »Instrumentalismus« des Erfolgs doch ein Menetekel
des »exzessiven Individualismus« (Durkheim 1983: 232) dar, welcher die
soziale Integration untergrabe.

 Man muss die funktionalistischen Sichtweisen von Durkheim und
Merton hierzu nicht unbedingt teilen, um feststellen zu können, dass die
europäischen Gesellschaften der Gegenwart zumindest in dieser Hinsicht
seit langem dem amerikanischen Kulturmodell ähnlicher geworden sind.
Der Erfolgskult, auf den Merton bezüglich der USA bereits historisierend
zurückgeblickt hatte, ist heute auf dem alten Kontinent der Öffentlichkeit
weithin bekannt. Auch hatte schon ein Jahrzehnt vor Mertons Anomie-
theorie die deutsche Soziologie das Thema des Erfolges entdeckt. Wie bei
Merton, der seine Untersuchung vor dem Hintergrund der Großen Depression in den 1930er Jahren formulierte, stand auch für die erfolgsthe-
oretischen Schriften von Gustav Ichheiser (1930) und von Karl Mannheim
(1930/1964b) eine Zeiterfahrung Pate, die von schweren wirtschaftlichen
und kulturellen Umbrüchen gekennzeichnet war. Im Unterschied zu Merton allerdings wurde die Begeisterung für den Erfolg nicht als Überbewer-
tung des modernen Leistungsethos verstanden, sondern als dessen Heraus-
forderung oder Bedrohung. So unterschied Karl Mannheim das »Erfolgsstreben« von der Sachorientierung des Handelns und stellte Erfolg als
»soziale Durchsetzung« dar, deren Verbindung zum sachlichen Leistungs-
handeln wünschenswert, aber faktisch fragil sei. Unterschiedlich fiel auch
die Kennzeichnung der gesellschaftlichen Bereiche aus, in denen der Erfolgskult identifiziert wurde. Für die deutsche Soziologie am Ende der
Weimarer Republik beschränkte er sich auf seinerzeit neuartige Phänomene wie die Popularität in der Massenkultur, das Entstehen von Dienst-
leistungsberufen sowie die zunehmende Bedeutung von Börsenspekulation

und Finanzkapital. Von einer allgemeinen Erfolgskultur war hingegen noch nicht die Rede. Die gesellschaftliche »Pflicht zum Erfolg«, über die Merton sich beklagte, schien jedenfalls der deutschen Gesellschaft noch weitgehend fremd zu sein.

Zumindest drei gesellschaftliche Entwicklungen dürften es sein, die uns heute das Phänomen einer »Pflicht zum Erfolg« wesentlich vertrauter gemacht haben:

Zum einen können wir von einer Ausweitung des sozialen Wettbewerbs sprechen, der sich über die Wirtschaft hinaus verallgemeinert hat. In der Folge nehmen die kooperativen Sozialbeziehungen und die Solidarnormen im Modell des europäischen Sozialstaats in ihrer Bedeutung ab, um Platz zu machen für agonale Strukturen, die heute das gesellschaftliche Alltagsleben bestimmen. Die Gewinner/Verlierer-Unterscheidung, welche die öffentliche und auch die private Wahrnehmung sozialer Beziehungen prägt, geht auf den ökonomischen Mechanismus der Vermarktlichung zurück, der mittlerweile fast überall Fuß gefasst hat. Im Zeitalter des globalen Marktkapitalismus konkurrieren Märkte immer weniger mit anderen Organisationsprinzipien der Gesellschaft wie bürgerschaftlichen Anrechten, staatlichen Regulierungen oder öffentlichen Institutionen. Vielmehr durchdringen sie zunehmend alle Sozialsysteme und richten die Leitlinien von Verkaufserfolg, Flexibilität und Gewinnkalkulation in bald jeder Lebenssphäre auf.

Der Vorrang des reinen Marktprinzips kennt, wenn es um wirtschaftliche Rentabilität und die Optimierung von Leistungen geht, keinen sozialen Ausgleich, sondern nur Starke und Schwache. Wo die »Gewinngröße als Erfolgsindex und als Siegespfosten« (Schumpeter 1987: 138) gilt, werden gemeinhin wenig Rücksichten genommen. Unter dem Druck, den die Vermarktlichung der Gesellschaft bis hinein in einzelne Biographien erzeugt, haben sich individuelle Verhaltensmuster ausgebildet, die wie kaum je zuvor unter der Ägide einer allgegenwärtigen Konkurrenz um ökonomische Chancen stehen. Die semantischen Signale dieser Entwicklung sind – mit einem Wort von Adorno (1964: 9) – »marktgängige Edelsubstantive« wie »Zielvereinbarung«, »Branding«, »Alleinstellungsmerkmal« oder »Selbstmanagement«.

Die Marktgesellschaft heroisiert die Durchsetzung im Wettbewerb und ruft den Unternehmer zur öffentlichen Leitfigur aus. Sie heiligt die Konkurrenz und schickt der »Konsensgesellschaft« die Schmähung hinterher, der politische Statthalter wirtschaftlicher Versager zu sein. Die »Art, in der im kapitalistischen Leben ›Sieg‹ und ›Erfolg‹ gemessen werden« (Schumpeter 1987: 138), ernennt die Märkte zu Kampfrichtern bei der Vergabe von Lebenschancen. Es ist dieser Zwang zur Vermarktlichung, der dafür sorgt, dass die »Pflicht zum Erfolg« eine allgemeine Kulturbedeutung angenommen hat – in privaten Lebenswelten, im beruflichen Alltag, in Unternehmen und gesellschaftlichen Institutionen.

Wer aber »die Gesellschaft auf nichts als einen riesigen Handels- und Tauschapparat reduziert« (Durkheim 1986: 55), der schafft mindestens so viele Nöte und Schwierigkeiten, wie er meint, durch den Markt beheben zu können. Öffentliche Güter verfallen oder werden nicht mehr bereitgestellt, während Märkte ihre Folgekosten in Wirtschaft, Gesellschaft und Ökologie auf die Allgemeinheit verlagern. Einer politischen Selbstauslegung des Gemeinwesens, die als angewandte Betriebswirtschaftslehre auftritt, tut dies wenig Abbruch. Ebenfalls nicht der Inszenierung von Arbeitslust und Wettbewerbsfreude, die versucht, aus dem Zwang, sich durchsetzen zu müssen, eine selbstgewählte kulturelle Lebensform zu basteln. In ihr schicken sich Haushalte an, zu Betrieben zu werden, Personen zu Marken und Bürger zu Kunden. Unfähig, die gesellschaftlichen Probleme zu lösen, welche der Markt hinterlässt, tritt der kulturelle Kapitalismus unserer Zeit im Erfolgskult die Flucht nach vorn in eine Lebensform an, in der das Ökonomische mehr oder minder subtil das Handeln, die Gefühle und die Sinnwelten regiert.

Die Paradoxie dieser Entwicklung liegt darin, dass mit der Verbreitung des Erfolgsprinzips in Gesellschaft und Ökonomie deren eigene Grundlagen erodieren, obwohl der Aufbruch in die Konkurrenzgesellschaft ja gerade verheißen wird, um die ökonomischen und sozialen Bestandsbedingungen auch künftig zu garantieren. Die Aushöhlung des Leistungsprinzips in Wirtschaft und Arbeitswelt ist hierfür ein bezeichnendes Beispiel. Die Vermarktlichung der modernen Ökonomie prämiert das geschäftliche Ergebnis und interessiert sich wenig dafür, wie es zustande kommt, ob es auf Anstrengung oder Ausbildung, auf Wissen oder Pflichterfüllung beruht. Was zählt, ist der reine Geldertrag. Gleichwohl bedeutet der Vorrang des Markterfolgs keineswegs, dass von den Berufstätigen nicht regelmäßig höhere Arbeitsleistungen erwartet würden. So finden wir trotz vermehrtem Stress in vielen Beschäftigungsbereichen eine Entwertung beruflicher Arbeit vor, deren Erträge absolut und relativ – im Vergleich zu Vermögenseinkünften – sinken. In der Werbung für ihren Investmentfond hat die

Postbank diese Entwicklung vor einigen Jahren auf die knappe Formel gebracht: »Wer arbeitet, hat keine Zeit, Geld zu verdienen«. Die neuen Eliten mit internationaler Nachfrage ausgenommen, verursacht die Globalisierung auf den Arbeitsmärkten einen weltweiten Konkurrenzkampf nach unten. Seit die ökonomische Verwundbarkeit den »prekären Wohlstand« (Vogel 2006b) von Mittelschichten erreicht, hat sich das Versprechen der modernen Erwerbsgesellschaft, durch berufliche Arbeit wirtschaftliche Sicherheit und sozialen Aufstieg erlangen zu können, als Illusion erwiesen, da in vielen Bevölkerungsgruppen Arbeitsleistungen zur verlässlichen Daseinsvorsorge immer weniger ausreichen.

Bei den Führungsschichten der Wirtschaft hingegen wurde im Zuge derselben marktliberalen Entwicklung das Leistungs- durch das Erfolgsprinzip ersetzt. Am spektakulärsten, aber bei weitem nicht singulär, nimmt sich dies beim Top-Management aus, dem heute die *celebrities* der populären Kultur als bevorzugte Bezugsgruppe der eigenen Einkünfte dienen. Für mediale Superstars gilt, dass allein der Markt ihren Preis bestimmt. Ist die Nachfrage hoch und stellt sich dem Publikum der Star als einzigartig dar, ist dem Preis prinzipiell keine Grenze gesetzt. Auch käme niemand auf die Idee, danach zu fragen, ob die Gage eines Superstars »leistungsgerecht« sei, weil die Beliebtheit beim Publikum als »Leistung« ganz und gar ausreichend ist. Solche Gewinner-Märkte, bei denen die Ersten im Wettbewerb um die Publikumsgunst erheblich höhere Einkünfte haben als zahlreiche Schlechterplatzierte zusammen, bestimmen den Profisport, den Kunstmarkt und die Unterhaltungsbranche. Im Wirtschafts- und Arbeitsleben allerdings gilt offiziell, dass Einkünfte sich durch Leistungsnormen rechtfertigen sollen. Doch ist aller Rhetorik zum Trotz das Leistungsprinzip in Kreisen der DAX-Ökonomie in Wirklichkeit nicht mehr gut gelitten. Wer sich bisweilen auf Seminaren und Tagungen wirtschaftsnaher Verbände aufhält, kann dort erleben, dass Begriffe wie »Leistungsgerechtigkeit« ausdrücklich abgelehnt werden. Wer »Leistung« sagt, so heißt es, wolle nur Forderungen stellen. Stattdessen gelten »Selbstverantwortung« und »Eigeninitiative« als Leitbilder der Gegenwart. Für die Spitzenverdiener haben diese Leitbilder den Vorteil, weder zum Vergleich einzuladen noch dem finanziellen Markterfolg irgendeine Grenze zu setzen.

Tatsächlich begründet das Leistungsprinzip ein Verhältnis auf Gegenseitigkeit. Anstrengungen sollen belohnt werden und die Belohnungen untereinander das Maß der jeweiligen Verdienste repräsentieren. Ob dies jemals Realität gewesen ist, ist gesellschaftlich letztlich nicht entscheidend.

Wichtig ist vielmehr, dass das Leistungsprinzip eine normative Richtschnur für die Verteilung von Einkommen zieht und somit die Staffelung von materiellen Lebenslagen nicht einfach dem Resultat ökonomischer Ausscheidungskämpfe überlässt. Wo diese Richtschnur jeweils genau justiert werden sollte, darüber kann es keine objektiven Richtwerte geben. Das Leistungsprinzip bedarf der gesellschaftlichen Aushandlung und des Konflikts um Verteilungsgerechtigkeit. Genau darin liegt sein Wert für die soziale Ordnung im Ganzen, welche sich erst im Zuge solcher Aushandlungsprozesse gemeinsamer Maßstäbe inne werden kann.

Im allein meritokratischen Prinzip der sozialen Schichtung hat das Bürgertum einst sein Arbeitsethos gegen die aristokratische Maßlosigkeit des reinen Genusses behauptet. Der ökonomische Neofeudalismus hingegen, wie er sich heute im Spitzenmanagement manifestiert, ist nicht nur ganz und gar unbürgerlich. In seinem Hang zum profanen Kult der Verschwendung berührt er sich auch mit der Bewunderung, die seit je her in den plebejischen Schichten für die demonstrative Ausstellung des Reichtums zu finden ist. Dass sich »ganz oben« und »ganz unten« die Wertvorstellungen mitunter gleichen, ist keine Neuigkeit in der Gesellschaftsgeschichte. Umso bizarrer ist es, wenn die moderne Geldelite dem Volk Leistungsmoral beibringen will.

Ist die Vermarktlichung der Gesellschaft als strukturelle Voraussetzung für die Erfolgskultur der Gegenwart zu begreifen, so stellen die subjektiven Formen, in denen sich der Marktkapitalismus repräsentiert, die kulturellen Aspekte jenes Prozesses dar, der heute die »Pflicht zum Erfolg« in den Institutionen und Lebenswelten auch europäischer Länder verankert. Ein zweiter Bedingungsfaktor für die Erfolgsnorm liegt denn auch in der Individualisierung gesellschaftlicher Selbstbeschreibungen begründet. Der kollektive Druck, der Einzigkeit jedes einzelnen Ausdruck geben zu müssen, hat grundsätzlich das Ausmaß entschieden erhöht, in dem Akteure persönliche Verantwortung für ihr soziales Schicksal zugeschrieben bekommen. Im Verein mit der Entwicklung stärker agonaler Gesellschaftsstrukturen entsteht so der Typus des *Wettbewerbsindividualismus*, der nicht allein der Arbeit oder einer Leistung, sondern der des Erfolges als persönlicher Bewährung bedarf.

Der Wettbewerbsindividualismus stellt vor allem performative Anforderungen. Er gebietet, die Nachfrage nach der eigenen Person sichtbar zu inszenieren, um Vorsprünge erhalten und ausbauen zu können. Hier gelten die drei Grundfragen, welche die amerikanische Kulturkritikerin Susan

Faludi (1999: 598) aufgezählt hat: »Are you known? Are you sexy? Had you won?« Erfolg, als »soziale Durchsetzung« verstanden, ist eine Zuschreibungskategorie und entsteht im Medium der Wertungen Dritter. Erfolge müssen auffallend sein und möglichst frappant dargestellt werden. Eine Gesellschaft, der es auf sichtbare Erfolge ankommt, bringt daher eine eigene ökonomische Praxis hervor, die performative Ökonomie. Im deutschen Sprachraum kann dieser Kult des Performativen schon deswegen kaum hinreichend gewürdigt werden, weil dem Deutschen eine semantische Differenzierung fehlt, die dem Angelsächsischen seit langem vertraut ist. Wird dort als *achievement* bezeichnet, was eine Person durch eigene Anstrengung erreicht, so als *performance*, wie sie sich dabei vor anderen ausgenommen hat. Als neudeutscher Anglizismus ist die »Performance« auch in die Wirtschaftssprache von Unternehmen und Finanzmärkten eingesickert, wo man zu Recht der Auffassung ist, dass sich mithilfe des Performativen der heute hauptsächlich gefragte Typus von Leistungsstärke am besten ausdrücken lässt. Beim performativen Leistungsverständnis kommt es – kurz gesagt – darauf an, möglichst gut auszusehen, was stets leichter fällt, wenn die Konkurrenz optisch klar das Nachsehen hat. Die performative Ökonomie des Erfolges treibt daher den Wettbewerbsindividualismus mit eigenen agonalen Beweggründen an.

Ein weiteres Charakteristikum ist die Hingabe an das Gefühl, da nur besonders zu beeindrucken vermag, was auch emotional seine Spuren in der persönlichen Darstellung hinterlässt. Die Produktion von Gefühlen und deren gelungene Präsentation sind daher zu einer eigenen Branche des wirtschaftlichen Erfolgsprinzips geworden. Häufig tritt der Gefühlskapitalismus unserer Zeit gemeinsam mit einer Zwillingsschwester auf, die das Emotionale des Geschäftslebens durch das Spirituelle ergänzt. So werden Kunden, die sich für irgendein Gebrauchsgut interessieren, nicht selten mit den »Visionen« behelligt, die sein Produzent davon angeblich hat. Und auch Aktionärsversammlungen, »Team-Management« am Arbeitsplatz oder Kundenbetreuung vermögen bisweilen an esoterische Erweckungsveranstaltungen zu erinnern. An der Spitze von Unternehmen sieht dies nicht wesentlich anders aus. Management heißt heute vor allem, »Investor-Relations« zu pflegen, wie dies der Jargon gerne nennt. Manager sind deshalb vielfach zu »Eindrucksmanagern« geworden, deren vordringlichste Aufgabe es ist, bei Geschäftspartnern, Geldgebern und Kunden positive Stimmungen und optimistische Erwartungen zu erzeugen.

Die Ökonomie der Gefühle und der symbolischen Zeichen scheint immer größere Teile der Wirtschaft in dem Maße zu durchziehen, wie die unkalkulierbaren Bewegungen von Aktienmärkten und Anlagekapital, von Konsumkonjunkturen und globalen Wettbewerben das ökonomische Schicksal bestimmen. Manche Beobachter des Marktkapitalismus sprechen sogar davon, dass durch die heutige Ökonomie kontingenter Gelegenheiten »der Zufall an die Stelle des Heiligen tritt« (Ignacio Ramonet). Davon ist der Wettbewerbsindividualismus vor allem beim gewöhnlichen Menschen betroffen, dessen persönliche Chancen und Risiken in äußerst empfindlicher Weise an die Verlaufskurven wirtschaftlicher Erfolge angeschlossen sind. Auch kehren im neuen Gewand alte Gegensätze zurück: Gewinner und Verlierer, arm und reich, Erfolg und Scheitern.

Eine der subjektiven Reaktionsweisen darauf ist, die Zwänge des Erfolgsprinzips als eigenes Streben zu internalisieren. Dies kann in verschiedenen Varianten beobachtet werden. In einer eher plebejischen Weise tritt das subjektive Erfolgsstreben in modernen Medienformaten wie den Castingshows auf, mit denen versucht wird, TV-Prominenz als Katalysator des eigenen Fortkommens zu nutzen. Exzentrischer gibt sich der Versuch, durch Schockstrategien und Provokation an der Konventionalität des Unkonventionellen zu partizipieren. Ganz konformistisch wiederum das Unterfangen, mittels gelungener Auftritte in der Sichtweite des jeweils relevanten Milieus individuellen Erfolg nach außen als Event erscheinen zu lassen.

Welche Stilisierung auch immer den Habit von Erfolg prägen mag, stets befindet sich ein unternehmerisches Selbst im Kampf um Aufmerksamkeit und Beachtung, dem die Bilanz seiner Investitionen im persönlichen Anbieterwettbewerb nicht gleichgültig sein kann. Darin sieht es sich nicht nur mit dem ökonomischen Prinzip der reinen Ergebnisorientierung verbunden. Es darf sich auch bestärkt fühlen durch die Regeln der Politik, die in der Mediendemokratie mehr und mehr als normfreie Zone geschickter Selbstinszenierungen erscheint. Der politische Machtkampf ist die Geburtsstätte des Ringens um die »soziale Durchsetzung« schlechthin und somit Ursprung allen Erfolgsstrebens. Seit jeher ging es im Politischen darum, Rivalen aus dem Felde zu schlagen. So paart sich der aktuelle Chic erfolgreicher Performanz mit dem Atavismus elementarer Kampfmotivation.

Das persönliche Selbstbewusstsein, welches im performativen Nahkampf um den Erfolg als subjektives Nebenprodukt abfallen soll, nährt

sich hierbei jedoch nur mit leicht verderblicher Kost. Wenn die eigene
Geltung vom sozialen Vergleich aktueller Erfolgsbilanzen abhängt, müssen
gute Platzierungen und deren Statussymbole andauernd ausgestellt und
auch nur geringe Wettbewerbsvorteile ständig bewirtschaftet werden. Das
Ego schwächt sich nachhaltig selbst, wenn es sich vom äußeren Erfolg
abhängig macht. Fallen die Kurse für die eigene Person, ist es auch mit
dem Selbstbewusstsein vorbei, sofern jenseits der »sozialen Durchsetzung«
keine anderen Möglichkeiten von Anerkennung und Selbstachtung bestehen. Selbst im Fall, dass sich Ambitionen verwirklichen lassen, wird das
Subjekt mit den paradoxen Verlaufsformen und Bewegungsgesetzen des
Erfolgsstrebens konfrontiert. Der Erfolgreiche weiß häufig ja nicht, ob er
an ein Ziel angelangt ist oder mit dem Erfolg gerade nur wieder einen
neuen Ausgangspunkt erreicht. Und manchmal sieht es so aus, als ob die
Person, die ein bestimmtes Erfolgsziel anstrebt, eigentlich flieht und nur
vor der Angst und der Leere davonlaufen will.

Der Wettbewerbsindividualismus, den das Erfolgsprinzip zeugt, steht
ganz in Abhängigkeit von den Unwägbarkeiten der ökonomischen Märkte.
Er entbehrt aller Eigenschaften, die ihn als Steigerung von Freiheit und
von persönlicher Autonomie ausweisen könnten. Vielmehr verkörpert er
die kompetitiv ausgerichtete Version jenes »negativen Individualismus«,
den der französische Soziologe Robert Castel (2000) eindrücklich beschrieben hat. Negativer Individualismus ist stets mit existentieller Unsicherheit
gepaart und vermag sich nicht mit den sozialen Rechten eines kollektiven
Status zu verbinden. Daher vagabundiert er in der Sozialstruktur nach den
Gesetzen des Zufalls beständig zwischen unten und oben. In nicht wenigen Fällen kehrt er zu jenen Erscheinungsformen eines Kapitalismus zurück, in denen Arbeitsnomaden auf der Suche nach Lebenschancen und
Glück der Willkür des Marktes und dem Fatalismus gesellschaftlicher
Wechselfälle schutzlos ausgeliefert waren. Auch wenn sich dies heute –
jedenfalls in Mitteleuropa – nicht unbedingt erkennbar ärmlich ausnehmen
muss, sondern bisweilen die Attitüde angestrengter Lebensfreude zeigt
oder als modernes »Erlebnisproletariat« (Wilhelm Genazino) auftritt, so
begeben wir uns damit doch in eine gesellschaftliche Konstellation, die
man historisch eigentlich hinter sich glaubte.

Die »Pflicht zum Erfolg« scheint drittens schließlich Teil einer allgemeinen Entwicklung in den modernen Gesellschaften der Gegenwart zu
sein, deren Signum die Ausbreitung instrumentalistischer Verhaltensweisen
und Einstellungen in zahlreichen Lebensbereichen ist (vgl. Taylor 1997:

11ff.). Markt, Medien und politische Macht konvergieren bei all ihren jeweiligen Eigenlogiken darin, einen erfolgsorientierten Handlungstypus zu favorisieren. Ökonomische Märkte, deren Trennungen von »Gebrauchswert« und »Tauschwert«, von »formaler« und »materialer« Rationalität bereits Karl Marx und Max Weber analysierten, sichern weniger denn je eine »materiale« Wertrealisierung, seit die Dominanz der Finanzmärkte die Bedeutung produktiver Leistungen für das wirtschaftliche Geschehen verblassen lässt. Mediale Öffentlichkeiten wiederum organisieren sich nach dem Prinzip, durch die Überbietung von Spannungsreizen ein Maximum an Aufmerksamkeit zu erzielen, so dass demgegenüber das Leitbild des »wohlinformierten Bürgers« (Schütz 1972) in den Hintergrund rückt. Politische Macht schließlich nimmt vielfach die instrumentelle Gestalt an, sich Herrschaftsanteile durch Strategien jenseits demokratischer Normen und institutioneller Verfahren zu sichern.

Erfolg verrechnet sich in all diesen gesellschaftlichen Kontexten an der reinen Nützlichkeit des Handelns für die effektive Verwertung je eigener Macht- und Ertragsinteressen – sei es in Form wirtschaftlicher Gewinne, die jeder Zurechnungsmöglichkeit als persönliche Leistung entbehren, sei es als virtuose Handhabung einer Aufmerksamkeitsökonomie, die auf die sich selbst verstärkende Logik von Prominenz vertraut, oder als Machiavellismus des politischen Machtkampfs, der demokratische Institutionen vor allem als Ressource eigener Vorteile nutzt.

Reines Erfolgshandeln zeichnet es aus, sein strategisches Ziel allein in der eigenen Wirksamkeit zu finden: »Das Maß des Erfolgs ist die maximale Effizienz« (Taylor 1997: 11). Weil es sich einzig von einem erwünschten Ergebnis her entwirft, ist Erfolgshandeln an weitere Normsetzungen nicht gebunden. Paart es sich mit der Ökonomisierung des Sozialen und wird es im Zuge einer marktliberalen Politik von regulierenden Normen entbunden, avanciert »Erfolg« zum Inbegriff der instrumentellen Vernunft unserer Zeit, die unter den Bedingungen der modernen Marktökonomie beste Anwendungsbedingungen findet.

Welche Selbsttäuschungen und Paradoxien im »Mythos des Erfolgs« (Horkheimer/Adorno 1969: 142) sich verbergen, darauf ist die kritische Gesellschaftstheorie schon zu anderen Zeiten gestoßen. Sie hat die gesellschaftliche »Erfolgsreligion« (ebd.: 154) zum modernen Aberglauben gezählt und mit beißender Polemik das kulturelle Axiom der Konkurrenzgesellschaft seziert, demzufolge noch »Lust und Vergnügen dem Fortkommen, dem praktischen Erfolg als höherem Zweck dienen müssen« (Adorno

1979: 160). Diesem Grundsatz entsprechend wird heute die Lebensführung mit Optimierungsprogrammen wie »Work-Life-Balance« aufgerüstet, so dass die Kritik des Erfolges beständig neues Anschauungsmaterial erhält. Die überragende Kulturbedeutung des Erfolgs verleiht seiner Sozialanalyse eine aufschließende Kraft für die Zeitdiagnose im Ganzen. Die nachfolgenden Studien verstehen sich denn auch als Beiträge zu einer Kultursoziologie des Marktkapitalismus, die sich des Erfolgs als eines Leitbegriffes bedient, mit dem die soziologische Analyse zu den verschiedensten Sinnwelten der Gegenwart hingeführt werden kann. Kapitel, die sich dem Prozess der Vermarktlichung der Gesellschaft grundsätzlich und in moralischen und ästhetischen Einzelheiten widmen, werden ergänzt durch erfolgssoziologische Betrachtungen, die nicht nur in die Theorie des Erfolgs einführen, sondern dem Erfolgsprinzip in Kultur und Ökonomie auch empirisch und phänomenologisch nachgehen. Der Entkoppelung von Leistung und Erfolg kommt hierbei eine besondere Bedeutung zu, da sich in diesem Vorgang zahlreiche Momente des heutigen sozialen Wandels verdichten. Zu den auffälligsten Erscheinungen dieses Wandels zählt die Emotionalisierung des Erfolgs. Der Gefühlswelt des Marktkapitalismus wird deshalb spezielle Beachtung geschenkt. Mit den sozialen Verwerfungen, welche die Erfolgskultur der Marktgesellschaft hinterlässt, befassen sich schließlich eigene Untersuchungen, die über die Wiederkehr der Gegensätze informieren.

Weil »Erfolg« im Folgenden aus wechselnden Perspektiven heraus betrachtet wird, ließ sich der Umstand, bestimmte Argumente mehrfach anbringen zu müssen, nicht vermeiden. Auch versammelt *Flucht nach vorn* Texte, die einer bereits mehrjährigen Auseinandersetzung mit dem Erfolgsphänomen entstammen. Und so wurde zugunsten der Konsistenz von Beiträgen darauf verzichtet, einzelne Passagen nachträglich umzuformulieren. Allerdings wurden mitunter gewisse Ergänzungen und stilistische Veränderungen vorgenommen. Gewidmet ist dieses Buch unserem Sohn Tilman, der gerade erst zwei Jahre alt ist. An »Erfolg« im hier verhandelten Sinn hat er wenig Interesse, obwohl ihm an der »sozialen Durchsetzung« seinen Eltern und seiner großen Schwester gegenüber durchaus gelegen ist. Ansonsten freut er sich über jene Erfolge des eigenen Tuns, die sich bei seiner Entdeckung der Welt und der Dinge einstellen.

I. Vermarktlichung

Die Marktgesellschaft als kultureller Kapitalismus: Zum neuen Synkretismus von Ökonomie und Lebensform

Verfolgt man die aktuellen Debatten über den globalen Kapitalismus der Gegenwart, so stößt der Beobachter immer wieder auf eine zentrale sozialwissenschaftliche Diagnose: Der Kapitalismus unserer Zeit sei durch eine gesellschaftliche Verallgemeinerung seines ökonomischen Prinzips des marktförmigen Tausches charakterisiert sowie durch eine Entkoppelung des Marktgeschehens von allen sozialen Bezügen und kulturellen Werten. Der zentrale Begriff hierfür ist derjenige der »Entbettung« oder der *disembeddedness*, der auf die Analysen des großen Wirtschaftshistorikers Karl Polanyi (1978; 1979) zurückgeht. Polanyi zufolge bedeutet die Idee des sich selbstregulierenden Marktes, wie sie heute erneut Urstände feiert, eine sogenannte »krasse Utopie«, die in der Regel dazu führt, die »menschliche und natürliche Substanz von Gesellschaften zu vernichten« (Polanyi 1978: 19f.). Die »Kommodifizierung«, also die Anpassung aller Produktionsfaktoren wie Boden, Arbeit und Geld an das reine Marktregime, sei – so Polanyi – ein »frivoles Experiment«, das zur sozialen Desintegration und zur Ablösung humaner Werte durch einen materialistischen Individualismus führen müsse.

Seine Kritik am liberalen Wirtschaftsmodell, das »die Gesellschaft als Anhängsel des Marktes« (ebd.: 88) begreift, gewann Polanyi aus einer umfassenden Untersuchung jener einschneidenden Transformation (*The Great Transformation*), die die Ausbreitung der kapitalistischen Marktwirtschaft seit dem ausgehenden 18. Jahrhundert ausgelöst hatte. Bis dahin sei wirtschaftliches Handeln stets auf die Prinzipien der Reziprozität, der Redistribution und der Haushaltssicherung ausgerichtet gewesen, während das Gewinnstreben keine maßgebliche Rolle spielte (ebd.: 75ff.). Brauch, Sitte, Gesetz, Magie oder Religion sorgten dafür, dass sich das wirtschaftliche Verhalten von Akteuren im Einklang mit den vorherrschenden Prinzipien des ökonomischen Subsistenzerhalts bewegte. Die weltgeschichtliche Zäsur nun, die das wirtschaftliche *laissez-faire* der bürgerlichen Gesellschaft darstellt, wird demgegenüber dadurch markiert, dass die Ökonomie nicht länger mehr in übergreifende soziale Beziehungen, Normen und Institutionen eingebettet ist. Die Wirtschaft organisiert sich fortan auf der alleinigen Basis des Marktes, dem sich zunehmend alle Einkünfte und Einkommen einer Gesellschaft verdanken (ebd.: 102ff.). Gegen die damit verbundene wirtschaftliche Unsicherheit und gegen die moralische Degradierung, welche die Allgegenwart des Gewinnstrebens zur Folge habe, hätten sich die Gesellschaften vom 18. Jahrhundert an jedoch beständig gewehrt. Der Selbstschutz von Gesellschaften gebiete es, die Freiheit des Marktes hinsichtlich der Nutzung von Mensch und Natur zu begrenzen, und so beschreibt Polanyi denn auch die moderne Wirtschaftsgeschichte als eine Doppelbewegung zweier Organisationsprinzipien von Ökonomie, wobei das eine auf die ungebändigte Freiheit des Marktes drängt, während ein anderes daran arbeitet, die Wirkungen des selbstzerstörerischen Marktprinzips zu begrenzen (vgl. ebd.: 182ff.).

Heute nun, angesichts einer globalen Wirtschaftsordnung, die keine Alternative zum Weltmarkt mehr kennt, und im Zeichen einer allgemeinen Deregulierung der Ökonomie, scheint dieser gesellschaftliche Widerstand gegen die Allmacht des Marktes erlahmt zu sein. Tatsächlich können wir feststellen, dass sich die Unterscheidung von Markt und Gesellschaft vielfach aufzulösen beginnt. Die Imperative ökonomischer Rentabilität durchdringen gleichmäßiger denn je die verschiedenen »Wertsphären und Lebensordnungen« (Max Weber) der Gesellschaft, so dass heute nicht ohne Berechtigung von der Wiederkehr einer modernen Marktgesellschaft zu sprechen ist. Marktgesellschaften und Kapitalismus sind dabei nicht in sich identisch. Marktgesellschaften unserer Zeit stellen vielmehr jene institutionellen Formen des modernen Kapitalismus dar, die sich aus der Regulation des wirtschaftlichen Wettbewerbs durch limitierende Sozialnormen sukzessiv herauslösen und dabei die relative Vielgestaltigkeit in den modernen Regeln der Ressourcenverteilung – Recht, Bedürftigkeit, Solidarität – auf das schließlich vorherrschende Prinzip von Angebot und Nachfrage reduzieren. Als Folge werden bisher normativ differenzierte Lebensbereiche, die aufgrund der Sozialkompromisse des wohlfahrtsstaatlichen Kapitalismus durchaus unterschiedliche Verteilungsmuster kannten, zunehmend durch die Einsinnigkeit zweckrationaler Erwerbskalküle regiert.

Ausgelöst wurde die Wiederkehr der Marktgesellschaft, die man in Westeuropa auf die letzten beiden Dekaden datieren kann, durch einen allgemeinen Strukturwandel, in dessen Gefolge sich die Machtchancen ökonomischer Akteursgruppen erheblich erweitert haben. Ein wesentlicher Faktor war dabei neben technischen Innovationen die globale Ausdehnung der Konkurrenzbedingungen kapitalistischer Ökonomie, die von den Wirtschaftseliten zur Deregulation der Arbeitsmärkte und Wohlfahrtsinstitutionen genutzt worden ist. Dies blieb nicht ohne Folgen für das Zusammenspiel zentraler Institutionen, durch die moderne Gesellschaften gekennzeichnet sind: Die Sphären der sozialstaatlichen Integration, der politischen Willensbildung und der privaten Lebensführung haben sich den Imperativen ökonomischer Märkte wesentlich anpassen müssen – und so stellen soziologische Zeitdiagnosen und empirische Untersuchungen zu den Arbeitsorganisationen, zur Sozialpolitik, zu den Familien oder den städtischen Räumen der Gegenwart fest, dass die moderne Gesellschaft heute durch eine »sukzessive Vermarktlichung« (Bode/Brose 1999: 179) ihrer wichtigsten Lebensbereiche und Institutionen durchdrungen wird.

Die Marktgesellschaft, für Polanyi noch jene typische Form kapitalistischer Ökonomie, aus deren Krisen heraus die westlichen Gesellschaften des 20. Jahrhunderts die Konsequenzen sozialstaatlicher Eingrenzung und wirtschaftlicher Kontrolle zogen, ist dadurch wieder zur vorherrschenden Gestalt des Kapitalismus geworden. Aber findet damit der Kapitalismus auch keine soziale und kulturelle »Einbettung« mehr vor? Können wir die Marktgesellschaft der Gegenwart möglicherweise als eine Gesellschaftsform begreifen, die einer Einbettung überhaupt nicht mehr bedarf?

Die soziologische und gesellschaftstheoretische Debatte zu diesem Problem hat bisher einen etwas unglücklichen Verlauf genommen. Ein Grossteil der Wirtschaftssoziologie etwa, die im letzten Jahrzehnt einen gewaltigen Aufschwung genommen hat (vgl. Granovetter 1985; Zukin/ DiMaggio 1990; DiMaggio 1994; Beckert 1996; 1999; Fligstein 2001), bemüht sich anhaltend um den Nachweis, dass die reine Marktgesellschaft ohnehin eine Fiktion sei, die eher dem Modellplatonismus der ökonomischen Neoklassik als der gesellschaftlichen Wirklichkeit entspräche. Auch der globale Kapitalismus bedürfe kultureller und sozialer Rückkopplungen, so dass von einer Vermarktlichung jedenfalls der Gesellschaft nicht die Rede sein könne. Ohne soziale Netzwerke, kulturelle Normen und sozialmoralische Ressourcen wie etwa Vertrauen würde auch der Shareholder-Kapitalismus nicht funktionieren.

Eine Gegenposition hierzu nahm Pierre Bourdieu und nehmen all jene Zeitkritiker ein, die den globalen Kapitalismus unter dem Leitbegriff des »Neoliberalismus« analysieren. Sie konstatieren gerade das, was die Wirtschaftssoziologie entschieden bestreitet, nämlich die gesellschaftliche Los-lösung des Kapitalismus von einschränkenden und regulierenden Normen, so dass – wie Bourdieu es ausgedrückt hatte – die kapitalistische Utopie grenzenloser Ausbeutung dabei sei, eine gesellschaftliche Realität zu werden (vgl. Bourdieu 1998: 109ff.).

Im Folgenden will ich stichwortartig die Stärken und Schwächen der jeweiligen Positionen benennen, um dann zu einer eigenen Einschätzung über die heutige gesellschaftliche Einbettung des Kapitalismus zu gelangen. Die wirtschaftssoziologische Sicht nenne ich hierbei die »Normalisierung« des gegenwärtigen Umbruchs, den wir in der globalen Ökonomie erleben; die Perspektive der Globalisierungskritiker möchte ich hingegen als »Dramatisierung« bezeichnen, wobei diese Bezeichnungen nicht schon als Aussagen über die Richtigkeit der jeweiligen Einschätzung gelesen werden sollten, denn es könnte ja sein, dass wir gegenwärtig tatsächlich eine extreme Steigerung des kapitalistischen Gewinnprinzips in der Gesellschaft erleben, so dass eine dramatisierende Deutung angemessen und eine »normalisierende« Interpretation inadäquat wäre.

Zuvor jedoch soll zunächst die elementare Funktionsweise moderner ökonomischer Märkte betrachtet werden, welche die soziologische Theoriegeschichte vor allem unter dem Aspekt »gesellschaftlicher Rationalisierung« verhandelt hat. Von Max Weber bis Jürgen Habermas sind Märkte als typische Formen verselbständigter Handlungssphären analysiert worden, die – wenn sie erst einmal etabliert sind – einer eigenen, durch soziale und kulturelle Einwirkung nicht umstandslos zu beeinflussenden Logik folgen. Weber selbst war es, der hierzu in seiner Soziologie des modernen Kapitalismus wichtige Feststellungen traf. Der zentrale Punkt seiner Analyse des Marktes ist die Trennung von formaler und materialer Rationalität, womit er eine Konsequenz der Marktökonomie ansprach, die bekanntlich schon Marx im Visier hatte, der hierfür die Kategorien von Tausch- und Gebrauchswert benutzte.

Der Markt operiert nach den Regeln von Angebot und Nachfrage. Sein eigener Wertmaßstab ist das Geld, das eine verkäufliche Ware kostet oder einbringen kann. Idealerweise müssen Akteure auf Märkten daher mit geringem Aufwand größtmögliche Erträge erzielen, wenn sie sich ökonomisch rational verhalten wollen. Ob und in welchem Umfang soziale Normen oder kulturelle Werte dabei eine Rolle spielen, ist nur unter dem Gesichtspunkt der Preise relevant, die man bei einem Angebot erzielt oder bei der Nachfrage entrichtet. Märkte sind ausschließlich an ökonomischen

Ergebnissen interessiert, gegenüber der Art ihres Zustandekommens und gegenüber ihren Auswirkungen sind sie gleichsam »blind« und neutral. Max Weber hat diesen Sachverhalt mit den Worten beschrieben, dass der Markt als solcher keine materiale Wertrealisierung sichert, sondern allein nach dem formal rationalen Prinzip der Geldrechnung funktioniert (vgl. Weber 1980: 44ff.). Märkte sind ihren eigenen endogenen Funktionsmechanismen nach strikt utilitaristisch organisiert (vgl. Wiesenthal 2000) und verschließen sich dem Versuch, sie für andere Handlungsprinzipien verfügbar zu machen. Dies kann etwa am Beispiel des Verhältnisses von ökonomischen Märkten zur Norm der Leistungsgerechtigkeit aufgezeigt werden (vgl. auch Neckel et al. 2005). Im modernen Kapitalismus kommt dem Markt die zentrale Funktion zu, über den Wert von Leistungen zu befinden. Doch entgegen der landläufigen Überzeugung, dass Märkte prinzipiell stets Leistungswettbewerbe organisieren, weisen das Markt- und das Leistungsprinzip doch grundlegende Unterschiede auf: Der Utilitarismus des Marktprinzips findet keine Entsprechung im Leistungsprinzip, das mit seinem inneren Regelwerk von Aufwand und Entschädigung gesellschaftlichen Reziprozitätsnormen folgt, also – mit Polanyi – ein Element jener normativen Wertbarrieren ist, die sich einer rein ökonomischen Rechnungsführung widersetzen. Für den Markt jedoch stellen Leistungen in erster Linie Kosten dar, die tunlichst zu minimieren sind. Und ob ein Markterfolg überhaupt auf leistungsbezogener Arbeit beruht oder sich günstigen Gelegenheitsstrukturen, individueller Risikobereitschaft, positiven Zuschreibungen oder schlicht dem Zufall verdankt, hat keinen Einfluss auf die Höhe seiner Honorierung. Der Markt verteilt nicht nach den Prinzipien der Leistungsgerechtigkeit, sondern nach dem günstigsten Angebot und den besten Preisen.

Wenn aber Leistungen sich hauptsächlich nur im Markterfolg realisieren, und Markterfolge sich bisweilen auch leistungsfrei einstellen können, bietet eine Gesellschaft des Marktes keine Gewähr, dass materielle Erfolge in irgendeiner Weise kulturellen Normforderungen entsprechen, in welche die Wirtschaftssoziologie den Markt immer schon eingebettet wähnt. So verhindert der Markt etwa nicht die Erschwerung der Leistungen anderer, um selbst Gewinne zu erzielen, und auch die Ausnutzung illegitimer Mittel oder die Abwälzung von Folgelasten auf Dritte wird durch Märkte selbst nicht sanktioniert. Gerade deshalb hat der Sozialstaat des 20. Jahrhunderts die Macht der Märkte durch normative Regeln begrenzt, denen sich der moderne Kapitalismus unserer Gegenwart wieder entzieht.

Die normalisierende Deutung des Marktgeschehens durch die Wirtschaftssoziologie neigt nun dazu, die normativ problematischen Rückwirkungen des Marktes auf die Gesellschaft allzu gering einzuschätzen. Ihrem Selbstverständnis nach heute häufig handlungstheoretisch orientiert, schenkt sie den ungewollten Konsequenzen des wirtschaftlichen Handelns auf Märkten zu wenig Beachtung. So ist etwa dem Umstand, dass die ergebnisorientierte Marktlogik rein nutzenkalkulatorische Handlungsmuster gratifiziert, kaum durch den häufig formulierten Hinweis zu begegnen, dass der Nutzen ja selbst eine bedeutungsoffene Kategorie sei, die zum Beispiel auch gemeinschaftsdienliche Werte einschließen könne. Dies ändert nichts daran, dass im Handlungsmodus des ökonomischen Nutzenkalküls auch etwa moralische Werte nur den Status besitzen, eine Option der Vorteilsvermehrung zu sein, die sich bei einem Wandel der Geschäftsbedingungen sofort wieder zur Disposition stellen muss. Dem Verpflichtungscharakter moralischer Werte trägt dies wenig Rechnung, weshalb die Kommerzialisierung der Moral, wie wir sie heute überall im Management und im Marketing beobachten können, der Wertbindung wirtschaftlichen Handelns faktisch wahrscheinlich eher schadet als dass sie ihr förderlich ist. Durch Kommerzialisierung wird moralischen Werten jene Geltung entzogen, die sie erst zu moralischen Werten macht.

Kommen wir nun zu den Stärken der wirtschaftssoziologischen Argumentation, die eher im Bereich der elementaren Kategorien liegen, mit denen wirtschaftliche Prozesse untersucht werden sollten. Im Bemühen, den konstitutiv sozialen Charakter von Ökonomie nicht preiszugeben und die Analyse wirtschaftlichen Handelns nicht den Betriebswirten überlassen zu müssen, konzentriert sich die wirtschaftssoziologische Deutung darauf, den illusionären Charakter all jener ökonomischen Handlungsmodelle nachzuweisen, die von der Annahme eines rationalen Akteurs ausgehen, der durch informierte Entscheidungen seinen individuellen Nutzen vermehrt. Und tatsächlich lässt sich belegen, dass prototypische Situationen des wirtschaftlichen Handelns wie etwa Kooperation, Ungewissheit und Innovation nicht bewältigt werden könnten, wenn Akteure hierbei nicht auf soziale Konzepte und Handlungsorientierungen zurückgriffen, die ihnen Märkte gar nicht zur Verfügung stellen (vgl. Beckert 1999a). Keine wirtschaftliche Krise etwa könnte gemeistert werden, würden sich die Akteure des Marktes nicht auch auf Ersatzrationalitäten des eigenen Handelns wie Normen, Netzwerke und Gewohnheiten stützen, um unvermeidliche Kontingenzen zu überbrücken.

Auch ökonomische Kooperationsprobleme – dies haben etwa die spieltheoretischen Analysen des »Gefangenendilemmas« (vgl. Axelrod 1988) gezeigt – könnten kaum gelöst werden, wenn soziale Normen nicht einen autonomen Status hätten, der sich nicht auf die Maximen der ökonomischen Vorteilsvermehrung zurückführen lässt. Bekanntlich gibt es einen Ausweg aus dem Gefangenendilemma ja erst, wenn ein Akteur auf die Realisierung seiner größtmöglichen Vorteile verzichtet. Und schließlich wären auch technische, organisatorische oder Produktinnovationen kaum denkbar, wenn die Marktakteure tatsächlich nach den Modellen der ökonomischen Theorie handelten (vgl. Beckert 1999a). Innovationsprozesse sind gerade dadurch charakterisiert, dass ihnen typischerweise genau jene Bedingungen fehlen, welche die ökonomische Theorie generell voraussetzt: ein bereits am Beginn des Handelns feststehendes Ziel, auf das hin Akteure sich unter der Bedingung möglichst vollständiger Information für einen optimalen Einsatz zweckrationaler Mittel entscheiden. Wahrscheinlich ist keine einzige Innovation jemals auf diese Art und Weise zustande gekommen, so dass wir der Wirtschaftssoziologie überall dort zustimmen können, wo sie auf der grundsätzlichen Abhängigkeit ökonomischer Prozesse von sozialen und kulturellen Handlungsressourcen besteht.

Zu einer etwas anderen Einschätzung aber mag man gelangen, wenn man sich fragt, ob mit dem Verweis auf die immer schon soziale Konstitution von Ökonomie eigentlich bereits jenes Problem wirklich berührt ist, das Karl Polanyi mit seinen Untersuchungen zur Einbettung von Märkten hauptsächlich im Blick gehabt hatte. Polanyi verstand unter Einbettung ja vor allem eine Limitierung der destruktiven Logik des Marktes durch soziale Institutionen und kulturelle Wertsetzungen, so dass wir die Frage nach der entsprechenden Stellung heutiger Märkte nur beantworten können, wenn wir auch eine Aussage über die »Qualität« jener Sozialbeziehungen und kulturellen Wertmustern treffen, in die sich ökonomische Märkte nach wie vor integriert finden sollen. Hier nun ist augenfällig, dass jüngere wirtschaftssoziologische Untersuchungen dann besonders überzeugend sind, wenn sie aufzeigen können, dass begleitende Sozialnormen vor allem der Verwirklichung des ökonomischen Ziels der Effizienzsteigerung dienen. Offenbar sind die heute maßgeblichen Sozialnormen wirtschaftlichen Handelns als solche zu verstehen, die dem zentralen Gewinnmotiv ökonomischer Märkte förderlich sind und dieses nicht etwa begrenzen.

Ein Beispiel hierfür kann etwa die Analyse von Vertrauen in den jüngeren Arbeiten von Anthony Giddens (1996; 1997: 135ff.) sein, die von der

Wirtschaftssoziologie vielfach aufgegriffen worden ist. Giddens' Begriff des »aktiven Vertrauens« hat in seinen Untersuchungen zur reflexiven Moderne den Status, ein zentrales Beispiel für die sozialen Voraussetzungen auch hochgradig differenzierter Wirtschaftsstrukturen darzustellen. Wirtschaftssoziologisch wird »aktives Vertrauen« vor allem dort identifiziert, wo in geschäftlichen Kooperationsbeziehungen wechselseitige Erzählungen, private Öffnung und dialogisches Engagement als emotionale Bedingungen erfolgreicher Zielverwirklichung fungieren und die Transaktionskosten senken. Als »Emotionale Intelligenz« (Goleman 1997) ist uns diese Entdeckung auch aus der populären Ratgeberliteratur bekannt, in der das Gefühlsmanagement als effektive Methode empfohlen wird, die eigenen Durchsetzungschancen auf Arbeits- und Wirtschaftsmärkten zu erhöhen (vgl. etwa Höhler 2003). Würde man Polanyi folgen, stellte sich diese Form der »Einbettung« in gesellschaftliche Kulturmuster jedoch weniger als eine Eingrenzung des Marktprinzips als vielmehr als dessen Ausweitung dar, und die »Kommodifizierung« aller Produktionsfaktoren, die Polanyi so vehement kritisierte, hätte heute schließlich nach Boden, Geld und Arbeit auch noch die Person der Marktakteure erreicht.

Gegenüber dieser allgemeinen Tendenz der modernen Marktgesellschaft, das Soziale bis hin zu den inneren Antrieben von Personen zu ökonomisieren – eine Tendenz, die unter den Stichworten des »Arbeitskraftunternehmers« und dem Zwang zum »Selbstmanagement« sozialwissenschaftlich breit diskutiert wird – zeigt sich die wirtschaftssoziologische Normalisierung der Marktgesellschaft aber eigentümlich unempfindlich. Eine Deutung, für die auch noch die Ökonomisierung des Sozialen eine Form der Einbettung darstellt, ist nur schwer in der Lage, die Ausweitung des Marktprinzips auch hinsichtlich ihrer sozial problematischen Seiten zu analysieren.

Zum Befund einer fast vollständigen Entkoppelung von Gesellschaft und Ökonomie kommen hingegen die dramatisierenden Deutungen der Globalisierungsgegner. Ihrem Verständnis nach verdankt sich die Wiederkehr der Marktgesellschaft vor allem einem ideologischen Projekt ökonomischer und politischer Eliten, die im Bündnis mit den Denkfabriken des rechtsintellektuellen Milieus das gesellschaftliche Konzept des »Neoliberalismus« politisch entworfen und zielgerichtet ins Werk gesetzt hätten. So heißt es etwa bei Bourdieu (1998: 110), dass der Neoliberalismus ein »Programm der planmäßigen Zerstörung der Kollektive« sei. Im Unterschied zur normalisierenden Deutung wird man den Globalisierungskritikern kaum nachsagen können, die Rückwirkungen der Marktlogik auf die Gesellschaft zu unterschätzen, werden dem Markt und seiner ökonomischen Theorie doch zugetraut, sich in all ihrer gesellschaftlichen Fiktionalität tatsächlich »wahr zu machen« (ebd.), wie Bourdieu dies in einer seiner Streitschriften gegen die Globalisierung einmal ausgedrückt hat. Der Neoliberalismus erscheint als »eine Art logische Maschine« (ebd.: 111), von der die sozialen Akteure restlos mitgerissen werden.

Dass von Märkten heute allein schon aufgrund ihrer globalen Präsenz unabweisbare Zwänge ausgehen – diesem Tatbestand trägt die dramatisierende Deutung gewiss weit mehr Rechnung als dies der normalisierenden Interpretation eigen ist. Problematisch wird die Globalisierungskritik aber dort, wo sie annimmt, dass sich die ökonomische Logik von sozialen Normen schließlich so vollständig entkoppeln könnte, bis sie der Gesellschaft nur noch feindlich gegenübersteht. Diese Deutung vermag nicht verständlich zu machen, wie sich ein politisches Projekt wie der Neoliberalismus in westlichen Demokratien eigentlich durchsetzen soll, ohne fördernde Bedingungen in den Sozialwelten des modernen Kapitalismus bereits vorzufinden. Wäre die Herrschaft des Marktes mittlerweile vollständig von den Werthorizonten der Gesellschaft gelöst und fände diese Herrschaft keine soziale Unterstützung mehr vor, müsste der Neoliberalismus politisch längst zusammengebrochen sein. Rein funktional betrachtet hätte er sich wahrscheinlich gar nicht erst durchsetzen können, weil es ihm dann nicht möglich gewesen wäre, sich mit den alltäglichen Handlungsmustern von Akteuren zu verbinden. Eben dies bleibt die Einsicht der wirtschaftssoziologischen Interpretation des Marktgeschehens.

Ziehen wir ein vorläufiges Resümee:
Die normalisierende Interpretation der Marktgesellschaft gewinnt ihre grundsätzlichen Einsichten über die stets notwendige soziale Rückkoppelung ökonomischer Vorgänge um den Preis einer Umdeutung der sozialen Einbettung von Märkten. Die Ausweitung von Marktprinzipien bis tief in die heutigen Lebenswelten hinein wird als sozial integrativ interpretiert und nicht – wie bei Polanyi – als eine Tendenz, die schwere Beschädigungen des Sozialen heraufbeschwören kann, da es diesen Rückkoppelungen an limitierenden Funktionen gegenüber der Marktlogik fehlt.

Die dramatisierende Globalisierungskritik hingegen sieht das Soziale bereits vollständig von der Marktökonomie entkoppelt, so dass sich die

Frage stellt, wie der Neoliberalismus unter demokratischen Verhältnissen eigentlich noch irgendeine Legitimation finden kann.

In beiden Sichtweisen wird kaum eine zureichende Auskunft über die soziale Einbettung des Kapitalismus in der heutigen Marktgesellschaft erteilt – in der wirtschaftssoziologischen Normalitätsdeutung nicht, weil diese auch die Identität von Markt und Gesellschaft als soziale Einbettung versteht; und ebenfalls nicht in der dramatisierenden Interpretation der Globalisierungskritik, weil diese jegliche soziale Einbettung des Neoliberalismus im Grunde bestreitet.

Ich möchte mich daher an einer weiteren Deutungsvariante versuchen und mich dabei bemühen, die jeweiligen Vorzüge der vorliegenden Interpretationen zu integrieren. Man kann den wirtschaftssoziologischen Einsichten nur Rechnung tragen kann, ohne die heutige Marktgesellschaft in ihren Auswirkungen zu bagatellisieren, wenn man genauere Aussagen über den normativen Wandel der gesellschaftlichen Handlungsorientierungen trifft, die sich auf die vorherrschende Marktlogik richten. Polanyi ging ja wie selbstverständlich noch davon aus, dass sich die kulturellen Bestände, die der Marktgesellschaft ihre Grenzen ziehen, aus sozialen Quellen speisen, die historisch dem Kapitalismus entweder vorgängig sind oder sich gesellschaftlich in einer relativen Autonomie ihm gegenüber befinden. Der sozialhistorische Hintergrund dieser Annahme war, dass der Kapitalismus bei weitem nicht alle ökonomischen und sozialen Existenzformen der Gesellschaft erfasst hatte, so dass andere Formen der sozialen Selbstregulation noch einen Kontrast zur Marktlogik bilden konnten. Die Marktabhängigkeit gesellschaftlicher Existenzweisen hat heute aber eine soziale Verbreitung und eine lebensweltliche Tiefe erreicht, die andere Epochen des Kapitalismus nicht kannten. In Deutschland ist dieser Tatbestand etwa seit den frühesten Formulierungen der Individualisierungstheorie von Ulrich Beck Anfang der 1980er Jahre diskutiert worden, und es gehört gewiss zu den Stärken dieser an Schwächen nicht eben armen Theorie, den Anteil der »Marktvergesellschaftung« bei modernen Individualisierungsprozessen in aller Deutlichkeit hervorgehoben zu haben (vgl. Beck 1983).

Wie alle dominanten Institutionen, auf die sich Akteure alltäglich ausrichten müssen, haben aber auch Märkte eine Reihe von kulturellen Effekten (vgl. auch Neckel 1996a), vor allem dann, wenn Märkte sich praktisch als alternativlos darstellen und dabei auch eigene Chancenstrukturen enthalten. Die Marktgesellschaft unserer Gegenwart trägt Züge von beidem: Alternativlosigkeit und Chancenstrukturen, letzteres vor allem deswegen, weil sich die Marktgesellschaft mit einer Anzahl von Innovationen und inneren Wandlungsprozessen verbindet, die sie auch kulturell erfolgreich macht. In den modernen Lebensformen der Gegenwart entsteht dadurch eine Figuration von Gesellschaft und Ökonomie, die man mit einem Begriff von Jeremy Rifkin (2000: 19) als »kulturellen Kapitalismus« bezeichnen kann. Aus ihm heraus entspringen eben jene Handlungsmuster, die sich in anderen Epochen des Kapitalismus der Marktvergesellschaftung eher entgegen gestellt haben.

Der »kulturelle Kapitalismus« ist dabei – dies nur zum besseren Verständnis meines Deutungsvorschlags – kein Wiedergänger der alten These von der »Kulturindustrie« (Horkheimer/Adorno 1969: 128ff.). Das theoretische Konzept der Kulturindustrie setzte gewissermaßen noch die Polanyi'sche Unterscheidung von gesellschaftlicher Selbstregulation und kapitalistischer Marktlogik voraus, auf die hin Subjekte konditioniert werden sollten. Der Prototyp der Kulturindustrie war daher der passive Zuschauer inmitten eines wehrlosen Publikums. Der kulturelle Kapitalismus unserer Zeit hingegen favorisiert den »reflexiven Mitspieler« (vgl. auch Neckel 2005), für den er eine Unzahl von günstigen, unterhaltenden oder kreativen Gelegenheiten schafft, seit die moderne Alltagskultur selbst das bevorzugte Investitionsgebiet der Marktökonomie geworden ist. Ein weiterer Unterschied zur These von der »Kulturindustrie« liegt darin, dass diese stets eine sehr einseitige Beziehung zwischen den kulturellen Herrschaftsagenturen und ihren Rezipienten annahm. Der kulturelle Kapitalismus aber benötigt geradezu die Zweiseitigkeit im Verhältnis von Märkten und Publikum, dessen Eigensinn und Reflexivität für Innovationen eingesetzt wird. Mit anderen Worten: Der Kapitalismus usurpiert nicht nur die Kultur, er wird durch die von ihm hervorgebrachte Kultur auch selbst verändert. Die Verschmelzung von Ökonomie und Kultur wandelt beide Bereiche.

Was sind nun die wichtigsten Entwicklungen des kulturellen Kapitalismus, die ihm derartige soziale Rückkoppelungen ermöglichen können? Hier sollen einige Stichworte genügen, für die ich auch nur in aller Kürze auf die einschlägigen soziologischen Debatten verweise.

Die vielleicht umfassendste soziologische Deutung aus der jüngeren Zeit haben in diesem Zusammenhang Luc Boltanski und Ève Chiapello (2003) in ihrem Buch über den »neuen Geist des Kapitalismus« formuliert. Danach hat sich der Kapitalismus unserer Gegenwart vor allem die »ästhetische« Kritik einverleibt, die gegen ihn seit je her vorgebracht wurde. Kreativität, Autonomie, Individualismus, Selbstverwirklichung und Genuss –

um nur einige der klassischen Topoi ästhetischer Kritik am Kapitalismus zu benennen – haben danach den Status verloren, zum Einspruch gegen die Marktlogik geeignet zu sein, weil die Märkte all dieses entweder selbst im Angebot haben oder ihre Nachfrage nach Arbeitskräften und Personal an eben diesen Leitbildern ausrichten.

Was aber von Akteuren abverlangt wird, kann sich kaum noch für eigene Ansprüche eignen, weshalb Märkte heute eine Art postmodernen Paternalismus verkörpern, der sich aus eigenem Interesse um die Befriedigung einer Vielzahl subjektiver Bedürfnisse seiner Hintersassen bekümmert. Technische Innovationen, die vor allem im Bereich der elektronischen Medien hervorgebracht wurden, tragen dabei ebenso die soziale Bedeutung in sich, als Befreiung erfahren zu werden, wie die durchschnittlich erheblich gewachsenen Konsumchancen. Auch wenn man der These vom Ende des Eigentums im digitalen Kapitalismus, die Rifkin aufgestellt hat, nicht zustimmen mag, so bleibt es doch eine typische Gesellschaftserfahrung unserer Zeit, dass der Zugang zu den besonders begehrten Gütern und Dienstleistungen der populären Kultur viel weniger Privilegien kennt.

In diesem Zusammenhang kann man etwa auch die jüngeren Entwicklungen in den Forschungen der *Cultural Studies* als symptomatisch auffassen, die sich ganz der Analyse dessen verschrieben haben, was man in diesem Forschungsfeld die »Politik des Vergnügens« (vgl. Göttlicher/Winter 2002) nennt. Darunter ist vor allem die Verabschiedung der kultursoziologisch sehr beliebten Vorstellung gemeint, kulturelle Stile seien eigenständige Leistungen sozialer Milieus, die der Kapitalismus dann rasch vermarkten würde. Stilbildungen gehen jedoch schon seit langem nicht nur unter aktiver Beteiligung des Marktes vor sich, vielmehr sind es häufig die Märkte selbst, die sich auf die Suche nach neuen kulturellen Stiltypen machen oder diese gleich von sich aus erfinden. Zum Anspruch auf Autonomie wird dies heute offensichtlich nicht als gegensätzlich erfahren. Die *Cultural Studies* jedenfalls haben eine ganze Anzahl von Studien vorgelegt, in denen Fernsehserien, Videotapes, Popmusik oder das Internet gerade dadurch als in die jeweilige Kultur sozialer Milieus integrierbar erscheinen, weil sie als Marktangebote auftreten und somit der Ironisierung, dem Experimentieren oder auch der negativen Stilisierung zugänglich sind. Aber auch die politische Negation ist heute mit der Ausdruckskultur moderner Märkte verkoppelt. Als ein kleines Beispiel hierfür zitiere ich aus einem Flugblatt, mit dem vor einiger Zeit von einer Aktionsgruppe in Frankfurt am Main zu einer »Nachttanzdemo« aufgerufen wurde. Als Headline wählten die Organisatoren die Forderung:»Ich will mich frei bewegen, will tanzen, meine Droge, meine Party, will meine Stadt – für Alle!«, was man vielleicht so deuten kann, dass Märkte und ihre Opponenten sich heute mitunter einem strukturell ähnlichen Muster von Performativität bedienen. Die performative Gesellschaftskritik korrespondiert ihrer Form nach mit der Erlebnishaftigkeit des kulturellen Kapitalismus und vermag daher nicht jene Negation darzustellen, als welche sie selbst sich betrachtet.

Auf den kulturellen Kapitalismus konnte ich hier nur wenige Schlaglichter werfen, die beleuchten sollten, wie die Marktgesellschaft soziale Handlungsmuster generiert, die sich zu ihr komplementär verhalten. Vergleichbares ließe sich auch etwa für jene Sphäre der Marktgesellschaft zeigen, die sich durch neuartige *ökonomische* Gelegenheitsstrukturen auszeichnet. Der Begriff der»Einbettung« ist für die hier dargestellte Figuration von Ökonomie und Lebensform nur noch wenig geeignet, da er auf die kulturelle Begrenzung von Märkten abstellt, nicht jedoch auf die Vermarktlichung der Kultur. Da diese ihr Pendant in der»ästhetischen« Aufwertung der Märkte findet, bietet sich für derart sinnhafte Verschränkungen vielleicht eher der religionswissenschaftliche Begriff des»Synkretismus« an, um den neuen Geist des Kapitalismus zu erfassen. Doch auch der kulturelle Kapitalismus hat seine ihm eigene Grenze. Sie liegt darin, vom materiellen und performativen Erfolg abhängig zu sein – ein recht schwankender Boden gesellschaftlicher Legitimation. In Zeiten sozialer Krisen und in jenen Sozialschichten, welche die moderne Marktgesellschaft deprivilegiert, bleiben moderne Lebensformen daher auf normative Ressourcen angewiesen, die die Marktlogik eindämmen können. Die Frage ist aber, ob die Marktgesellschaft diese Ressourcen nicht restlos verzehrt. Dass die Vermarktlichung der Gesellschaft das Soziale schließlich zerstören könnte, wie Polanyi befürchtet hat, dürfte eher unwahrscheinlich sein. Aber die Allmacht des Marktes wird eine andere Gesellschaft hervorbringen als die, die wir kennen.

Peanuts-Pastorale – Verheißungen einer Angebotsmoral

Wer behauptet eigentlich, nur die Schwachen würden moralisieren? Seit Nietzsche die Rede von der »Sklaven-Moral« aufbrachte, wird den Benachteiligten und den unteren Schichten stets der gleiche Vorwurf gemacht: Da selber kraftlos und willensschwach, könnten sie ihre Interessen nur durch die moralische Erpressung der Starken durchsetzen. »Der Sklavenaufstand in der Moral beginnt damit, dass das Ressentiment selbst schöpferisch wird und Werte gebiert: das Ressentiment solcher Wesen, denen die eigentliche Reaktion, die der Tat, versagt ist, die sich nur durch eine imaginäre Rache schadlos halten« (Friedrich Nietzsche, Genealogie der Moral). Die Kritik an dem Opferkult in der modernen Gesellschaft scheint diesem Verdikt mehr denn je Berechtigung zu verschaffen – nicht wenige berichten schließlich von einer Zurücksetzung, um sich in Wirklichkeit eigene Vorteile zu sichern. Aber verzichten die Starken deshalb darauf, ihre Interessen mit moralischen Vorwürfen auszustatten?

Moral ist ja zunächst nichts anderes als die Unterscheidung zwischen gut und böse, richtig und falsch. Lassen es sich Reiche und Mächtige etwa entgehen, hierbei auf der besseren Seite zu stehen? Mitnichten, wie der informierte Bürger weiß, wenn er den Botschaften von Politikern und Industrieverbänden sein Gehör schenkt. Aus allen Lautsprechern, die etwa die Wirtschaft gegenwärtig zur Beschallung der Öffentlichkeit aufgebaut hat, tönt es aufdringlich nach Moral, von Gertrud Höhler bis Hans-Olaf Henkel. Selbstverantwortung, Leistungsbereitschaft, Risikofreude – keine Gardinenpredigt an den deutschen Sozialstaat kommt ohne das Mantra der neuen Werte aus, die der verwöhnten »Konsensgesellschaft« eingeimpft werden soll. Umgekehrt meint noch jeder Neureiche, sein Portefeuille mit dem Nachweis moralischer Vorbildlichkeit versehen zu müssen, und so gehen denn schon seit Jahren erbauliche Geschichten über die »Kultur der Selbständigkeit« auf uns nieder, die der »Arbeitnehmergesellschaft« Mores lehren sollen.

Überhaupt der »Arbeitnehmer«, dieser Jammerlappen des Wohlfahrtsstaats, wohingegen im Zeitalter der Globalisierung doch ganze Kerle gefragt sind! Vollkasko gegen jeden Wandel versichert, »Ballermann 6« auf Krankenschein! Rank und schlank heben sich hiervon die neuen Lichtgestalten ab: mit 16 die eigene Firma, Anfang 20 die erste Million, und nebenher noch zwei Billigjobs geschaffen!

Darüber bräuchte man hier nicht richten, käme die Geschäftswelt uns heute nicht als neue Wertelite daher. Im Zuge der »Standortdebatte« hat sie es verstanden, sich selbst als tugendhaft darzustellen, während der gemeine Lohnempfänger als sozialstaatlich verfetteter Müßiggänger erscheint, der nur die öffentlichen Kassen belastet. Die Leute – ein einziges Investitionshindernis; das Volk – faul, aber gerissen.

Die Wirtschaft hingegen lässt sich derweil als Ashram moralischer Werte feiern. Ein Trendforscher hat uns schon vor einigen Jahren erzählt, dass »Wirtschaft nicht mehr synonym mit Geldmachen ist«. Seit sie »intelligente«, gar »ganzheitliche« Produkte auf den Markt wirft, verkauft sie uns die Moral gleich mit, ist das »Geldmachen« ethisch und ökologisch, edel, hilfreich und gut. Kaum eine Firma, die uns nicht ihre moralische Rechtschaffenheit weismachen will, und – wenn es sein muss – ihre politische Korrektheit. Mercedes-Benz etwa führte eine Anzeigenkampagne durch, in der die Durchsetzungschancen der eigenen Marke mit der Situation ethnischer Minoritäten allegorisch gleichgesetzt wurden. Die Fahrer der S-Klasse durften sich als Personen gewürdigt wissen, die mit dem Kauf eines Autos, das nur wenige besitzen, auch ansonsten ihre Aufgeschlossenheit für Minderheiten beweisen.

Weiter unten im Sortiment schaut es nicht wesentlich anders aus. Kein Gang durch den Supermarkt ohne Mahnungen an das schlechte Gewissen: Wer hat nicht schon rauesten Zellstoff an seinen empfindlichsten Körperstellen ertragen, weil ihm für seine ökologische Opferbereitschaft ein Toilettenpapier »Danke« gesagt hat? Und müsste sich der narzisstisch bedürftige Charakter unserer Zeit, der notorisch einen Joghurt nach dem anderen verschlingt, nicht dafür erkenntlich zeigen, dass die Milchwirtschaft die Hinterlassenschaft seiner menschlichen Schwächen mittlerweile schadstofffrei zu entsorgen versteht? Seit jüngstem soll dank solcher Produkte wie *ActiMel* und *LC1* beim täglichen Joghurtgenuss sogar die »Selbstreinigung« des Konsumenten befördert werden – die Wirtschaft als Therapeut des modernen Sozialcharakters, dem sie vermittels einer Katharsis im Darm

Heilung von all seinen Lässlichkeiten verspricht. Hier wie überall im Sozial-
körper gilt: entgiften, entschlacken, entwässern.

Den moralischen Schlacken der Wohlstandsgesellschaft haben die
Wirtschaftseliten deshalb den Kampf angesagt. Gerechtigkeitsstreben sieht
sich als »Neidkomplex« denunziert, auch weitere Todsünden sind zu beklagen: mangelnde »Mobilität« etwa, wie die Unlust an der eigenen beruflichen
Abstufung genannt wird, oder die fehlende Begeisterung dafür, »flexibel«
zu sein, wofür als verlässlicher Indikator das Schrumpfen des eigenen
Geldbeutels fungieren darf. Die Beanspruchung von Sozialleistungen hat
sich zum »Missbrauch« verwandelt, für den der Öffentlichkeit laufend die
schrecklichsten Fälle aufgetischt werden: regelmäßig »Hilfe zum Lebensunterhalt« – doch zum Sozialamt nie ohne Handy!

Im Unterschied dazu versammelt sich unter Bankern und Unterneh-
mensberatern, Managern und Industrievorständen heute vorgeblich reinste
Noblesse. Herbert Giersch, Doyen der deutschen Volkswirtschaftslehre
und ehemals Präsident des Instituts für Weltwirtschaft, glaubt etwa zu
wissen, dass »die Marktwirtschaft von einem Kodex der Ehrenhaftigkeit
lebt«, den sie »in einem Prozess der zivilisatorischen Evolution« selbst erst
hervorgebracht habe. »Der Wettbewerb sei eine moralische Institution
eigener Art«, der »tadellose Leistungen« im doppelten Sinne des Wortes
erzeuge. So heiße »spekulieren« ganz einfach, »über die Zukunft nachdenken«[1] – und der gewöhnliche Zeitgenosse zeigt sich beschämt, hatte er
doch mit der Tätigkeit von »Spekulanten« bisher eher ganz handfeste und
manchmal auch niedere Motive verbunden.

Einst, in ihrer heroischen Zeit, begnügte sich die Wirtschaft damit, auf
die eigene Nützlichkeit zu verweisen. Der Liberalismus, der im 18. Jahrhundert als Philosophie freier Märkte entstand, wähnte sich erhaben über
Moral. Stattdessen pries er die öffentlichen Vorteile privater Laster, und
nicht ohne Realitätssinn vermochte er in Kaufleuten und Fabrikanten nur
»ehrlich gewordene Schurken« zu sehen. In seiner Bienenfabel von 1705
hat sich Bernhard Mandeville darauf folgenden Reim gemacht: »Die Tu-
gend, die von Politik / gelernt gar manchen schlauen Trick, / auf der so
vorgeschriebnen Bahn / ward nun des Lasters Freund; fortan / der Aller-
schlechteste sogar / fürs Allgemeinwohl tätig war«. Der Kritik, dass der
Markt eine Veranstaltung ohne Moral sei, setzte der Liberalismus die
Überzeugung entgegen, dass ebendiese moralische Nüchternheit des

---

1 Herbert Giersch, Die Moral als Standortfaktor, in: *Frankfurter Allgemeine Zeitung*, 31.
Dezember 1994, Seite 15.

Marktes ein entscheidender Vorteil sei. Es trage zur Effizienz bei, beim Tausch von Gütern und Dienstleistungen auf moralische Wertungen zu verzichten: »Nicht vom Wohlwollen des Metzgers, Brauers und Bäckers erhalten wir das, was wir zum Essen brauchen, sondern davon, dass sie ihre eigenen Interessen wahrnehmen« (Adam Smith). Vom Glauben beseelt, dass im Verfolgen des jeweiligen Eigeninteresses auch das Gemeinwohl aufblühen werde, vertraute sich die ökonomische Vernunft ihrer Hinterlist an, so dass es der Verlautbarung moralischer Grundsätze gar nicht bedurfte.

Heute jedoch streckt die *invisible hand* der Gesellschaft den moralischen Zeigefinger entgegen, und aus den »ehrlich gewordenen Schurken« sind »*moral entrepreneurs*« (Howard S. Becker) geworden, die wahre Kreuzzüge im Namen der sittlichen Schönheit des Erwerbsstrebens führen. Noch Vilfredo Pareto wollte in seinen Abhandlungen zur Frage, wer zur Elite eines Landes gehört, die Leistungen Turiner Huren an sich nicht niedriger bewertet wissen als etwa das Treiben von Bankiers und Industriellen. Heute hingegen kann jeder, der beim geschäftlichen Gelderwerb nicht einer »Vision« folgt, gleich seinen Laden zumachen. Würde nicht wenigstens noch die »Russenmafia« existieren, die zwischen Minsk und Wladiwostok einer ursprünglichen Akkumulation zum Durchbruch verhilft, dem kollektiven Gedächtnis ginge bald alles Wissen über die moralischen Ursprünge des Geschäftslebens verloren. Moderne Gesellschaften haben gelernt, dass es ohne Gewinne ökonomisch nicht geht – aber muss die Wirtschaft jetzt auch noch zur Verbesserung der Menschen beitragen wollen? Sollten wir hier nicht auf Arbeitsteilung bestehen, welche schließlich selbst ein Prinzip der Effizienzsteigerung ist?

Doch die Bücher über »die anständige Gesellschaft« werden heute nicht von Pfarrern und Moralphilosophen, sondern von Managern geschrieben. Ihre Traktate sollen uns lehren, dass der Wettbewerb nicht nur – bestenfalls – das Vorteilsstreben der einen in Leistungen für andere verwandelt, sondern auch zur moralischen Bildung des Menschen beisteuern kann. Die Strophen dieser Litanei können mittlerweile nicht nur BWLer aufsagen: Kapitalbesitz schule das persönliche Verantwortungsgefühl, Vertragstreue binde die Menschen in Vertrauensverhältnisse ein, und Würde erlange der einzelne nur, wenn er sich in die Lage versetze, »Unternehmer seiner eigenen Daseinsvorsorge« sein. Vermögensbildung müsse deshalb als moralische Pflicht anerkannt werden – einziger Ausweg aus der selbstverschuldeten Unmündigkeit, zu der uns der Sozialstaat verdammt.

Die Entfesselung der Marktkräfte, die moderne Gesellschaften heute erleben, stellt sich in den Heilslehren des Neoliberalismus als Freisetzung jener moralischen Energien dar, über deren Mangel sich ansonsten eine vielstimmige Klage verbreitet. Rettung verspricht die neue Leitfigur des »unternehmerischen Unternehmers«, dessen Hang zur »schöpferischen Zerstörung« (Joseph A. Schumpeter) angeblich auch die moralische Erschlaffung der Gesellschaft verhindert. Was ist den Vorständen in den Chefetagen der Wirtschaft jüngst nicht schon alles angedichtet worden! Kürzlich hat ein Soziologe der »Generation Berlin« sogar »ein Gefühl von Befreiung und Erfrischung« ausmachen können, wenn »angesichts der schweren Melancholie des Gewordenen« der Unternehmer auf der Bühne des Weltgeschehens erscheint! Mit deutschem Ernst und landesüblicher Existentialontologie wird dem erstaunten Publikum verkündet, welch Wagnis der Beruf zum Unternehmerischen ist, obwohl kaum einer, der heute die obersten Ränge in den Konzernen besetzt, noch das Risiko eines privaten Vermögenseinsatzes auf sich nimmt.

Seitdem der Kapitalismus als Wirtschaftsform praktisch allein übrig geblieben ist, hat er sich darauf verlegt, die Gesellschaft zum Adressaten moralischer Vorwürfe zu machen – vielleicht, weil sich der Glaube an die allgemeine Nützlichkeit des wirtschaftlichen Gewinnstrebens bei vielen nicht mehr recht einstellen mag und hierfür Verantwortlichkeit abgewehrt werden muss. Das Eigenartige an der heute marktgängigen Angebotsmoral ist dabei, dass sie offenbar einem inneren Zwang jedweder moralischen Argumentation weitgehend entkommt: der Selbstbindung, der jeder unterliegt, der sich auf allgemeine Prinzipien beruft. Da der Universalismus ja in nichts anderem als im beanspruchten Recht auf das Eigeninteresse besteht, können die Segnungen des Egoismus die Moral nicht blamieren. Das klassische Muster der Moralkritik, Schein und Wirklichkeit miteinander zu konfrontieren, läuft ins Leere. Von allen Anfechtungen entlastet, vermag sich so Geschäftssinn einträchtig mit Moral zu vertragen. Insofern ist es auch kein Widerspruch, sondern nur konsequent, wenn die Anzahl der Seminare zur Unternehmensethik kontinuierlich mit der Ausbreitung von Arbeitslosigkeit steigt.

Kunst und Ökonomie – Probleme einer Unterscheidung

Die moderne Gesellschaft, so steht es in allen soziologischen Lehrbüchern, ist durch »funktionale Differenzierung« charakterisiert, das heißt durch den Vorgang, dass sich die Sozialwelt in verschiedene Felder und Sphären zerlegt, die nach einer jeweils eigenen Logik operieren. So richtet sich im demokratischen Staat die Machtausübung nach dem Mehrheitsprinzip aus, während über wissenschaftliche Streitfragen im Volk nicht abgestimmt wird, sondern Experten aufgrund möglichst überzeugender Beweise entscheiden. Auch Wirtschaft und Kunst unterliegen danach eigenen Regeln, die nicht aufeinander zu reduzieren sind. Die Wirtschaft der modernen Gesellschaft orientiert sich am Gelderwerb und lebt, von ihrer historischen Entwicklung her betrachtet, ganz vom Geist der Berechnung auf den eigenen Vorteil. Das künstlerische Feld hingegen, dem neben den Künstlern auch Sammler, Kritiker, Kuratoren, Mäzene, Akademien und Galeristen angehören, hat sich mit der Entstehung der autonomen Kunst seit dem 18. Jahrhundert ethisch nicht zuletzt in Ablehnung oder gar in Umkehrung der Regeln vom materiellen Profit gebildet (vgl. Bourdieu 2001). Künstlerische und finanzielle Wertsetzung fielen nicht ineinander, sondern wurden als Gegensätze begriffen. Was populär und also nachgefragt war, stand künstlerisch unter Verdacht, während finanzielle Erfolglosigkeit mitunter geradezu als Beweis ästhetischen Wertes und künstlerischer Einzigartigkeit verstanden worden ist.

Dies mag immer schon eine Idealisierung gewesen sein. Schließlich bedurfte die autonome Kunst der Nachfrage auf Märkten, um sich aus dem Patronat von Thron und Altar befreien zu können. Neben den freiheitsverbürgenden Institutionen der modernen Demokratie trug insofern auch der Markt zur Autonomie der Kunst bei. Das künstlerische Feld blieb aber gegenüber dem Geschäftsleben abgrenzbar, solange das ästhetische Urteil nicht gleichbedeutend mit der Stärke einer wirtschaftlichen Nachfrage war.

Heute hingegen scheint eine Unterscheidung von Kunst und Ökonomie immer weniger möglich zu sein. Auf den gegenwärtigen Kunstmärkten sind ökonomische und künstlerische Logiken derart dicht miteinander verwoben, dass sie für die Beobachtung von außen schier ununterscheidbar geworden sind. Wenn auf Kunstauktionen immer neue Rekordsummen geboten werden, lassen sich der ästhetische Wert und der finanzielle Ertrag von Kunstwerken kaum noch voneinander trennen, ja wächst dem Marktwert eines Kunstwerkes immer mehr die Bedeutung zu, selbst als das schließlich maßgebliche Urteil über den künstlerischen Wert zu fungieren (vgl. Graw 2008).

Operativ wird der monetäre Wert einzelner Kunstobjekte heute etwa durch den sogenannten »Mei-Moses-Art-Index« gemessen, der von New Yorker Wirtschaftsprofessoren entwickelt worden ist. Er soll die Renditen ermitteln, wenn Fondsmanager zeitgenössische Kunstwerke zur »Portfolio-Diversifikation« verwenden. In den letzten Jahren *performte* diese Assetklasse moderner Künste so rasant, dass sie den Aktienindex der 500 größten börsennotierten US-Unternehmen deutlich übertrumpfte. 104 Millionen Dollar für einen Picasso, den die Besitzer einst für 30.000 Dollar gekauft hatten – das sind Gewinnspannen, von denen Aktienbesitzer nur träumen können. Da im selben Maße, wie der geschäftliche *Hype* um die Kunst die Fieberkurven der Art-Indizes nach oben trieb, die Kunstwelt die Suche nach eigenen Maßstäben für künstlerische Qualität teils fröhlich, teils resigniert eingestellt hat, konnten finanzielle Erlöse nunmehr auch als Signalgeber ästhetischer Dividende angesehen werden. Die Auflösung des Kunstbegriffes ging Hand in Hand mit seiner Ökonomisierung.

Die Ununterscheidbarkeit von Kunst und Ökonomie beschränkt sich aber nicht auf das rein Monetäre, sondern hat längst auch den Geist des heutigen Kapitalismus durchdrungen. Als künstlerische Maxime galt seit je her die »Kreativität«, mit der die Befähigung bezeichnet wurde, das Neue ausdrücken und gestalten zu können. Nicht erst, seit die »Kreativindustrie« pausenlos von der Wirtschaft beauftragt wird, technische, ästhetische und kulturelle »Innovationen« zu liefern, darf der Künstler mit dem Webdesigner, der Art Directorin, dem Marktforscher und der Medienmanagerin um die berüchtigten »kreativen Lösungen« von Problemen im wirtschaftlichen Anbieterwettbewerb ringen.

Das Künstlerethos scheint inzwischen gesellschaftlich soweit absorbiert, dass selbst die prekäre Lebenslage des Künstlers dabei ist, zur Leitfigur für den neuen Arbeitnehmer im flexiblen Kapitalismus zu werden (vgl.

Menger 2006). Ohne feste Beschäftigung und auf Aufträge angewiesen, materiell unsicher, aber dafür mit der Freiheit versehen, von einzelnen Organisationen und Dienstgebern unabhängig zu sein, firmiert der Künstler als Urbild aller *freelancer*, Selbstunternehmer und *portfolio workers*. Und tatsächlich haben es ja etliche der großen (und auch der kleineren) Lichtgestalten unter den Künstlern stets vermocht, aus sich selbst eine Marke zu machen, die Erkennbarkeit, Charisma und Erfolg zu befördern verspricht. Daraus beziehen jetzt zahlreiche Unterweisungen ihre Inspiration, die sich der Frage widmen, wie man die eigene Ich-AG ästhetisch verfeinern kann. Dazu zählt auch die Empfehlung, dem Vorbild der Avantgarde entsprechend tunlichst das Unangepasste zu repräsentieren. Umgekehrt kursieren auch bei Absolventen von Kunstakademien Handbücher für das *Selbstmanagement im Kunstbetrieb*. Früher gehörte es wahrscheinlich zum Signum der Verlierer unter den künstlerischen Aspiranten, sich flugs mit Karriereratgebern zu munitionieren. Heute ist das Selbstmarketing selbstverständlicher Teil der Kunstszene, zumal es in diversen künstlerischen Konzepten ja auch ästhetische Weihen erfuhr.

Die Grenze einer Ökonomisierung der Kunst dürfte hingegen in den Regeln des künstlerischen Feldes selbst begründet sein. Jedenfalls wird sich die ökonomische Logik hier stets als Fortentwicklung künstlerischer Strömungen manifestieren müssen, wollen sich Künstler auch in der Außenwahrnehmung nicht zu bloßen Wirtschaftssubjekten verwandeln. Der vom britischen Künstler Damien Hirst jüngst für 75 Millionen Euro verkaufte Platinabguss eines echten Totenschädels mit dem Titel »For the Love of God«, der von Hirst mit 8.601 Diamanten bestückt wurde (darunter einem 52-Karat-Diamanten auf der Stirn), stellt sich daher nicht als wirtschaftliches Anlageobjekt dar, sondern als künstlerische Aussage über die heutige Welt der Anlageobjekte, obgleich er gewiss auch eine ökonomische Anlage selber ist. Gleichwohl würde allein nach der Logik, dass das teuerste Kunstwerk aller Zeiten auch das Bedeutendste sei, noch nicht einmal der Kunstmarkt funktionieren, und schon gar nicht das künstlerische Feld, welches als ein solches bedroht wäre, würde es an der Differenz zum wirtschaftlichen Geschäft nicht erkennbar festhalten wollen.

Ohne künstlerische Ethiken kein künstlerisches Feld – was schließlich auch ökonomisch den Künstlern nicht zum Nachteil gereicht. Andy Warhol, Prototyp des Unternehmertums in der modernen Kunst, konnte einst immer dann seine vielleicht stärksten künstlerischen Positionen zum ökonomischen Universum beziehen, wenn er selbst als *Business Artist* auftrat.

Daher zählen seine *Brillo-Boxen*, auf denen er amerikanische Markennamen zu Ikonen auf Pappschachteln verewigt hat, zu den bedeutendsten Kunstereignissen seit den 1960er Jahren. Die Kunstmärkte stehen solch künstlerischen Strategien solange nicht entgegen, wie sie ihr Geld gleichsam zur ästhetischen Schatzbildung nutzen. So werden durch die ökonomischen Praktiken des Sammelns und Hortens, durch Kauf, Herzeigen und rezeptiven Genuss immer wieder auch ästhetische Wertschöpfungsketten erzeugt.

Ein kritischer Punkt für die Künste ist jedoch deshalb erreicht, weil sich die Märkte – und mit ihnen auch die Märkte der Kunst – mittlerweile selbst tiefgreifend gewandelt haben. Sie sind zu spekulativen Finanzmärkten geworden, die auf virtuellem Kapital und volatilen Werten beruhen. Und so nimmt es nicht Wunder, dass es nunmehr Hedgefonds sind, die für Riesensummen Kunstwerke aufkaufen, deren ästhetische Werte in den Blasen eines finanziellen Steigerungswahns zerplatzen. Wie man hört, verwenden Künstler wie Gerhard Richter deshalb zur Zeit viel Mühe darauf, ihre Kunstwerke vor dem Markt in Sicherheit zu bringen. Würde die Kunst nicht selbst für ihre Unterscheidung vom Ökonomischen sorgen, hätten am Ende die Märkte nichts Teures mehr zu verkaufen.

II. Die Pflicht zum Erfolg

»Leistung« und »Erfolg«: Die symbolische Ordnung der Marktgesellschaft

In der Wochenzeitung »Die Zeit« fanden sich unlängst zwei insgeheim aufeinander verweisende Artikel, welche die Redaktion auf jene Wertsphären verteilt hatte, die in der »Zeit« die journalistische Gestalt verschiedener Ressorts annehmen.[1] Im Ressort »Wissen«, zuständig für das Bildungsgut der bürgerlichen Leserschaft, wurde von der Gründungsinitiative einer Privatuniversität berichtet, die am Stadtrand von Berlin ein »European College of Liberal Arts« begründen will. Die Idee des entsprechenden Kuratoriums, dem unter anderem der Philosoph Dieter Henrich und der Historiker Christian Meier angehören, ist es, ein *studium generale* anzubieten, mit dem das Humboldt'sche Ideal umfassender Gelehrsamkeit nachhaltig belebt werden soll. Beseelt von dem Grundgedanken, »dass es Hochschulen nicht nur mit der Produktion des unmittelbar Verwertbaren zu tun haben sollten«, ging der prominente Gründungskreis auf die Suche nach Sponsoren, um daraufhin feststellen zu müssen, dass viele potentielle Geldgeber bereits längst bei jenen *Business Schools* engagiert waren, von deren rein instrumenteller Wissensvermittlung sich das »College of Liberal Arts« doch gerade absetzen wollte.

Über die Ursachen der entsprechenden Frustrationen beim Kuratorium des ambitionierten Projekts informierte wiederum ein Artikel im Ressort »Leben«, in dem »Die Zeit« den Leser an die Unwägbarkeiten des postmodernen Daseins heranführt. Unter der Überschrift »Warum die und nicht ich?« berichtete man von den enormen Reichtumschancen im Börsenhandel und im Internet-Geschäft, für deren Wahrnehmung die Kenntnis des klassischen Kanons durchaus verzichtbar ist. Stattdessen sind hier rasch verwertbare, erfolgsorientierte Kompetenzen gefragt, wofür das Modell der *Business School* das geeignete Angebot bietet. Die dauerhafte Ausbildung kulturellen Kapitals hingegen wird von unseren Wirtschaftseliten offenbar

---

1 Vgl. »Die Zeit«, Nr. 40 / 1999, 30. September.

als eine zwar ehrenwerte, doch wenig zeitgemäße Anstrengung betrachtet. Auch scheint der Distinktionsgewinn, der sich mit wertvollen Bildungsgütern erzielen lässt, die Chancen auf wirtschaftlichen Erfolg nicht mehr fraglos zu überbieten – weshalb es bis heute unsicher ist, ob das »College of Liberal Arts« jemals errichtet werden wird.

Die Erfahrungen, die hier prominente Repräsentanten des Kulturbürgertums mit den Präferenzen einflussreicher Wirtschaftseliten machten, beschreiben eine Spannungslage, die mir zum Ausgangspunkt meiner folgenden Überlegungen über die symbolische Ordnung der Marktgesellschaft dient. Wo verlaufen die symbolischen Grenzen, an denen entlang soziale Wertschätzung und Prestige ausgehandelt werden, wie haben sie sich möglicherweise verändert, und welche Rolle spielen hierbei Kultur und Ökonomie?

Kulturelles und soziales Kapital

Eine der bedeutsamsten Theorien in dieser Hinsicht ist zweifellos jene von Pierre Bourdieu. Bourdieu ist bekanntlich der Auffassung, dass Status und Prestige in der bürgerlichen Gesellschaft maßgeblich von der Verfügung über jene Machtressourcen abhängen, die er als solche des ökonomischen, des kulturellen und sozialen Kapitals beschreibt (Bourdieu 1983). Die Größe und Rangfolge dieser Kapitalsorten gliedert die Hierarchie »der den Individuen und Gruppen zuerkannten Werte« (Bourdieu 1992: 149) und somit die symbolische Ordnung einer Gesellschaft, die sich nach der »Logik der Differenz« (ebd.: 146) organisiert. Als soziale Machtfaktoren treten die jeweiligen Kapitalsorten jedoch erst dann auf den Plan, wenn sich nach dem Prinzip der »Optimierung« (Bourdieu 1997: 79) einzelne Vorteile in der eigenen Kapitalausstattung auch in andere soziale Felder als Überlegenheitsansprüche transferieren lassen. Ökonomisches Kapital gewährt Bourdieu zufolge daher nur unter der Voraussetzung sozialen Abstand, dass es sich in Kulturkapital übersetzt, in Bildung, Titel und einen distinktiven Geschmack, der die Vorrangstellung begüterter Klassen erst tatsächlich herstellen soll. Bourdieu sieht hier – und stimmt darin ganz mit Max Weber überein – ein ständisches Prinzip im sozialen Raum der bürgerlichen Gesellschaft am Werk, das er nicht als ein bloß historisches Phänomen begreift, sondern als eines, das systematisch auch moderne Statusordnungen begleitet. Max Weber allerdings hatte angenommen, dass die Prinzipien von Stand und Klasse mit dem jeweiligen Ausmaß der Stabilität einer Gesellschaft variieren. Die Beständigkeit einer sozialen Ordnung lässt demnach ständische Distinktionen – also solche der Lebensführung – entstehen, während Perioden sozialen Wandels und harter Verteilungskämpfe die Unterscheidung nach Klassen – also nach ökonomischen Marktchancen – in den Vordergrund rücken (Weber 1980: 539). Entsprechend würden sich auch die maßgeblichen Kategorien sozialer Wertschätzung verändern, die bei einer Dominanz ökonomischer Märke ihre ständischen Einfärbungen eher verlieren.

Kaum Zweifel besteht in der aktuellen Sozialwissenschaft, dass wir gegenwärtig Zeitzeugen einer solchen Periode rascher Wandlungsprozesse sind, als deren öffentliche Stichworte die »Globalisierung«, der technologische Wandel und der Vorrang ökonomischer Macht in den westlichen Wohlfahrtsstaaten figurieren. Die moderne Kultursoziologie jedoch stand vielleicht zu vehement unter dem Eindruck jener Deutungsmacht, die Bourdieus großartige Untersuchungen vor allem aus den 1970er Jahren aufgebaut hatten (Bourdieu 1982), als dass sie sich ausreichend sensibel auf die globalen Veränderungen des »neuen Kapitalismus« (Sennett 1998) einstellen konnte. Die Bourdieu'sche Annahme, dass es erst die Kultur sei, die auch den Besitzern hohen ökonomischen Kapitals Distinktionsgewinne gegenüber anderen Klassen gewähre, muss heute jedenfalls in mancher Hinsicht modifiziert werden.

Es ist das Verdienst der neueren amerikanischen Kultursoziologie, hierauf aufmerksam gemacht zu haben, vielleicht durch den »Standortvorteil« bedingt, auf dem amerikanischen Kontinent dem »neuen Kapitalismus« besonders frühzeitig sehr nahe gewesen zu sein. Die franko-kanadische Soziologin Michèle Lamont hat hierzu mit ihrer Studie *Money, Morals, and Manners* (Lamont 1992) einen wichtigen Beitrag geliefert. Als Vergleichsuntersuchung der sozialen Grenzziehungen in ausgewählten Städten der USA und Frankreichs konzipiert, kommt sie zu dem Ergebnis, dass eigentlich nur in Paris jene kulturellen Distinktionen die Statusordnungen bestimmen, von denen Bourdieu eine allgemeine Geltung annahm. In Städten wie etwa Clermont-Ferrand, in New York und Indianapolis hingegen seien soziale Grenzen maßgebend, für welche die berufliche Stellung, Karriere, Geldvermögen und wirtschaftlicher Erfolg die entscheidenden Kriterien sind, kurz: »how much money you make« (vgl. ebd.: 62ff.). Nicht der Habitus des Gebildeten und ein verfeinerter Geschmack gliedern demnach die Hierarchie, an der sich die Zuweisung sozialer Wertschätzung bemisst, sondern das ökonomische Kapital. In »Sozialkapital« transferiert es sich dann, wenn der materielle Status die wichtigste Ressource gegenseitigen »Kennens und Anerkennens« in den Klassifikationskämpfen moderner Gesellschaften ist, wie Bourdieu (1983: 190) den Begriff des »Sozialkapitals« einmal erläutert hat.

Eine zentrale Rolle spielt hierbei die Distinktionskraft des Geldes. Schon Bourdieu (1982: 241ff.) hatte ja gezeigt, dass sich durch die »Inflation von Titeln« hohes Kulturkapital oft auf materiell ganz prekären Positionen in der Sozialstruktur findet und somit für den gesellschaftlichen Rang keine eindeutige Signifikanz mehr besitzt. Doch gehört es auch längst nicht mehr zum Signum vermögender Klassen und der exekutiven Führungsschicht, besonders gebildet zu sein oder über einen distinktiven Geschmack zu verfügen, der sie kulturell etwa vom Kleinbürgertum separiert. So hat eine Studie zur globalen *Business Class* ergeben, dass internationale Top-Manager in ihrer Freizeit am liebsten Münzen sammeln und gärtnern (vgl. Scheuch/Scheuch 1996: 35f) – ganz, wie es auch breiten Bevölkerungsschichten am besten gefällt. Die moderne Ökonomie – so scheint es – lässt in der Gegenwart wieder einmal alle »ständischen Unterschiede verdampfen« (Karl Marx), so dass im Wesentlichen die materielle Klassenlage zählt.

In Deutschland ist dieser Kulturwandel bisher recht wenig erforscht, obgleich Episoden wie jene über das Berliner »College of Liberal Arts« darauf hindeuten lassen, dass auch in unserer Gesellschaft eine Konfliktlage entsteht, in der auf den Prozess der Einebnung kultureller Distinktionen mit dem – offenbar schwierigen – Versuch geantwortet wird, über die Vertretung von Bildungsansprüchen die Statusordnung gegen die Herrschaft des Geldes zu immunisieren.

Kaum Beachtung fand in der bisherigen Forschung jedoch, dass mit dem Positionswechsel von Kultur- zu ökonomisch bedingtem Sozialkapital auch zentrale Muster der Statusverteilung berührt sind, die weit über die bloße Veränderung sozialer Distinktionen hinaus das Selbstverständnis moderner Gesellschaften im ganzen betreffen. Deutlich wird dies, wenn wir uns die regulativen Grundprinzipien betrachten, denen Kultur- und Sozialkapital jeweils ihre Geltung verdanken. In der bürgerlichen Gesellschaft, deren Ideal die askriptive Neutralität gegenüber allen natürlichen Merkmalen und Herkunftskategorien ist, wird kulturelles Kapital am Maßstab der »Leistungen« verrechnet, die eine Person beim Erwerb von Fertigkeiten und Wissen erbringt. Hinsichtlich der – mit Bourdieu gesprochen – »inkorporierten« Formen des Kulturkapitals schlägt sich dies im Wertekanon als bürgerliche Berufsidee und Bildungsideal nieder, dem in institutioneller Weise durch die Vergabe von Titel und Stelle öffentliche Legitimation verliehen wird. Sozialkapital hingegen verrechnet sich im gesellschaftlichen »Erfolg«, gegenwärtig erkennbar vor allem am materiellen Status einer Person, wenn dieser sich in die wichtigste Ressource des »Kennens und Anerkennens« verwandelt. Wird der soziale Statusgewinn von »Leistung« auf »Erfolg« umgestellt – so meine Diagnose – tritt neben tiefgreifenden Verwerfungen in der Sozialstruktur schließlich auch ein sozialmoralischer Wandel ein, der insgesamt die Identität der modernen Gesellschaft und ihre Bestandsnormen verändert.

Das Leistungsprinzip spreche ich hierbei – um nicht missverstanden zu werden – selbstverständlich nicht in seiner nur vorgeblichen Rolle an, die alleinige Richtschnur der Statusverteilung zu sein, was es faktisch niemals gewesen ist. Vielmehr fungiert es als einzig öffentlich rechtfertigungsfähiger Maßstab der Statusvergabe, über den die moderne Gesellschaft ihrem eigenen Selbstverständnis nach verfügt. Es stellt also – nicht zuletzt aufgrund seiner nur fragilen sozialen Geltung in der gesellschaftlichen Wirklichkeit – einen zentralen normativen Bezugsrahmen dar, in dessen Deutungshorizont sich von der Arbeiterbewegung bis zum Feminismus alle Konflikte um die soziale und ökonomische Teilhabe entzündet haben – und sei es als Definitionskampf, was unter »Leistungen« eigentlich zu verstehen sei.[2]

---

2 Zur Theorie des Leistungsprinzips als zentraler normativer »Mustervariable« moderner Gesellschaften vgl. aus klassisch strukturfunktionalistischer Sicht Parsons/Shils 1951: 53ff.; Münch 1997: 66ff. sowie unter schichtungstheoretischen Aspekten Davis/Moore 1966. Meine eigene Perspektive auf das Leistungsprinzip folgt indes eher jenen normativen Konzepten, wie sie im Rahmen einer Theorie der Anerkennung Axel Honneth (vgl. Honneth 1992: 196ff.; Honneth 2001) sowie unter gerechtigkeitstheoretischen Gesichtspunkten David Miller (1999: 27ff., 131ff.) ausgearbeitet haben. Beide stimmen in der Einschätzung überein, dass das Leistungsprinzip unbeschadet seiner jeweiligen gesellschaftlichen Ausformung und Anwendung in sich fundamentale Grundsätze einer gerechten Sozialordnung und allgemeine Bedingungen sozialer Wertschätzung repräsentiert.

Soziologie des Erfolgs

Die analytische Distinktion von »Leistung« und »Erfolg« nun, von der ich in meinen eigenen Forschungen ausgehe (vgl. bereits Neckel 1999), wurde in der Geschichte der Sozialwissenschaft nur selten zum Thema, obwohl sie keine Erfindung unserer unmittelbaren Gegenwart ist. Karl Mannheim ist es gewesen, der in seinem Aufsatz über »das Wesen und die Bedeutung des wirtschaftlichen Erfolgsstrebens« (Mannheim 1964b) am Ende der 1920er Jahre hierzu systematische Vorschläge vorgelegt hat. Mit seiner Unterscheidung von »Leistung« und »Erfolg« reagierte Mannheim auf seinerzeit neuartige Phänomene wie die Popularität in der Massenkultur, das Entstehen einer Angestelltenschaft im Dienstleistungsbereich, die soziale Interaktionen als Arbeit verrichtet, sowie die zunehmende Bedeutung des Finanzkapitals.

Mannheim zufolge ist den Begriffen »Leistung« und »Erfolg« zunächst gleichermaßen der Bedeutungsgehalt irgendeiner Form von »Verwirklichung« oder »Objektivation« immanent. Doch während »Leistung« stets »eine Art Verwirklichung in irgendeinem Sachgebiete« bezeichne, sollen wir demgegenüber unter »Erfolg« »eine Verwirklichung im Gebiete des Sozialen« verstehen (ebd.: 634). Beim Erfolg komme es mit anderen Worten auf das »Sichdurchsetzen« (ebd.: 635) an, über dessen faktischen Eintritt das soziale Prestige erfolgreicher Akteure informiert. Der entscheidende Punkt in unserem Zusammenhang nun ist, dass Mannheim kategorial nur dann von »Erfolg« sprechen will, wenn diesem eindeutig bestimmbare Kompetenzen als Bedingung vorausgehen, wir ihn also als Ausdruck von »Leistung« begreifen können. Daher sei es nicht statthaft, als »Erfolg« zu bezeichnen, wenn ein Akteur ohne Leistungen hohe Ränge, Machtpositionen oder soziales Prestige erlange, was Mannheim schlicht als »unverdientes Glück« tituliert (ebd.: 637). Mannheim scheint hier der Vorstellung zu folgen, nur als »wertvoll« betrachtete persönliche Fähigkeiten könnten für Sozialkapital kandidieren. Erträge, die sich etwa aus überraschenden Gewinnen oder günstigen Gelegenheiten ergeben, schließt er als Ressourcen des sozialen Ansehens ebenso aus wie die pure Faktizität des »Sich-Durchgesetzt-Habens«.

Bei näherer Betrachtung drängt sich daher der Verdacht auf, dass Karl Mannheim in seiner Wissenssoziologie des »Erfolgs« Wertkategorien zum Zuge kommen lässt, die idealiter nur einem spezifischen Typus moderner Gesellschaften entsprechen: dem europäischen (und protestantischen) Fall der »bürgerlichen Gesellschaft« des 19. und der Mitte des 20. Jahrhunderts, jener Gesellschaft also, die seine eigene war. Denn nur hier, in der klassischen Zeit der kapitalistischen Arbeitsgesellschaft bürgerlichen Gepräges, gelten jene »Leistungsnormen« des Erfolgs, die Mannheim als dessen generelle Voraussetzung und allgemeine Geltungsgrundlage bezeichnet hat. Die soziale Tatsache des »Erfolgs« als das »Sichdurchsetzen im Sozialen« existiert jedoch in allen uns bekannten Gesellschaften, auch in jenen, die den Begriff der »Leistung« gar nicht kennen. In Mannheims Analysen hingegen äußert sich vielleicht auch ein »meritokratisches Vorurteil« der Wissenschaft dem »Erfolg« gegenüber – womöglich deswegen, weil nach Mannheims eigener Einschätzung die Wissenschaft selbst der Flüchtigkeit bloßer »Ruhmerfolge« so nahe steht (ebd.: 643) und sich dagegen berechtigterweise abgrenzen muss.

In jeder Hinsicht unbefangener war in dieser Hinsicht der Psychologe Gustav Ichheiser, der – zeitgleich mit Mannheim – 1930 eine seinerzeit vielgelesene »Kritik des Erfolges« vorgelegt hat (Ichheiser 1930). In dieser Schrift sieht Ichheiser gesellschaftlichen Erfolg nicht nur weitgehend von »Leistungen« entkoppelt, sondern nimmt sogar eine konträre Beziehung zwischen der »Leistungstüchtigkeit« von Akteuren und ihrer »Erfolgstüchtigkeit« an.[3] »Erfolg«, dessen Maßstab für Ichheiser die soziale Aufwärtsmobilität ist (ebd.: 3), verdanke sich im wirtschaftlichen Wettbewerb hauptsächlich einem Machiavellismus des Alltags, bei dem Rücksichtslosigkeit, »Reklame«, Bluff und Protektion den Sieg davontrügen. Leistungen hingegen, zu denen Ichheiser im wesentlichen die je spezifischen Tätigkeitsaufgaben von Berufen zählt (ebd.: 9), seien in der Regel an bestimmte Rechts- und Verhaltensnormen gebunden, deren Befolgung sich zur erfolgreichen Durchsetzung der eigenen Person faktisch aber gerade nicht eignen würde. In der allein strategischen Handhabung sozialer Normforderungen zeigten sich vielmehr die Eigenschaften einer »erfolgstüchtigen«

---

3 Ichheiser nimmt damit ein Thema auf, das in der deutschsprachigen Geisteswissenschaft meines Wissens zuerst von Norbert Einstein (1919) monographisch abgehandelt wurde, der in einer recht impressionistischen Betrachtung bereits die Selbständigkeit des Erfolgs zum Thema machte: »Der Erfolgreiche hat nicht nur deshalb Erfolg, weil die Wirkung seiner Leistung schon in dieser enthalten ist« (ebd.: 31). An die Unterscheidung von »Leistungstüchtigkeit« und »Erfolgstüchtigkeit« knüpft Hans Peter Dreitzel (1962: 99ff.) später dann in seinen elitetheoretischen Untersuchungen und in seinen »Reflexionen über das Elend des Leistungsprinzips« (Dreitzel 1974: 40ff.) an, die sich gleichermaßen wie Ichheisers Arbeiten als soziologische Realanalysen der faktischen Erfolgsmechanismen in der Konkurrenz wirtschaftlicher und politischer Akteure verstehen.

Person, die sich zum Leistungsprinzip der modernen Gesellschaft daher in einem Zustand der Antinomie befinden müsse. Zwischen den sozialen Normen und den tatsächlich wirksamen Bedingungen gesellschaftlichen Erfolgs bestünde somit ein Widerspruch, den erfolgreiche Gruppen nur allzu gerne verdeckten. Erfolgstüchtigkeit unterliege deshalb einem Prozess der »Selbstverschleierung« (ebd.: 36ff.), deren probatestes Mittel es sei, gesellschaftliche »Erfolge« als »Verdienst« bzw. als Ergebnis eigener »Leistungen« auszugeben und sie als solche anerkennen zu lassen. In unserem Zeitalter – so Ichheiser (ebd.: 53) – komme hierbei dem Geld die weitaus größte »Ausstrahlungsenergie« und »universellste erfolgssoziologische Durchschlagskraft« zu. Dies mag erklären, weshalb wirtschaftlich erfolgreiche Gruppen häufig fraglos als Leistungsträger betrachtet werden und sich – nicht selten kontrafaktisch – selber gern als besonders »leistungstüchtig« inszenieren (vgl. Hansen 1992).

Ichheisers Analyse mag in einzelnen Argumentationen bezweifelbar sein. So verwandelt sich jede leistungsbezogene Tätigkeit, deren Inhalt im wesentlichen aus sozialen Interaktionen besteht, schon zur betrugsverdächtigen Machenschaft, worin sich gewiss auch ein zeitbedingter Affekt gegen die seinerzeit neue Aufstiegsgruppe der Angestellten ausdrückt. Seine Untersuchung hat aber den Vorzug, sich für eine illusionslose soziologische Bestandsaufnahme des praktischen Erfolgshandelns auch dort noch zu interessieren, wo dieses den offiziellen Leistungsnormen faktisch entgegenläuft. Doch viel wichtiger in unserem Kontext ist, dass seine Bemerkungen zum »Geldwert des Erfolgs« am Ende schließlich gesellschaftliche Vorgänge berühren, die auch bei einem amerikanischen Klassiker der Soziologie eine berühmt gewordene und im Übrigen bissige Kritik erfahren haben. Thorstein Veblen (1986) zeigte in seiner *Theory of the Leisure Class* auf, dass in der amerikanischen Gesellschaft der Jahrhundertwende materieller Erfolg in sich zu einer Wertkategorie wurde. Er nahm damit Diagnosen vorweg, wie sie eine Generation später Ichheiser und in unserer Gegenwart etwa Michèle Lamont erarbeitet haben. Veblen stellte dar, dass in der von ihm so benannten »Geldkultur« des amerikanischen Kapitalismus der Wert hoher Erträge auch dann auf ihre Besitzer abfärbte, wenn sie durch das »Glück« plötzlicher Gewinne oder den »Zufall« günstiger Gelegenheiten zustande kamen. Doch Veblen beschränkte seine Analysen nicht etwa nur auf den Befund, dass Eigentum als leicht erkennbarer Beweis des Erfolgs firmierte und eine ranghohe Stellung in der Gesellschaft an der schieren Menge des Geldes vermessen wurde. Den skandalösen Kern seines Buches stellte vielmehr die Feststellung dar, dass Reichtum, der einst nur als Dokument eigener Tüchtigkeit galt, in der öffentlichen Meinung nun zum Verdienst an sich wurde und eine von Leistungen unabhängige Geltung in der amerikanischen Prestigeskala annahm (vgl. ebd.: 43ff.). Voraussetzung hierfür ist – um Veblens Analysen allgemeiner zu fassen –, dass diese Erträge selbst eine hohe soziale Wertschätzung erfahren, unabhängig davon, wie sie zustande kommen. Wird »Reichtum« etwa zum gesellschaftlichen Leitbild per se, und nicht die »Leistung«, die ihn – unter Umständen – erbrachte, dann bedarf auch »Erfolg« nichts weiter als des Reichtums selbst. Ihm gehen dann keine »Leistungen« und keine besonderen Befähigungen der Erfolgreichen voraus, sondern nur seine Faktizität – und die gleichsam »charismatische« Selbstbestätigung des Erfolgs vollzieht sich durch die hohen Erträge, die ihn begleiten. Leistungsloser Erfolg, deren typischster Fall zu Veblens Zeiten die Erbschaft war, zählt dann gerade deswegen als höchste Steigerungsform des Prestiges, weil er am wenigstens noch an den »Makel« von Arbeit und somit an untere Klassen erinnert. Der Besitz des amerikanischen Geldadels konnte daher als vermeintlich natürliches Merkmal des eigenen Vorrangs erscheinen und relativierte sich nicht durch die erkennbare Mühsal, ihn durch Leistungen erst erworben zu haben.

Karl Mannheim nahm zu Phänomenen wie diesen letztlich keine soziologische, sondern eine moralische Stellung ein, und legte damit Zeugnis von seiner eigenen Wertbindung an das Leistungsprinzip als Idealnorm der bürgerlichen Gesellschaft ab. In Zeiten wie den unsrigen, in denen das soziale Kapital wirtschaftlichen Erfolges die gesellschaftliche Rangordnung offenbar erneut dominiert, stellt sich jedoch die Frage, ob Veblen am Beispiel der USA nicht einen historischen Prototyp sozialer Statusverteilung beschrieb, der heute wieder Aktualität in den westlichen Gesellschaften findet.

Märkte in der Marktgesellschaft

Die Ursache dieser zeitgeschichtlichen Aktualität ist ein sozialer Wandel, den ich als Transformation moderner Sozialordnungen zu Marktgesellschaften bezeichne.[4] Marktgesellschaften sind dadurch bestimmt, dass die Imperative ökonomischer Rentabilität gleichmäßiger denn je all jene »Wertsphären und Lebensordnungen« durchdringen, deren Differenzierung voneinander Max Weber (1988: 536ff.) einst zum Unterpfand moderner Gesellschaften nahm. Marktgesellschaften stellen jene institutionellen Formen des modernen Kapitalismus dar, die sich aus der Einbettung des wirtschaftlichen Wettbewerbs in begleitende Sozialnormen (vgl. hierzu Beckert 1997: 406ff.) sukzessiv herauslösen und dabei die relative Vielgestaltigkeit in den modernen Regeln der Ressourcendistribution – Recht, Solidarität, Bedürftigkeit – auf das schließlich vorherrschende Prinzip von Angebot und Nachfrage reduzieren. Als Folge werden bisher normativ differenzierte Lebensbereiche, die aufgrund der Sozialkompromisse des wohlfahrtsstaatlichen Kapitalismus durchaus unterschiedliche Verteilungsmuster kannten, zunehmend durch die Einsinnigkeit zweckrationaler Erwerbskalküle regiert. Differenzierungstheoretische Ansätze in der Soziologie, wie sie vom Funktionalismus bis zur Systemtheorie reichen, sind daher kaum in der Lage, dem gegenwärtigen sozialen Wandel analytisch hinreichend Rechnung zu tragen, weil sie als dessen generelles Entwicklungsgesetz eben jene Trennung in differenzierte Sinnsysteme betrachten, an deren Einebnung die moderne Gesellschaft jedoch mindestens ebenso gut operiert.[5]

Die Erfahrung eines solchen Prozesses von »Entdifferenzierung« haben im letzten Jahrzehnt fast alle westlichen Gesellschaften gemacht. Auslösend hierfür war ein allgemeiner Strukturwandel, in dessen Gefolge sich die Machtchancen ökonomischer Akteursgruppen maßgeblich erweitert haben. Der wesentliche Faktor hierfür ist neben technischen Innovationen die globale Ausdehnung der Konkurrenzbedingungen kapitalistischer Ökonomie, die von den Wirtschaftseliten zur Deregulation der Arbeitsmärkte und Wohlfahrtsinstitutionen genutzt worden ist (vgl. Luttwak 1999). Machtzuwächse bei wirtschaftlich starken Gruppen brachte schließlich auch die

---

4   Zum Begriff und zur Theorie der »Marktgesellschaft« vgl. Weber 1980: 382ff., Polanyi 1978; Hirschman 1993: 192ff.

5   Eine allgemeine theoretische Vorentscheidung für den Vorrang von Differenzierungsprozessen in der Moderne zu treffen, ist daher verfehlt. Sie erhebt nicht selten funktionale Differenzierung in fragwürdiger Weise zur werthaltigen Norm und verstellt sich damit den Blick sowohl auf die durch Ausdifferenzierung mitunter bewirkten gesellschaftlichen Pathologien (vgl. Offe 1986) wie auch auf jene Prozesse des sozialen Wandels, in denen bereits ausgebildete Differenzierungen wieder aufgehoben werden. Die Entwicklung zur Marktgesellschaft ist hierfür ein Beispiel.

heutige Dominanz der Finanzmärkte mit sich, die gewaltige Reichtumschancen jenseits der Gütererzeugung gewähren. Dies blieb nicht ohne
Folgen für das Zusammenspiel der maßgeblichen Institutionen, durch die
moderne Gesellschaften gekennzeichnet sind: Die Sphären der sozialstaatlichen Integration, der politischen Willensbildung und der privaten Lebensführung haben sich den Imperativen der ökonomischen Märkte wesentlich
anpassen müssen – und so stellen soziologische Zeitdiagnosen von Ulrich
Beck (1996) bis Richard Münch (1998), so stellen Detailuntersuchungen
von Erwerbsorganisationen (Moldaschl/Sauer 2000), zur Sozialpolitik (Rauschenbach et al. 1995; Goebel/Pankoke 1998), zu den Familien (Peuckert
1997) oder den städtischen Räumen (Häußermann 2000) der Gegenwart
fest, dass die moderne Gesellschaft heute durch eine »sukzessive Vermarktlichung« (Bode/Brose 1999: 179) ihrer sozialen Lebensbereiche und
ihrer wichtigsten Institutionen durchdrungen wird.

Zum zentralen Merkmal der ökonomischen Märkte ist dabei geworden,
dass sie selbst längst nicht mehr nach dem klassischen Muster einer kapitalistischen Arbeitsgesellschaft funktionieren. Deutlich wird dies vor allem an
der schleichenden Erosion des arbeitsgesellschaftlichen Prinzips, die individuelle Reproduktion an die Erträge von Erwerbstätigkeit, Beruf und
somit Leistungen zu binden. Nach stetigem Rückgang in den 1990er Jahren geben heute nur noch gut 40 Prozent der in Deutschland lebenden
Personen die Erwerbstätigkeit als ihre entscheidende Einkommensquelle
an (vgl. Statistisches Bundesamt 2000). Auch absolut sinkt der Anteil der
Erwerbseinkommen an den gesamten Einkommensarten (vgl. Bedau 1999;
Jenner 1999: 124ff.) – mangels Gelegenheit infolge anhaltender Arbeitslosigkeit, aber auch mangels Ertrag, weil die moderne Ökonomie den Wert
der Arbeit vor allem im unteren und mittleren Segment nachhaltig verarmen lässt. Eine Folge davon ist, dass leistungsunabhängige Formen der
staatlichen Versorgung ein immer größer werdendes Quantum am Sozial-
produkt stellen und damit wachsende Bevölkerungsgruppen von meritokratischen Prinzipien zwangsweise entkoppeln. Das Leistungsprinzip, das
der modernen Gesellschaft als zentrales normatives Kriterium der Verteilung knapper Güter dienen soll, wird jedoch in dem Moment ad absurdum
geführt, in dem sich Arbeit selbst zu einem knappen Gut verwandelt. Auch
als ein Deutungsrahmen betrachtet, stellt das Leistungsprinzip für die Ungleichverteilung der Chancen, Leistungen nach arbeitsgesellschaftlicher
Definition überhaupt erbringen zu können, keine adäquaten Rechtfertigungen bereit: »Die leistungsethisch motivierte Belohnung von Arbeitsleis-

tung lässt sich nicht aufrechterhalten, wenn die Zuteilung von Arbeit selbst schon Belohnung ist« (Oevermann 2001: 30f.).

Die Zentralität der gesellschaftlichen Wertschöpfung durch Arbeit und Leistung geht aber auch dadurch verloren, dass die Verwertungschancen von Kapitaleinsätzen mittlerweile soweit angestiegen sind, dass Besitz und Vermögen eigenständige Prinzipien der privaten Reproduktion durchaus breiter Bevölkerungsschichten bilden. Gewinne und Vermögenserträge machen heute bereits über ein Drittel aller Einkommen in Deutschland aus und sind insbesondere seit Ende der 1980er Jahre gegenüber den Arbeits- und Transfereinkommen weit überproportional expandiert (vgl. Schäfer 1999). Allein das private Geldvermögen der Deutschen ist seit 1992 um mehr als die Hälfte gewachsen (Mahnkopf 2000: 495). Es konzentriert sich im obersten Fünftel der Sozialstruktur und bei den fest etablierten Mittelklassen, die ihren Lebensstandard zunehmend eigenem Guthaben, Sachwerten und schließlich Erbschaften verdanken. Die Deutsche Bundesbank schätzt, dass in Deutschland etwa 100 Milliarden Euro pro Jahr an privatem Sach- und Geldvermögen vererbt werden. Diese gewaltigen Erbschaftssummen sind jedoch sozial höchst ungleich verteilt, wobei mit der Höhe der vererbten Vermögen auch die sozialen Diskrepanzen wachsen: Fast jeder dritte Akademiker, aber nur jeder achte Hauptschulabsolvent erbt mindestens eine Summe von 50.000 Euro. Die kleinste Bildungsschicht erbt mit Abstand am häufigsten und am meisten (vgl. Szydlik 1999; 2001). Die gegenwärtige Erbschaftswelle vertieft die bereits gegebenen Strukturen sozialer Ungleichheit und fügt ihnen noch die Dimension der »geborenen Gewinner und geborenen Verlierer« hinzu. Größere Erbschaftsbeträge erhöhen deutlich das Konsumniveau und gewähren eine sichtbare Verbesserung der materiellen Haushaltsausstattung. Deren Elemente können als Insignien sozialen Aufstiegs wahrgenommen werden, ohne jedoch auf die Leistungsbeiträge der durch Erbschaften bevorteilten Gruppen rückführbar zu sein. Soziale Aufwärtsmobilität bietet sich dann eher für fatalistische Deutungen an als durch Kategorien der Leistungsgerechtigkeit noch erschließbar zu sein.

Gelegenheitsökonomien

Wenn heute also einerseits eine Verknappung der leistungsbezogenen Ressourcen der Lebensführung feststellbar ist, so andererseits die Eröffnung neuer Chancenstrukturen, für die aber nicht Leistungen zählen, sondern Erfolge, und zwar hauptsächlich auf dem unwägbaren Terrain risikoreicher oder kontingenter Gelegenheitsmärkte. Dies beginnt schon im Erwerbsleben selber, in das zunehmend Erfolgskriterien eingebaut werden. Tayloristische Entlohnungssysteme werden sukzessive durch marktförmige Anreizmechanismen und »vom Geschäftserfolg aus bestimmte Leistungsbewertungen« (vgl. Bender 1997: 144ff.) ersetzt. Sie honorieren Leistungen nicht vom Aufwand, sondern ausschließlich von den Ergebnissen her, vom Profitcenter im Supermarkt bis zu den Prämien im mittleren und oberen Management (vgl. Voswinkel 2000).

Ertragsgrößen und nicht Leistungsbeiträge spielen auch die wichtigste Rolle in jenen Wirtschaftsbereichen, die heute die höchsten Renditen einbringen. Im gesamten »quartären« Dienstleistungssektor von Banken und Versicherungen, Design und PR-Agenturen, Börsenhandel und Investmentmaklern, Unternehmensberatung und Marketingexperten werden Gewinne eines Ausmaßes realisiert, die eben jener »charismatischen« Selbstbestätigung des Erfolgs dienen sollen, die einst schon Thorstein Veblen ansprach. Ihren Statuswert gewinnen diese Erträge gerade dadurch, dass sie außerhalb aller Maßstäbe des Leistungsprinzips liegen, damit sich ihre »Außeralltäglichkeit« auch tatsächlich erweisen kann.

Die wohl schillerndste Gestalt nimmt das Erfolgsprinzip in der heutigen Ökonomie aber auf jenen Märkten kontingenter Gewinnchancen an, wo keine berechenbaren Leistungen oder Einsätze zählen, sondern allein der Zufall günstiger Gelegenheiten über Erfolg oder Scheitern entscheidet. Die Gewinner von Aktienspekulationen und *windfall profits*, die Nutznießer ökonomischer »Mitnahmeeffekte« und kurzfristiger Vorteile auf den Finanz- und Devisenmärkten etablieren eine Wirtschaftskultur der Zufälligkeit, die dem Leistungsprinzip alle Grundlagen entzieht. Soweit diese »Märkte des Alles oder Nichts«, wie amerikanische Wirtschaftswissenschaftler sie nennen (Frank/Cook 1995), die Sphäre beruflicher Spitzengruppen betreffen, setzen sie minimale Leistungsdifferenzen in maximale Ertragsunterschiede um, wobei der von Robert K. Merton (1985) für die Soziologie entdeckte »Matthäus-Effekt« hierbei eine Eigendynamik von Steigerung und Überbietung initiiert: Einmal in eine Spitzenposition gelangt, sorgen die *winner-take-*

all-Märkte dafür, dass der einzelne immer weiter nach oben getragen wird. Einkünfte bemessen sich am Ende dann nicht mehr an Leistungskriterien, sondern daran, ob Akteure in der günstigen Lage sind, an der privilegierten Nutzung ertragreicher *opportunities* zu partizipieren.

Dieses Prinzip kehrt auf allen Märkten für spekulative Kapitalanlagen wieder, auf denen die materielle Ausstattung für die Marktteilnahme selber die letztlich entscheidende Bedingung für die Realisierung hoher Gewinne darstellt. Die Zahl derer, die daran partizipieren wollen, ist rapide gestiegen. Knapp 20 Prozent der deutschen Bevölkerung über 14 Jahre sind Aktienbesitzer – mittlerweile gibt es somit mehr Aktionäre in Deutschland als Mitglieder im Deutschen Gewerkschaftsbund, wobei sich der Aktienbesitz stark in den oberen Einkommensschichten konzentriert. Der Wert des gesamten Aktienbesitzes privater Anleger ist allein zwischen 1991 und 1999 um rund 425 Prozent in nur acht Jahren gestiegen. Der weitaus größte Teil der Wertzuwächse ist auf Kurssteigerungen zurückzuführen, so dass sich hier immense Renditen ergeben haben (vgl. Deutsches Aktieninstitut 2000). Die normative Forderung des Leistungsprinzips, Aufwand und Ertrag in ein äquivalentes Verhältnis zu setzen, ist bei diesen Einkünften völlig bedeutungslos. Auch ist die Börsenspekulation den kontingenten Erfolgsbedingungen globaler Geldanlagen unterworfen, deren Beeinflussung weitgehend außerhalb der Verfügungsmacht des Einzelnen liegt.

Mit der normativen Forderung des Leistungsprinzips, allein individuell zurechenbare, intentionale Leistungsbeiträge zum Maßstab der Einkommensverteilung zu machen (vgl. Miller 1999: 133ff.), ist dies kaum in Einklang zu bringen. Der Modus der Reichtumsverteilung stellt sich vielmehr von der Norm der Leistungsgerechtigkeit auf die Erwerbschance um, zum »Risiko« beim Vermögenseinsatz bereit und in der Lage zu sein. Ein Risiko bemisst sich am Ausmaß des ökonomischen Wagnisses, das man um einer Gewinnchance willen einzugehen bereit ist, und nicht an Aufwand und Güte nützlicher Arbeit wie idealerweise das Leistungsprinzip. Eine Ökonomie, die den Grenznutzen leistungsbezogener Erwerbsarbeit im gleichen Maße systematisch verringert wie sie das ökonomische Risikohandeln übermäßig favorisiert, entwertet leistungsbezogene Qualifikationen, bindet ökonomische Vorgänge umfassend an Kontingenz und etabliert damit die spekulativen Finanzmärkte als Prototyp allen wirtschaftlichen Handelns (vgl. Mandel 1996).

Populäre Erfolgskultur

Die Gelegenheitsmärkte kreieren das Leitbild des schnellen und mühelosen
Erwerbes von Reichtum und Ruhm, das in unteren Schichten und in der
jüngeren Generation als Hoffnung auf die plötzliche Entdeckung in Me-
dien-, Mode- und Popkultur, als Schicksalsglaube über sozialen Aufstieg
und als moderne Magie medialer Glücksspiele die Alltagskultur durch-
tränkt. Konsum, Kulturindustrie und Medienangebote weisen heute insofern eine strukturelle Verwandtschaft mit den Funktionsprinzipien der
marktgesellschaftlichen Ökonomie auf, als sie eine Vielzahl kontingenter
Gelegenheitsstrukturen für leistungsferne Erträge offerieren. So herrschen
in der wirtschaftlichen Konkurrenz in stark besetzten Marktsegmenten und
um besonders konsumintensive Käuferschichten heute Strategien des Marketing vor, welche die Nutzung von Produkten, Programmen und Anbie-
tern mit Teilnahmechancen an »Gewinnspielen« honorieren, die zumeist
nichts anderes als die Nutzung selber voraussetzen. Vor allem jedoch hat
die kommerzielle Popularkultur eine Entwicklung genommen, die stark
von der Bedeutung des Performativen gekennzeichnet ist. In den gewaltig
gewachsenen wie heftig umkämpften Konsumgütermärkten können Vorteile in der Angebotskonkurrenz zumeist nur durch die Beschleunigung
von Zeichenproduktionen und die Erfindung neuer Präsentationsmuster
erworben werden (vgl. Featherstone 1992). Die »ornamental culture« (Faludi 1999: 35ff.) des postmodernen Konsumkapitalismus ist daher um die
symbolische Aufladung des Verkaufsaktes herum organisiert. Markenprä-
sentation und Kampagnenwerbung bedürfen von der Markteinführung bis
zur Kundenbetreuung einer Vielzahl von Protagonisten, die in erster Linie
mit geeigneten askriptiven Merkmalskombinationen und darstellerischen
Talenten ausgerüstet sein müssen: In der *front stage*-Präsentation von
»Kultmarketing«, Bildwerbung und »Erlebniseinkauf« fungieren der Körper
als Botschaft und das »impression management« (Erving Goffman) als
zentrale Schlüsselqualifikation. Die Märkte dieser »Laufstegökonomie«
eröffnen Einkommen und Beschäftigung weitgehend unter Verzicht auf
Leistungskategorien, da individuelle Eigenschaften und zugeschriebene
Merkmale wichtiger als erworbene Qualifikationen sind. In den konsum-
orientierten Segmenten der modernen Ökonomie und in den Bildmedien
stellt deshalb das *Casting* jene prototypische Instanz der Zuweisung von
Erwerbschancen dar wie in der produktionsorientierten »Leistungsgesellschaft« idealerweise die »Prüfung« von beruflichem Wissen.

In den Medien – und hierbei insbesondere im Fernsehen – wird die gesellschaftliche Statuszuweisung vor allem durch die Funktionsmechanismen von Prominenz und Aufmerksamkeit gesteuert. Prominenz, verstanden als Reproduktion einer »expressiven Elite« (Keller 1983: 9) durch öffentliche Namensnennung (vgl. Wenzel 2000) basiert im Unterschied zum »funktionalen« Elitestatus, der sich dem Selbstverständnis der modernen Gesellschaft nach anhand eigener Leistungen ausweist, auf der dauerhaften Erzeugung der Aufmerksamkeit eines Medienpublikums, entsteht also durch die Zuschreibungen Dritter. Der wichtigste Faktor von Prominenz ist sie selbst: »Wenn die Quantität der einer Person entgegengebrachten Aufmerksamkeit selbst Beachtung erregt« (ebd.: 461), zeugt sich Prominenz selbsttätig fort, ohne anderer Einflüsse noch zu bedürfen. Da Prominenz heute im medialen Anbieterwettbewerb ebenso wie auf den Konsumgütermärkten umfassend zur Ertragssteigerung eingesetzt wird, lassen sich hohe Aufmerksamkeitswerte ökonomisch verzinsen und kapitalisieren, wobei die hierbei erzielten extrem hohen Erträge als Dokument besonders exklusiver »Aufmerksamkeitsprivilegien« (Macho 1993: 767) fungieren. Statt einer Ökonomie der Leistung entsteht so eine »Ökonomie der Aufmerksamkeit« (Franck 1998), die in der sozialen Schichtung die paradoxe Gestalt einer »Leistungselite des Ruhms« (Gamson 1994) annehmen kann.

Über den Einsatz medialer Formate, die das Publikum selbst als eine Ressource nutzen und es in den Status von Darstellern versetzen, verallgemeinern sich die Muster von »display culture« (Faludi 1999: 451) und Aufmerksamkeitsökonomie in der alltäglichen Lebenswelt vor allem jüngerer Mediennutzer. *Real Life Soaps* wie »Big Brother« (vgl. Neckel 2000b; Stäheli/Schwering 2000) und Gameshows (vgl. Neckel 1999: 157ff.) stellen dabei die gegenwärtig erfolgreichsten Formate dar. Während erstere als organisierte Wettbewerbe um günstige Askriptionen und Darstellungserfolge zu verstehen sind, treten letztere durch die partielle Verwendung von Wissenselementen in eine eigentümliche Spannung zum Leistungsprinzip. Eine Anzahl von Gameshows verzichtet gänzlich auf eigene Leistungsbeiträge von Kandidaten, andere kombinieren Befähigungstests mit Zufallsentscheidungen oder lassen in Verbindung mit der Dramaturgie von Ratespielen eine willkürliche und »populäre« Enthierarchisierung von Wissensbeständen walten.

Die populäre Kultur bietet dergestalt heute eine Unzahl von Möglichkeiten, über die Nutzung disparater Gelegenheitsstrukturen in kurzer Zeit hohe Erträge zu realisieren, die zumeist deutlich über den durchschnittlichen Einkommenserwartungen beruflicher Erwerbstätigkeit liegen. Die Kulturindustrie ruft hierbei je nach symbolischer Marktlage persönliche Eigenschaften und Merkmale als verwertbare Ressourcen per ökonomischer Nachfrage ab und kreiert mittels demonstrativ hoher Gewinne in der Zumessung von Gelderträgen und Prominenz einen gesellschaftlichen Erfolgskult, der wesentlich zum Schwinden von Leistungsbegriffen im gesellschaftlichen Bewusstsein beizutragen vermag.

Eine Konsequenz dieser Entwicklung könnte sein, dass es zur vermehrten Ausbildung von Persönlichkeitsstrukturen kommt, die Erich Fromm (1980: 47ff.) einmal im sozialen Typus des »Marketing-Charakters« zusammengefasst hat. Der Marketing-Charakter tritt Fromm zufolge auf Personalmärkten auf, die sich durch die Nachfrage von »Persönlichkeitsarten« konstituieren. Die gegenwärtige Kultursoziologie beschreibt dies etwa als »performance game to be won in the marketplace, not the workplace« (Faludi 1999: 37), wobei als Essenz aller wirtschaftlichen Transaktionen »the act of selling the self« (ebd.: 35) figuriert. Der Marketing-Charakter ist Experte einer immateriellen Ökonomie, die darauf abzielt, äußere Eindrücke, innere Stimmungen und die Zuschreibung positiver Eigenschaften zu erzeugen. Er erlebt seine Persönlichkeit als Ware und sich selbst als sein eigener Verkäufer (vgl. Fromm 1980: 49). In seiner Selbstachtung ist er nicht von der sozialen Wertschätzung eigener Leistungen abhängig, sondern von der erfolgreichen Durchsetzung seiner Person, was sich auf den schwankenden Konjunkturen der Personalmärkte notorisch seiner persönlichen Kontrolle entzieht. Im Unterschied zu den leistungsbedingten Erträgen herkömmlicher Arbeitsmärkte wird der Marketing-Charakter somit durch Prämien auf seinen Erfolg honoriert, für den das vom ihm selbst verantwortete Handeln allerdings keinerlei Gewähr bietet.

Erfolg: Die Logik der Differenz in der Marktgesellschaft

Insgesamt ergibt sich somit das Bild, dass sich kapitalistische Arbeitsgesellschaften, die dem Ideal nach Leistungsbeiträge entlohnen, gegenwärtig in erfolgsorientierte Marktgesellschaften verwandeln, die Prämien auf vielfach kontingente Ertragschancen zahlen. Die USA sind schon immer Urbild einer solchen Marktgesellschaft gewesen, heute verallgemeinert sie sich auch im europäischen und selbst im rheinischen Kapitalismus. Die Vermarktlichung des modernen Kapitalismus hat einen Struktureffekt, der das Leistungsprinzip nachhaltig unterminiert. Denn entgegen der Überzeugung, dass Märkte prinzipiell stets Leistungswettbewerbe organisieren, weisen das Markt- und das Leistungsprinzip doch grundlegende Unterschiede auf: Märkte sind ihren endogenen Funktionsmechanismen nach utilitaristisch organisiert (vgl. Wiesenthal 2000: 50ff.), das Leistungsprinzip folgt Reziprozitätsnormen. Märkte sind ausschließlich an ökonomischen Ergebnissen interessiert, gegenüber der Art ihres Zustandekommens sind sie gleichsam »blind« und neutral. Ob ein Markterfolg auf leistungsbezogener Arbeit beruht oder sich günstigen Gelegenheitsstrukturen, individueller Risikobereitschaft, positiven Askriptionen oder schlicht dem Zufall verdankt, hat keinen Einfluss auf die Höhe seiner Honorierung. Zwar hat auch das Leistungsprinzip eine ergebnisorientierte Dimension: Es berücksichtigt nur solche Tätigkeiten, die im Sinne jeweils sozial verbindlicher Leistungsziele erfolgen (vgl. Bolte 1979). Doch kommt ihm immer auch eine Entschädigungsfunktion für den spezifischen Aufwand zu, der mit einem wirtschaftlichen Ergebnis verbunden war, was die wechselseitigen Ansprüche von Leistungen und Gegenleistungen begründet (vgl. Miller 1999: 28ff.). Die allein ergebnisorientierte Logik des Marktes hingegen setzt rein nutzenkalkulatorische Orientierungen frei, die sich idealerweise darauf ausrichten müssen, mit geringem Aufwand größtmögliche Erträge zu erzielen. Eigene Leistungen können hierbei nur hinderlich sein, da sie die Aufwandskosten belasten, ohne doch das Unterpfand für den sozialen Aufstieg zu sein.

In den Mustern sozialer Wertschätzung repräsentiert sich diese Entwicklung als zunehmende Staffelung des sozialen Status nach den Erfolgskategorien von Einkommensgröße, Vermögenswert und Liquidität. Bildungssoziologie und Sozialstrukturforschung diagnostizieren, dass das Bildungszeugnis als klassische »Währungseinheit« (Kreckel 1992: 97) im Statuswettbewerb heute in dem Maße einer Entwertung unterliegt, wie der »doppelte trade-off von Titel und Stelle und Titel und Einkommen« (Kraemer 1997: 374) zu einer sinkenden »Bildungsrendite« (vgl. Handl 1996) führt. Diesem Bedeutungsverlust von Bildungstiteln für die Signalisierung gesellschaftlicher Statuspositionen korrespondiert ein Bedeutungszuwachs der Konsummärkte im sozialen Distinktionsgeschehen. Da hohes Kulturkapital verlässlich keinen sozialen Vorrang mehr begründet, verlagert sich die alltagspraktische Geltung sozialer Unterscheidung stärker auf sozialökonomische Merkmale wie wirtschaftlichen Erfolg und materiellen Wohlstand. Die symbolischen Klassifikationen sozialer Ungleichheit gründen dann verstärkt in Konsumdifferenzen (vgl. Bauman 1999: 73ff.) und gehen nicht mehr selbstverständlich mit dem beruflichen oder dem Bildungsstatus einher. Dem kulturellen Kapital lässt die Marktgesellschaft daher weniger Chancen. In ihrer sachlichen Gleichgültigkeit allem Ständischen gegenüber bemisst sie Wertschätzung und Distinktion schlicht nach der nackten Zahlungsbereitschaft, der Faktizität von Besitz oder Besitzlosigkeit, der Menge verfügbaren Geldes.

Das Erfolgsprinzip hat allerdings strukturelle Eigenschaften, die nicht nur die soziale Statusordnung verändern, sondern auch den moralischen Haushalt der Gesellschaft. Aus der Spieltheorie wissen wir, dass nur »iterative«, also wiederholbare Spiele Verhaltensnormen hervorbringen, während einmalige Spiele den puren Egoismus und nacktes Machthandeln befördern (vgl. Axelrod 1988). Zu den heutigen Merkmalen des Markterfolgs aber gehört es, kurzfristig, häufig singulär und im Übrigen wenig voraussehbar zu sein. Darin unterscheidet er sich vom Leistungsprinzip, das sich nicht in einmaligen Transaktionen erschöpft, sondern auf dem konstanten Austausch von Arbeitskraft, Wissen und Kompetenz gegen entsprechende Gratifikationen beruht. Leistungen ziehen typischerweise den Anspruch auf Gegenleistung nach sich und setzen damit wechselseitige Verpflichtungen in Gang. Über deren konkrete Gestalt entscheiden zumeist konflikthafte Aushandlungsprozesse. Dies lässt bei allen sozialen Gegensätzen zwischen den jeweils beteiligten Gruppen Normen der Gegenseitigkeit entstehen, die die Sozialwissenschaft auch als »defensive Minimalforderung« (Gouldner 1984: 128) an die Integration sozialer Ordnungen bezeichnet. Im normativen Bezugsrahmen des Leistungsprinzips zeigen sich, mit anderen Worten, jene Reziprozitätsregeln am Werk, die insgesamt den Zusammenhalt einer Gesellschaft begründen. Der »Erfolg« als Prinzip der Statusverteilung jedoch löst diese Mechanismen gegenseitiger Verpflichtungen auf. Zufälliger Erfolg verpflichtet zu nichts, weil man seine Erträge nicht auch den Leistungen anderer verdankt, und einmalig hohe Gewinne laden zu ihrer schnellen und restlosen Mitnahme ein. Am Ende entziehen sich gerade die »erfolgreichen« Gruppen in der Gesellschaft ihren sozialen Verpflichtungen – so wie wir dies in den USA seit den 1980er Jahren, aber auch im Deutschland des letzten Jahrzehnts beobachten können.

Die Marktgesellschaft ist ein Nullsummenspiel: Sie schüttet hohe Gewinne für vergleichsweise Wenige aus, während viele andere ihre mäßigen

Erträge bedroht sehen müssen. Im Horizont des Erfolgsprinzips steht daher eine vorwiegend agonale Struktur. Der Geldwert des Erfolgs lässt die Gewinne zu den bereits Mächtigen streben, so dass zwischen Individuen und Gruppen die scharfe Unterscheidung von Gewinnern und Verlierern regiert. Wenn Markterfolge zur Grundlage gesellschaftlichen Ansehens werden, können Misserfolge die Voraussetzungen sozialer Anerkennung vernichten. Dies verändert die Wettbewerbsstrategie im sozialen Raum. Bei der Statusverteilung kommt es nun nicht allein darauf an, die eigene Position zu verbessern, was auch den Konkurrenten eine Chance auf Fortkommen gewährt, sondern den Rivalen Niederlagen zu bescheren. Das Leistungsprinzip lädt letztlich noch immer zur Kooperation ein, das Erfolgsprinzip hingegen stiftet Feindseligkeit. Insofern sind mit den symbolischen Grenzen, die heute den Raum gesellschaftlicher Wertschätzung vermessen, auch die Grenzen der sozialen Integration kenntlich gemacht, sofern Märkte allein den Erfolg honorieren.

Ehrgeiz, Reputation und Bewährung: Zur Theoriegeschichte einer Soziologie des Erfolgs

Die soziologische Theoriegeschichte des »Erfolgs« ist sprunghaft. Sie kann keine lange, durchgehende Geschichte erzählen, sondern nur von Episoden berichten. So plötzlich, wie das Thema wissenschaftliches Interesse auf sich zieht, tritt es auch wieder in den Hintergrund und macht anderen Fragestellungen Platz, um dann nach einiger Zeit abermals auf der Tagesordnung zu stehen. So scheint mangels einer Kontinuität von Erkenntnissen die Soziologie des Erfolgs immer wieder von neuem beginnen zu müssen. Dieser etwas missliche Forschungsstand hängt vielleicht damit zusammen, dass sich die soziologische Aufmerksamkeit für die gesellschaftlichen Ursachen und Auswirkungen, die sozialen Formen und Regeln des »Erfolgs« nur in jenen Zeiten einstellt, in denen Erfolge einzelner Individuen und Gruppen durch Ursachen bedingt sind, die den gesellschaftlichen Offizialnormen widersprechen oder von Phänomenen begleitet werden, welche die gewohnten Erwartungen irritieren. Mitunter richtet sich die soziologische Neugier auch besonders dann auf »Erfolg«, wenn sich wirtschaftliche Ertragschancen, Prominenz oder Machtgewinne auf soziale Kreise verteilen, deren Verdienste als zweifelhaft gelten. Gemäß der soziologischen Einsicht, dass Normen erst im Zustand ihrer Verletzung positiv in das allgemeine Bewusstsein treten, scheinen auch die Maßstäbe von Erfolgen nur dann thematisch zu werden, wenn soziale Vorteile in irgendeiner Weise als illegitim aufgefasst werden können. Die Erfolgssoziologie ist daher immer schon mit einem Interesse am Normativen versehen: Die jeweiligen Erfolgsnormen einer Gesellschaft sind ihr ureigenster Gegenstand.

Kriegskünste des Erfolgs

Dies trifft durchaus nicht für alle Wissensformen zu, die sich historisch auf das Phänomen des »Erfolgs« schon gerichtet haben. Die politische Theorie etwa, sofern sie sich im vorbürgerlichen Zeitalter vor allem als Klugheitslehre von Herrschaft verstand, widmete sich dem Machterfolg als ihrem bevorzugten Gegenstand ausschließlich unter strategischen Aspekten. Sie interessierte, was Niccolò Machiavelli 1532 kurz und bündig als das zentrale Problem seiner Schrift »Der Fürst« bezeichnet hat: »wie die Alleinherrschaft erworben und erhalten werden kann« (Machiavelli 1990: 19). Machiavellis Studien behandeln die reine Wirksamkeit des Handelns für eigennützige Zwecke. Erfolg besteht darin, unter Ausnutzung gegnerischer Schwächen und bei sorgfältiger Beachtung konkurrierender Akteursstrategien möglichst effektiv dem eigenen Vorteil zu dienen. Lüge, Grausamkeit oder Bestechung fallen in diesem Zusammenhang nur unter dem Gesichtspunkt der persönlichen Zielerreichung ins Gewicht. Am alleinigen Maßstab der Souveränität bemessen, bedeutet erfolgreich zu sein, inmitten agonaler sozialer Prozesse einen oberen Platz in der Rangskala der Macht einzunehmen.

Dies galt ebenso noch für jene Kunstlehren der Herabsetzung anderer, die in der aristokratischen Kultur des europäischen Absolutismus eine ganz eigene Gattung von Gesellschaftsschriften begründet haben. Henning Ritter (1997: 113f.) hat dieses literarische Genre einmal die »Immoralistik« genannt, Lehrbücher der »Kriegskunst des Zwischenmenschlichen« (ebd.: 114), deren Anschauungsmaterial sich vor allem aus der Beobachtung höfischer Ränkespiele gewann. Unter all den Abhandlungen, die sich bis zur Zeit des späten Rokoko den Techniken der Überlegenheit unter den gesellschaftlichen Oberklassen widmeten, sind die mikropolitischen Studien des französischen Adligen Hérault de Séchelles von 1788 der Nachwelt besonders stark verhaftet geblieben – und dies nicht nur, weil Séchelles, der sich trotz glänzender Karriere unter Ludwig XIV. der Revolution anschloss und Präsident des Nationalkonvents wurde, zu seiner Zeit selbst ein prominentes Beispiel für das Geschick erfolgreicher Mikropolitik abgab. Vielmehr gilt seine »Theorie des Ehrgeizes« als klassisches Kompendium für das Problem, wie man im interaktiven Nahkampf andere unterordnen und sich selbst an die Macht drängen kann. Séchelles zeigt dies mit Hilfe einer derartigen Fülle prägnanter phänomenologischer Feststellungen auf, dass sie von Stendhal bis Walter Benjamin und Karl Mannheim immer wieder zitiert worden sind. So belehrt uns der Autor etwa, im sozialen Wettbewerb von Geltungsdrang und Ehrsucht nur diejenigen Rivalen zu loben, die wir bereits übertroffen haben (Séchelles 1997: 69), und in einem Kapitel, das sich mit der »Logik der Gegenzüge« befasst, gibt er den Ratschlag, einem Gegner jene Fähigkeiten abzusprechen, auf die er sich etwas zugute hält, ihm aber zuzugestehen, wofür er erröten würde (ebd.: 73).

Indem Séchelles den privaten Ehrgeiz zum höchsten Lebensziel ernannte und das Regelsystem sozialer Ambitionen vermaß, folgte er bei weitem keiner rein persönlichen Eitelkeit. Vielmehr trugen seine Schriften der Tatsache Rechnung, dass in der Ständegesellschaft Ehre und Ruhm ein zentrales Kapital der sozialen Platzierung waren. Im Absolutismus vermittelten sich die soziale Stellung und der gesellschaftliche Aufstieg als eine Funktion der Nähe zur Macht (vgl. Elias 1969). Daher musste sich das individuelle Erfolgsstreben darauf ausrichten, die Aufmerksamkeit und Förderung des Souveräns zu erlangen, um dessen Gunst unter den Höflingen und Satrapen ein ständiger Ausscheidungskampf herrschte.

Erfolg als Verdienst

Machterwerb und Prestigegewinn sind es, die die vormoderne Gesellschaft als Merkmale des Erfolgs etablierte, bevor dann das bürgerliche Zeitalter diese Erfolgsindikatoren zwar nicht außer Kraft setzte, ihnen aber bedeutsame Komponenten hinzufügte, die zuvor eine eher bescheidene Rolle spielten. Das Ideal der Sozialschichtung in der bürgerlichen Gesellschaft ist die askriptive Neutralität gegenüber allen Kategorien von Herkunft und natürlichen Eigenschaften. Die bloße Zuschreibung eines Status sollte durch die Chance ersetzt werden, durch persönliche Anstrengungen eine günstige gesellschaftliche Stellung zu erlangen. Seine besondere Würde erhielt dieses Leitbild in der Abgrenzung zur allgemeinen Nutzlosigkeit und Selbstsucht des Hofes, zur Scharlatanerie und Verführungskunst der adligen Kamarilla. Daher begründete das Bürgertum als aufstrebende, antiaristokratische Klasse eine Erwerbskultur, in der Arbeit, Leistung und Eigentum die entscheidenden Parameter für den sozialen Status darstellen sollten. Die religiöse Idee des Protestantismus, »dass Gott selbst es sei, der durch den Erfolg der Arbeit die Seinen segne« (Weber 1988: 137), ließ dabei das spezifische Ethos einer Wirtschaftsgesinnung entstehen, die ökonomischen Erfolg als Bewährung des Glaubens verstand. Der Liberalismus fügte dieser Anschauung noch den Gedanken von der glücklichen Vereinigung des eigenen wirtschaftlichen Vorteils mit der allgemeinen Wohlfahrt hinzu. Im Kontrast zu diesen Wertideen vermochten sich die rein selbstbezüglichen Talente zum ständischen Reputationskampf keiner öffentlichen Wertschätzung mehr zu erfreuen. Die Vermehrung privaten Eigentums verwandelte sich zur Versicherung des Gnadenstands, zum Garanten des Gemeinwohls und zur wichtigsten Statusquelle. Und da sich Eigentum den Normen der bürgerlichen Erwerbskultur gemäß allein in eigenen Leistungen legitimiert fand (vgl. Locke 1992: 216ff.), richtete sich gesellschaftlicher Erfolg idealerweise nach den Verdiensten, die sich eine Person durch ihre Bemühungen in der »rastlosen Berufsarbeit« (Weber 1988: 105) erwarb.

Das kulturelle Kapital, dessen Substanz in der Ständegesellschaft aus den Ehrbegriffen der Lebensführung bestand, wurde jetzt vor allem am Erwerb jener Fertigkeiten und Wissensformen bemessen, welche die besten Voraussetzungen für die Statuserlangung durch persönliche Leistung bereitstellen sollten. So paarte sich die Berufskultur des Bürgertums mit dem Bildungsideal und gebar das Selbstbewusstsein derjenigen, die ihr gesellschaftliches Schicksal selbst in die Hand nehmen wollten und hierbei ganz auf die eigenen Fähigkeiten vertrauten. In seiner Novelle »Wälsungenblut« malt uns Thomas Mann den Prototyp dieses modernen Erfolgsmenschen aus: stolz auf die eigene Autonomie, radikal in den Leistungsansprüchen, aber auch von einer Art »bürgerlichen Kälte« (Adorno 1980: 23) umfangen. Als literarische Protagonisten dienen Thomas Mann die unzertrennlichen Geschwister Siegmund und Sieglind, hinter denen wir unschwer die junge Katia Mann und ihren Zwillingsbruder erkennen: »Sie marschierten an der Spitze des Geschmacks und verlangten das Äußerste. Sie gingen hinweg über das, was Absicht, Gesinnung, Traum und ringender Wille geblieben war, sie bestanden erbarmungslos auf dem Können, der Leistung, dem Erfolg im grausamen Wettstreit der Kräfte, und das sieghafte Kunststück war es, was sie ohne Bewunderung, doch mit Anerkennung begrüßten« (Mann 2000: 380f.).

So hinterließ das Leistungsethos des Erfolgs einerseits eine soziale Normierung des gesellschaftlichen Aufstiegs und der persönlichen Bewährung, die sich als Befreiung von den ständischen Fesseln der Herkunft und als Unterpfand persönlicher Freiheit und Unabhängigkeit verstand. Andererseits aber lud es dem Individuum die besonderen Belastungen der Arbeitsethik, des Leistungswettbewerbs und der Versagensangst auf. Als informative Quelle für die inneren Prüfungen, die der bürgerliche Sozialcharakter dadurch ertragen musste, dürfen uns die diagnostischen Berichte aus der Gründungszeit der Psychoanalyse dienen. Bezeichnenderweise hatte es die erste Generation von Psychoanalytikern nicht nur mit den seelischen Folgen persönlicher Misserfolge zu tun. Unter den Charaktertypen der psychoanalytischen Arbeit fanden sich – wie Sigmund Freud 1913 notierte – vielmehr auch solche, die nicht an Fehlschlägen, sondern »am Erfolge scheitern« (Freud 1963: 370ff.):

»Die psychoanalytische Arbeit hat uns den Satz geschenkt: Die Menschen erkranken neurotisch infolge der Versagung [...] Um so mehr muss es überraschend, ja verwirrend wirken, wenn man als Arzt die Erfahrung macht, dass Menschen gelegentlich gerade dann erkranken, wenn ihnen ein tief begründeter und lange gehegter Wunsch in Erfüllung gegangen ist. Es sieht dann so aus, als ob sie ihr Glück nicht vertragen würden, denn an dem ursächlichen Zusammenhange zwischen dem Erfolge und der Erkrankung kann man nicht zweifeln« (ebd.).

Und als ein Beispiel aus seiner therapeutischen Praxis führte Freud an:

»Eine andere Beobachtung zeigte mir einen höchst respektablen Mann, der, selbst akademischer Lehrer, durch viele Jahre den begreiflichen Wunsch genährt hatte, der Nachfolger seines Meisters zu werden, der ihn selbst in die Wissenschaft eingeführt hatte. Als nach dem Rücktritte jenes Alten die Kollegen ihm mitteilten, dass kein anderer als er zu dessen Nachfolger ausersehen sei, begann er zaghaft zu werden, verkleinerte seine Verdienste, erklärte sich für unwürdig, die ihm zugedachte Stellung auszufüllen, und verfiel in eine Melancholie, die ihn für die nächsten Jahre von jeder Tätigkeit ausschaltete« (ebd.: 371).

Für Freud stellte sich die Ursache der innerpsychischen Versagung, Erfolge ertragen zu können, als Wirkung von »Gewissensmächten« (ebd.: 372) dar, hinter denen sich ein ungelöster ödipaler Konflikt und Schuldgefühle gegenüber dem Vater verbargen. Andere Analytiker wie Theodor Reik (1929) haben diese Diagnose auch auf jene Fälle übertragen, in denen Menschen aus Angst vor dem Erfolg unentwegt sich selber Hindernisse erfinden, jeden Erfolg mit einer persönlichen Buße verknüpfen oder im Moment seines Eintritts alle Befriedigung an ihm verlieren, weil sie plötzlich erkennen, wie viel Entbehrungen und Leid sie ihm geopfert haben. Soziologisch ist das gestrenge Über-Ich, das im bürgerlichen Individuum waltet, als Ausdruck jener Selbstzwänge zu begreifen, durch die eine fortgeschrittene gesellschaftliche Arbeitsteilung und die »Rationalisierung der Lebensführung« (Weber 1988: 163) den sozialen Habitus prägen. Hinsichtlich der

Statusordnung bedeutete dies, dass Erfolge einzig als das individuelle Handlungsergebnis eigener Leistungen anerkannt wurden und nur als solche persönliche Selbstachtung gewährten.

Die soziologische Erfolgsdiagnose

Die soziale Konstruktion von Erfolg nahm damit in der bürgerlichen Epoche eine spezifisch normative Gestalt an. Der besondere Wertgehalt, den das Bürgertum dem Erfolg durch die Verknüpfung mit Arbeit, Bildung und Leistung verlieh, tritt deutlich hervor, wenn wir uns die allgemeinste begriffliche Fassung betrachten, durch die Erfolg als soziologische Kategorie charakterisiert werden kann. In seiner »Theorie des kommunikativen Handelns« hat Jürgen Habermas (1981) hierzu systematische Vorschläge gemacht. Sie betreffen Erfolg als eine rein zweckrationale Handlungsorientierung: »Der Erfolg ist definiert als das Eintreten eines erwünschten Zustandes in der Welt, der in einer gegebenen Situation durch zielgerichtetes Tun oder Unterlassen kausal bewirkt werden kann« (ebd.: 385). Das strategische Ziel des Erfolgshandelns ist die soziale Wirksamkeit jenseits aller Normbindungen und der Maßstab hierfür ist sein Ertrag, weshalb sich in der Theorie von Habermas die Erfolgsorientierung vom verständigungsorientierten Handeln unterscheidet. Erfolgreiches Handeln im sozialen Raum muss zunächst auf nichts anderes abzielen, als in gelingender Weise eine erwünschte soziale Position zu erreichen. Die Herbeiführung oder Erweiterung von eigenen Machtchancen, von persönlichem Einfluss und wirtschaftlichem Vermögen sind damit als typische Fälle des sozialen Erfolgs zu bezeichnen. Bei der Mittelwahl des erfolgsorientierten Akteurs kommt es hierbei nicht auf Wertrationalität, sondern allein auf die Regeln der strategischen Angemessenheit an.

Grundsätzlich nicht anders sieht dies die moderne Erfolgssoziologie, die sich als ein kleiner soziologischer Teilbereich seit den Anfangsjahrzehnten des 20. Jahrhunderts entwickelt hat. In Deutschland sind hier die Monographien von Norbert Einstein (1919) und Gustav Ichheiser (1930) sowie – aus demselben Jahr wie Ichheisers vielfach gelesene und prominent rezensierte Schrift (vgl. Geiger 1931) – eine längere Abhandlung von Karl Mannheim (1964b) zu nennen. Mannheim, der sich bis heute wohl am ausführlichsten mit den »allgemeinen Zusammenhängen zwischen Erfolgsmöglichkeiten und Gesellschaftsstruktur« (ebd.: 641) auseinandergesetzt hat, präzisierte hierbei vor allem den systematischen Platz des Erfolgs in der soziologischen Analyse. So wie »Leistung«, zu der Mannheim den Erfolg als »ihr nächststehend« abgrenzen will, die Sachdimension des Handelns betreffe, gehöre Erfolg zur Sozialdimension von Handlungsakten. Beiden Begriffen sei gemeinsam, im Unterschied zu allein imaginären Ergebnissen einer Handlung deren tatsächliche »Verwirklichung« oder »Objektivation« zu repräsentieren. Doch während Leistung stets »eine Art Verwirklichung in irgendeinem Sachgebiete« bezeichne, sollen wir demgegenüber unter Erfolg »eine Verwirklichung im Gebiete des Sozialen« verstehen. Beim Erfolg komme es mit anderen Worten auf das »Sichdurchsetzen« an. Entweder als »objektiver Erfolg«, wenn eine Leistung, deren Qualitätskriterium die unbestreitbare sachliche »Richtigkeit« ist, das Leben und Handeln von Menschen konkret verändert; oder als »subjektiver Erfolg«, falls die persönliche Durchsetzung eines Akteurs der interessierende Tatbestand ist (vgl. ebd. 634ff.).

Als »äußerlich sichtbare Anerkennung« und »Wertbeweis« umschreibt auch Norbert Einstein (1919: 33) das Erfolgsphänomen, vor allem in seiner subjektiven Form. Erfolg stellt sich Einstein zufolge nur im Medium sozialer Zuschreibungen ein, wofür er die Worte findet: »Der Erfolg ist ein soziologischer Affekt. Er entsteht nur auf dem Grund und Boden, auf dem die Vielheit haust« (ebd.: 176). Der Sozialpsychologe Gustav Ichheiser wiederum teilt mit Mannheim die Auffassung, dass die Erfolgskategorie die »Durchsetzung« (Ichheiser 1930: 11) betrifft und gibt hierfür den Indikator der sozialen Aufwärtsmobilität an: »Erfolg bedeutet immer die Veränderung der sozialen Lage des Individuums [...] in der Richtung nach ›oben‹« (ebd.: 3).

Auch Mannheim gibt für den Eintritt gesellschaftlichen Erfolgs beobachtbare soziale Sachverhalte an. Als solche gelten ihm Zuwächse »weitgehend garantierter Wirkungschancen und Verfügungsgewalten« (Mannheim 1964b: 639), wie sie sich mit hohen Rängen oder Machtpositionen verbinden. Diese »realen Erfolge«, wie Mannheim sie nennt, seien in »interdependenten Handlungsgefügen« verankert und typischerweise in Politik und Wirtschaft sowie auf dem »Gebiet der Karriere« zu finden. Jenen »relativ stabilisierten« Erfolgen stellt Mannheim sodann eine »labile Form des subjektiven Erfolges« gegenüber. Diese liegt vor, wenn das »Sichdurchsetzen« eines Akteurs vor allem »im Erreichen irgendeiner Art der Anerkennung« und im Prestige besteht. Der bloße »Ruhmerfolg«, der durch das wechselhafte »Meinen und Anerkennen« eines Publikums zustande kommt, binde sich aber nicht an »vitale Interessen« und »erzwingbare Handlungen«, was der Grund seiner besonderen Anfälligkeit sei (vgl. ebd.: 638ff.). Mannheims Begriffssystem vermag in bestechender Weise die Differenzierungen zu erschließen, durch die ein Phänomen wie Erfolg in verschiedenen sozialen Kontexten ganz unterschiedlich in Erscheinung tritt. So umfasst seine Systematik auch jene spezielle Erfolgsform des Prestiges, über die Einsteins Schrift ausladend berichtet, ohne wie diese den »Ruhmerfolg« leichthin als das Ganze und Wesentliche des Erfolgsphänomens zu betrachten. Die größere Komplexität der Analyse von Mannheim ragt auch gegenüber den Studien von Gustav Ichheiser hervor. Dessen »Kritik des Erfolges« bestreitet jenen Dimensionen des beruflichen Handelns, die durch soziale Interaktionen, Einflussnahme und persönliche Selbstdarstellung gekennzeichnet sind, die Dignität, legitime Grundlagen von Erfolgen zu sein. Mannheim hingegen kann zeigen, dass hier nicht per se schon eine »machiavellistische Erfolgsmechanik« (vgl. Ichheiser 1930: 33) vorliegt, da es zum Wesen und zum sachlichen »Richtigkeitskriterium« mancher sozialer Leistungsarten gehört, in der eigenen Wirkung bei anderen Akteuren erfolgreich zu sein. Wo »bereits die Leistung selbst das Soziale zum Substrat hat« – hier führt Mannheim die Beispiele des Wirtschafts- und Heerführers, des Pädagogen und Predigers an –, fallen »Leistung und Erfolg sozusagen zusammen oder (rücken) zumindest ganz nahe aneinander«, weil dann der soziale Misserfolg auch ein Kriterium der Wertlosigkeit der Leistung ist (vgl. Mannheim 1964b: 636). Besteht die sachliche Leistung in der sozialen »Durchsetzung« selbst, bedürfen Leistungen stets des »Wertbeweises« des Erfolgs, wenn sie nicht hinfällig sein sollen.

Leistungen also begründen Mannheim zufolge bei weitem nicht zwangsläufig schon Erfolg. Der Misserfolg vergeblicher Anstrengungen im sozialen Gebiet sind ihm ebenso ein Exempel dafür wie der rein »objektive Erfolg«, bei dem sich zwar eine sachliche Leistung, aber nicht der entsprechende »Leistungsträger« durchsetzt – wie etwa im Fall eines Naturwissenschaftlers, dessen Erkenntnisse zu Lebzeiten ignoriert werden und erst post mortem Anerkennung erfahren.

Umgekehrt jedoch geht Mannheim von der Annahme aus, dass Erfolge, wollen sie sich als solche tatsächlich verifizieren, stets an Leistungen gebunden sein müssen. So heißt es bei ihm: »Es ist aber von unserem Standpunkte aus nicht statthaft, von Erfolg zu reden, wenn jemand ohne Leistung hohen Rang oder hohe Machtpositionen erreicht. In diesem Fall würden wir eher von ›Glück‹, wenn man will von ›unverdientem Glück‹ reden, nicht aber von Erfolg, da hier Leistung in unserem Sinne vorliegen muss« (Mannheim 1964b: 636f.). Mannheim weiß natürlich, dass die Beurteilungen von Leistungen »werthaltig« und variabel sind, und daher die Gesellschaft ihren jeweils möglichen Leistungsformen stets »verschiedene subjektive Erfolgsgrößen zugänglich« macht. Dies verändert aber seine Einschätzung nicht, wonach Erfolge überhaupt nur auf einer Objektivierung in »irgendeinem Sachgebiete«, also auf Leistungen beruhen können (vgl. ebd.: 637).

Genau an dieser Stelle setzt nun die Kontroverse ein, die in der frühen soziologischen Erfolgstheorie die Auffassungen voneinander trennt: Kommen Erfolge faktisch nicht auch durch soziale Vorgänge zustande, bei denen eigene sachliche Anstrengungen und Resultate keine ursächliche Rolle spielen? Stellen sich nicht die Vorteile, die sich daraus ergeben, selbst ohne Leistungserbringung gesellschaftlich als »Erfolge« dar? Kennt nicht auch die moderne Gesellschaft den leistungslosen Erfolg? Darf und soll es ihn geben?

Erfolg ohne Verdienst

Norbert Einstein und Gustav Ichheiser haben auf solche Fragen andere Antworten als Mannheim gegeben. Zunächst war es Einstein, der die innere Verknüpfung von Leistung und Erfolg dadurch gelockert hat, dass er die Selbständigkeit des Erfolgs zum Thema machte, und dabei gleichsam den ersten Lehrsatz der modernen Erfolgssoziologie formulierte: »Der Erfolgreiche hat nicht nur deshalb Erfolg, weil die Wirkung seiner Leistung schon in dieser enthalten ist« (Einstein 1919: 31). Reflektiert diese Einsicht aber grundsätzlich nur die Unterscheidung von »objektivem« und »subjektivem« Erfolg, die Mannheim später eingeführt hat, so geht Ichheisers Untersuchung einen Schritt weiter. Die begrifflichen Instrumente seiner Erfolgssoziologie sind die »Leistungs-« und die »Erfolgstüchtigkeit«. In beidem erblickt er nicht nur einen Unterschied, sondern einen Gegensatz, so dass er zwischen den leistungsbezogenen Erfolgsnormen der Gesellschaft und den »faktisch wirksamen Erfolgsmechanismen« (Ichheiser 1930: 4) trennt. Leistungstüchtigkeit erweist sich Ichheiser zufolge in beruflichen Aufgabenbereichen. Sie verlangen fachliches Wissen und spezifische Fä-

higkeiten sowie Charakterqualitäten wie Sorgfalt, Fleiß, Umsicht und Be-
harrlichkeit (vgl. ebd.: 9). Die Eigenschaften der Erfolgstüchtigkeit hingegen sorgen dafür, dass eine Person, ob nun leistungstüchtig oder auch
nicht, in der Sozialstruktur nach oben gelangt. Leistung sei hierfür eine
häufig zwar notwendige, aber selten hinreichende Bedingung. Daher richtet sich die Erfolgstüchtigkeit denn auch nicht »auf die (›legitime‹, ›offi-
zielle‹) Leistung, sondern auf die Durchsetzung der Leistung und zuletzt
der eigenen Persönlichkeit« (ebd.: 11).

Nun ächten die beruflichen Leistungsnormen aber, was die Erfolgstüchtigkeit erzwingt: Behinderung von Konkurrenten, übertriebene Selbst-
präsentationen, das Unterlaufen von Vorschriften und womit sich ansonsten
die »Brutalität des Erfolgsstrebens« noch munitioniert. Auch sei derjenige
Akteur stets im Vorteil, der sich im sozialen Wettbewerb strikt an Zweck-
rationalität halte und die Erfüllung anderer Normforderungen auf ein not-
wendiges Minimum reduziert. Im sozialen Wettbewerb triumphiere zumeist, wer sich – so Ichheiser in Anlehnung an Max Weber – durch »wert-
rationale, traditionale oder emotionale Motive« in seinen eigennützigen
Zielen nicht irritieren lässt (vgl. ebd.: 31). Die Erfolgstüchtigkeit sei daher
der Leistungstüchtigkeit überlegen, die immer auch Berufsethiken und
sittliche Forderungen berücksichtigen müsse. Nur die bereits Privilegierten
könnten sich den Luxus eines normgemäßen Verhaltens leisten. Auf der
schmalen Rennbahn der Konkurrenz, die viele gleichermaßen Begabte
oder Ambitionierte durchlaufen, würde im Durchschnitt der Fälle allein
machiavellistisches Verhalten den kleinen Vorsprung tatsächlicher Erfolgs-
chancen verschaffen. Im Resultat seiner Untersuchung konstatiert Ichheiser zwischen der offiziell geltenden Statusordnung und den »Tatsachen des
Erfolges« (ebd.: 4) einen prinzipiellen Widerspruch. Da aber die Realitäten
des Erfolgs öffentlich nicht darstellungsfähig seien, herrsche in der modernen Gesellschaft eine »Selbstverschleierung des Erfolges« (vgl. ebd.: 36ff.)
vor. Ihr wirksamstes Mittel sei es, jegliche Form des sozialen Aufstiegs als
eigene Leistung auszugeben, und durch den Gebrauch von »Erfolgslegenden« für eine entsprechende Anerkennung zu sorgen.

Der Vorzug von Ichheisers Darstellung ist es, durch den Vergleich von
Anspruch und Wirklichkeit der »sozialen Durchsetzung« zu einer illusionslosen Realanalyse des gesellschaftlichen Erfolgs vorzudringen. Karl
Mannheim hingegen setzt jene Leistungsnormen des Erfolgs, die sich mit
dem Bürgertum historisch erst entwickelt haben, schon seiner Definition
des Erfolgsphänomens voraus. So verleiht er dem Erfolg Wesensmerk-

male, die ihm weder universell zustehen noch den sozialen Tatsachen der modernen Gesellschaft durchgehend entsprechen. Erfolge können, aber müssen nicht Ergebnisse von Leistungen sein. Im Wertesystem der bürgerlichen Erwerbskultur ist Leistung zwar die einzig legitime Form des Erfolgs, in ihrer gesellschaftlichen Wirklichkeit aber nicht die allein existente. Mannheims Wissenssoziologie des Erfolgs bezieht ihre Kategorien daher selbst aus dem Bewährungsproblem, das den religiösen Ursprung der bürgerlichen Wirtschaftsgesinnung markiert: Erfolge muss man sich durch Leistung »verdienen«. Dies mag normativ wünschenswert sein und – bei allen innerpsychischen Untiefen des Erfolgsstrebens, die Freud geschildert hat – auch zu den zentralen Bedürfnisse in der Lebenspraxis moderner Subjekte gehören (vgl. Oevermann 2001). Doch steht das Bewährungsproblem jedenfalls dann einer Soziologie des Erfolgs im Wege, wenn mit ihm jene gesellschaftlichen Phänomene bereits begrifflich aus der Sozialforschung eskamotiert werden, die dessen Normforderungen unterbieten. Dann teilt die Soziologie den Legitimitätsglauben der bürgerlichen Leistungskultur, aber sie analysiert ihn nicht.

So hindert die Wertbindung seiner Kategorien Mannheim auch daran, leistungslose Erfolge anders denn als »unverdientes Glück« zu charakterisieren, obwohl sie tatsächlich zwar kein »Verdienst«, aber nicht selten das Ergebnis gezielter Handlungsstrategien sind. Die Umgehung von Gesetzen oder das Ausschalten von Konkurrenten vermag Erfolge einzubringen, die nicht rein zufällig, sondern bewusst herbeigeführt sind. Leistungslose Erfolge und Kontingenz können deswegen nicht identisch gesetzt werden. Bei den vielfältigen Formen, wie man durch »zielgerichtetes Tun oder Unterlassen« (Habermas 1981: 385) Erfolge verwirklichen kann, geht Mannheim aber auch der Blick auf das »Unterlassen« verloren, weil es passiver Natur ist und jegliche »Objektivation« des eigenen Handelns ja gerade vermeidet. »Passive Erfolge« sind daher in Mannheims Systematik nicht vorgesehen, obgleich sie in Gestalt von Ereignissen, die einem Akteur ohne eigenes Zutun soziale Vorteile bescheren, gesellschaftlich realitätsmächtig sind. Die Erbschaft und der wirtschaftliche Gewinn, den man schon aufgrund der Entscheidungen anderer realisiert, können hier ebenso als Beispiele dienen wie das interaktive Abwarten von Fehlern, die ein Rivale macht.

Auch berührt das aktive erfolgsorientierte Handeln gerade dann nicht stets die »objektive« Sachdimension, wenn die Sache selbst das Soziale ist. Das »Eintreten eines erwünschten Zustandes in der Welt« (Habermas

1981: 385) kann durch Gewalt, Zwang, Betrug oder sonstige gezielte Täuschungen bewerkstelligt werden. Dann aber liegt dem Erfolgshandeln die »Objektivität« einer sachlichen Leistung, die Mannheim zufolge jeden Erfolg auszeichnen soll, nur in einer recht subjektiven Ausprägung zugrunde. Zwar kann sich im Ergebnis derartiger Strategien das Leben anderer Menschen real verändern. Von einer Leistungsqualität des Zwangs oder der Täuschung aber ist kaum zu sprechen, da sich die sachliche »Richtigkeit« des entsprechenden Handelns nicht aus den »objektiven« Anforderungen des »erwünschten Zustandes« selbst schon ergibt. Wer andere zum Beispiel beeinflussen möchte, braucht nicht zu täuschen, sondern könnte es prinzipiell auch mit Argumenten versuchen. Als »sachlich richtig« stellt sich die Täuschung höchstens aus der subjektiven Interessenlage eines Akteurs dar, der sich gegen den Gebrauch von Argumenten entscheidet. Solches Handeln ist zweckrational, möglicherweise erfolgreich, aber nicht leistungsbezogen.

Die Erfolgstheorie der Gegenwart

Die verschiedenen Ansätze in der frühen deutschen Erfolgssoziologie blieben unvermittelt nebeneinander stehen. Später wurden sie für lange Jahre von der soziologischen Wissenschaft einfach vergessen. Die Brisanz des Themas »Erfolg« schien in gleichem Maße abzunehmen, wie in den Gesellschaften der Nachkriegszeit des 20. Jahrhunderts die öffentliche Selbstauslegung als »Leistungsgesellschaft« dominierte. Der moderne industrielle Kapitalismus war durch eine Produktionsökonomie bestimmt, die eine historisch einmalig große Anzahl von Menschen in die Beruflichkeit der gesellschaftlichen Arbeit einband. Die Leistungsnormen der Statusverteilung konnten dadurch eine vermeintlich eindeutige Evidenz in der sozialen Wahrnehmung erfahren. Auch die zunehmende Bildungsabhängigkeit des sozialen Aufstiegs ließ die Unterscheidung von Leistung und Erfolg vielfach verblassen. Beides konnte in der Erfahrung mehrerer Generationen, die durch ein fachliches Studium in höhere soziale Positionen gelangten, als identisch gedacht werden. Der moderne Sozialstaat wiederum verringerte die Lebensrisiken des einzelnen und der meisten sozialen Gruppen. Gemeinsam mit dem Prinzip der Beruflichkeit und dem Bildungssystem brachte er eine »Institutionalisierung des Lebenslaufs«

(Kohli 1985) hervor, durch die das Zufällige und Unerwartete in den Biographien zu verschwinden vorgab. Als Muster der biographischen Lebensbilanz boten sich die Karriere und die Abfolge bestimmter »Leistungszeiten« in Schule, Ausbildung und Erwerbstätigkeit an. Die Willkürlichkeit von Erfolgen, ein zentraler Streitpunkt der Erfolgssoziologie, wurde durch das »lebenszeitliche Regelsystem« (ebd.: 3) der modernen Gesellschaft offenbar nachhaltig gebannt.

Der vorherrschenden soziologischen Theorie dieser Zeit, dem Strukturfunktionalismus, galt das Leistungsprinzip in weitgehend unproblematischer Weise als zentrale »Mustervariable« der Industriegesellschaft (vgl. Parsons 1951: 182ff.). In Gestalt einer »regulativen Norm« sollte ihr die Bedeutung zukommen, die legitimen »Erfolgsziele« der Akteure zu definieren. Der Wertverlust von Leistung blieb als soziales Spezialproblem von Randgruppen den Theorien abweichenden Verhaltens vorbehalten, die in der reinen Erfolgsorientierung z. B. von Kriminellen und Spielern die Gefahr der Anomie verborgen sahen (vgl. Merton 1968; Mizruchi 1964). Erving Goffman war einer der wenigen, der soziologisch an den Idealisierungen der *achieving society* kratzte, indem er die Schicksalhaftigkeit des Erfolgs in der gewöhnlichen Alltagskultur beschrieb und aufzeigte, dass auch Raufbolde, Falschspieler und Bankräuber ihre Taten als »Erfolge« anerkannt finden, wenn sie einer sozialen Gemeinschaft nur *coolness* und Charakter beweisen (vgl. Goffman 1986).

Die Selbstüberschätzung der »Leistungsgesellschaft« änderte sich erst, als Autoren wie Claus Offe (1970) und Pierre Bourdieu (1971) die offiziell geltenden Normen des »Leistungsprinzips« schonungslos destruierten. Sie legten die funktionalen Paradoxien, die ideologischen Effekte und den Herrschaftscharakter der faktisch angewendeten Leistungskategorien frei und beabsichtigten, deren fragloser Anrufung für die Rechtfertigung sozialer Ungleichheit die Grundlage zu entziehen. Im Windschatten der hochpolitischen Auseinandersetzung jener Dekade, in der der Industriekapitalismus mittlerweile seinen Zenit erreicht hatte und eine Protestbewegung gegen ihn entstand, wurde dann auch der »Erfolg« von einzelnen Soziologen für kurze Zeit wiederentdeckt. Manche Beiträge versuchten, Gustav Ichheisers Studien aus der Weimarer Republik eine aktuelle Wendung zu geben (vgl. Dreitzel 1974), wobei erstaunlicherweise Mannheims Abhandlungen unbeachtet blieben. Andere Arbeiten (vgl. Hahn 1976) verknüpften die Erfolgsthematik mit jenen strukturellen Untersuchungen, die auf Seiten der Kritiker des Leistungsprinzips zu finden waren. Denn nicht nur der

Begriff des »Erfolgs« deckt summarisch eine Vielzahl von unterschiedlichsten Erscheinungsformen ab; ebenso liegen im Leistungsbegriff typische Widersprüche und »interne« Unschärfen vor, die seinerzeit aufgedeckt wurden. Einige davon haben auch für die gegenwärtige Soziologie des Erfolgs wichtige Konsequenzen.

Der Leistungsbegriff weist ganz verschiedene Bedeutungen auf: einmal kann er als Bezeichnung des individuellen Aufwands und der persönlichen Anstrengung, dann wieder als Ausdruck für den Ertrag und das Ergebnis einer Aktivität verwendet werden (vgl. Offe 1970: 47ff.). Dieser »unausgetragene Dualismus« (ebd.) lässt sich auch anhand der Unterscheidung von Leistung und Erfolg formulieren: Erfolge stellen dann die Seite des Ergebnisses einer sachlichen Verwirklichung (Mannheim) dar. Im Selbstverständnis des modernen Leistungsbegriffs gehören beide Dimensionen zusammen. Nur jene Anstrengung wird als Leistung gewertet, die im Sinne sozial verbindlicher Leistungsziele auch den Ertrag eines gewünschten Ergebnisses erbringt.

Gesellschaften kennen nun ganz unterschiedliche Methoden und Maßstäbe, den Ertrag einer Leistung zu bemessen. Im modernen Kapitalismus kommt dem Markt die zentrale Funktion zu, über den Erfolg einer Leistung zu befinden. Der Markt operiert nach den Regeln von Angebot und Nachfrage. Sein eigener Wertmaßstab ist das Geld, das eine verkäufliche Ware kostet oder einbringen kann. Idealerweise müssen Akteure auf Märkten daher mit geringem Aufwand größtmögliche Erträge erzielen. Ob und in welchem Umfang »Leistungen« dabei eine Rolle spielen, ist nur unter dem Gesichtspunkt der Preise relevant, die man bei einem Angebot erzielt oder bei der Nachfrage entrichtet. Und ob ein Markterfolg überhaupt auf leistungsbezogener Arbeit beruht oder sich günstigen Gelegenheiten, individueller Risikobereitschaft, positiven Zuschreibungen oder dem Zufall verdankt, hat keinen Einfluss auf die Höhe seiner Honorierung. Märkte sind ausschließlich an ökonomischen Ergebnissen interessiert, gegenüber der Art ihres Zustandekommens sind sie gleichsam »blind« und neutral. Max Weber hat diesen Sachverhalt mit den Worten beschrieben, dass der Markt als solcher keine materiale Wertrealisierung sichert, sondern allein nach dem formal rationalen Prinzip der Geldrechnung funktioniert (vgl. Weber 1980: 44ff.).

Wenn Leistungen sich hauptsächlich nur im Markterfolg realisieren, und Markterfolge sich leistungsfrei einstellen können, bietet eine Gesellschaft des Marktes aber keine Gewähr, dass Erfolge in irgendeiner Weise den Normforderungen der bürgerlichen Erwerbskultur entsprechen. So verhindert der Markt nicht die Erschwerung der Leistungen anderer, um selbst materielle Erfolge zu erzielen, und auch die Ausnutzung illegitimer Mittel oder die Abwälzung von Folgelasten auf Dritte wird durch Märkte selbst nicht sanktioniert. Gerade deshalb hat der Sozialstaat des 20. Jahrhunderts die Macht der Märkte durch normative Regeln zu begrenzen versucht.

Der moderne Kapitalismus unserer Gegenwart entwindet sich wieder seiner Einbettung in diese Sozialnormen einer »Moralökonomie« (vgl. auch Kohli 1987). Er ist durch eine Vermarktlichung charakterisiert, die dem Erfolgsprinzip der reinen Marktökonomie eine wachsende Bedeutung verschafft. Wenn das virtuelle Kapital der globalen Finanzmärkte die Arbeitsleistung jeder Volkswirtschaft in den Schatten stellt, ökonomische Erfolge und Fehlschläge vielfach den Unwägbarkeiten auf den Gelegenheitsmärkten von Börse, Marketing und medialer Kulturindustrie geschuldet sind, nimmt die Wirtschaft Züge des »Abenteurerkapitalismus« (Weber 1988: 61) an. Dieser ist an »Chance und irrationaler Spekulation orientiert« (ebd.) und kümmert sich um Leistung vor allem hinsichtlich ihrer »Erfolgslegenden« (Ichheiser). Auch heute verwandelt sich die gesellschaftliche Statusverteilung nicht selten in eine *lottery of success* (vgl. D'Souza 2000: 84ff.), nicht zuletzt in den Arkanbereichen des Leistungsprinzips selbst: Beruflichkeit scheint weniger denn je vor der »Undurchschaubarkeit von Erfolg und Misserfolg« (Sennett 1998: 109) zu beschützen.

»Erfolg« ist dadurch erneut zu einem aktuellen Thema der Soziologie geworden, das öffentliche Beachtung auf sich zieht. Wie man es gesellschaftlich zu etwas bringen kann, hat stets schon Aufmerksamkeit gefunden. Aber manchmal bedarf es erst ungewöhnlicher Vorgänge, soll dies auch die Soziologie interessieren.

Die Verdienste und ihr Preis: Leistung in der Marktgesellschaft[1]

Der modernen Gesellschaft ist der Begriff der »Leistung« stets kategorial unklar und politisch umkämpft gewesen. So eindeutig seine Verwendung dem gewöhnlichen Sprachgebrauch auch erscheinen mag, so widersprüchlich und unscharf nehmen sich seine Konturen aus, wenn das Prädikat »Leistung« näher definiert werden soll. Die Soziologie des modernen Leistungsverständnisses hat daher in immer neuen Anläufen versucht, die Vielfalt von Bezügen und Definitionen zu ordnen, die der Leistungsbegriff im Verlauf der modernen Gesellschaftsgeschichte, innerhalb verschiedener Funktionsbereiche und in den Interpretationen sozialer Klassen und Interessen bisher gefunden hat. Zu einem eindeutigen Ergebnis konnte sie wahrscheinlich schon deshalb nicht gelangen, weil stets ein Zeitkern von Themen, Streitfragen und Deutungen darüber entschied, was eine Epoche als das spezifisch Problematische von »Leistung« empfand.[2] Welche Tätigkeiten und Befähigungen als »Leistung« qualifiziert werden sollten, was die Maßstäbe der Leistungsbemessung und von Leistungsvergleichen sind, in welchem Verhältnis verschiedenste Komponenten des Leistungsbegriffs wie Aufwand, Regelhaftigkeit, Wettbewerb, Zielverwirklichung und Ertrag zueinander stehen – all dies muss offenbar jede Epoche für sich neu diskutieren, will sie die besondere Relevanz des Leistungsthemas in der je eigenen Gegenwart erfassen. Die Unablässigkeit, mit der die moderne Gesellschaft an der Debatte von Leistungsbegriffen festhält, und der fortgesetzte Dissens, der sich in all diesen Debatten stets offenbart, dokumentiert indes, dass bei aller Zeitbindung der entsprechenden Kontroversen »Leistung« für die moderne Gesellschaft gleichbleibend von fundamentaler Bedeutung geblieben ist.

---

1 Gemeinsam mit Kai Dröge.
2 Zur Diskussion allein nur in der bundesdeutschen Sozialwissenschaft der letzten Jahrzehnte vgl. Offe 1970; Gehlen et al. 1974; Hahn 1976; Lenk 1976; Hartfiel 1977; Bolte 1979; Hack et al. 1979; Bonß/Dubiel 1987; Hondrich et al. 1988.

Neben den Menschenrechten und der Anerkennung von Bedürftigkeit stellt das Leistungsprinzip eine dritte Fundamentalnorm im Selbstverständnis moderner Gesellschaften dar. Im Unterschied zu den Ansprüchen auf politische Gleichheit und unverlierbare persönliche Rechte, die stets allen Angehörigen moderner Gesellschaften gleichermaßen zukommen sollen, betrifft es die differenzierende Dimension des Sozialen. Das Leistungsprinzip gibt die Kriterien vor, nach denen materielle und soziale Lebenschancen verteilt, Teilhabe am wirtschaftlichen Reichtum gewährt, Hierarchien im Aufbau von Organisationen begründet und die soziale Ungleichheit zwischen Personen, Gruppen und Klassen gerechtfertigt werden sollen. In scharfer Abgrenzung zu allen ständischen Herkunftsrechten oder der Wirkungsmacht askriptiver Merkmale, die körperliche Eigenschaften oder kulturelle Besonderheiten diskriminieren, beansprucht das Leistungsprinzip, Einkünfte, Zugänge, Ränge und Ämter allein nach den Maßstäben von Wissen und Können zu vergeben. Das Leistungsprinzip ist konstitutiv für die normative Sozialordnung der Moderne, und seine zentralen Anwendungsbereiche stellen demgemäß jene gesellschaftlichen Sphären dar, in denen Personen in einen Wettbewerb um ihre soziale Platzierung und ihren Status eintreten. Bildung, Arbeit und wirtschaftlicher Erwerb sind seine wichtigsten Domänen. In ihnen gilt als Offizialnorm, dass »Leistungsgerechtigkeit« vorherrschen soll.

Leistungsbilanzen

Der Zeitkern des öffentlichen Diskurses, der das Leistungsverständnis in unserer Gegenwart zum Gegenstand hat, ist nun kaum zu beschreiben, ohne auf die ganz unterschiedlichen Botschaften einzugehen, welche die gesellschaftliche Wirklichkeit in dieser Hinsicht entsendet. Am Anfang eines neuen Jahrhunderts, das sich selbst als Zeitalter der Globalisierung versteht, kommt der Leistungssemantik einerseits eine ganz überragende Rolle zu. Wohl kein gesellschaftspolitisches Vorhaben unserer Zeit, das eine wirtschaftliche, sozial- oder bildungspolitische »Modernisierung« verspricht, verzichtet darauf, hierfür den Leistungsbegriff in Anspruch zu nehmen. Vielmehr zeichnet sich die Tendenz ab, Leistungsmaßstäbe auch in gesellschaftliche Bereiche zu importieren, die zuvor nach den Prinzipien von Anrechten oder Bedürftigkeit organisiert worden sind. Die Verschärfung von Zumutbarkeitskriterien und Kontrollprozeduren im Bereich der Arbeitslosenversicherung steht dafür ebenso ein wie die Einführung »leistungsorientierter« Elemente in der Sozialhilfe oder der Kranken- und Rentenversicherung. Der Sozialstaat der Gegenwart verwandelt Leistung in eine Pflicht, die mit der Nutzung seiner öffentlichen Einrichtungen einhergehen soll. Entkräftet sieht sich dadurch die Norm, dass es für die Sicherheit vor Existenzrisiken hauptsächlich auf den Bürgerstatus oder die Zuschreibung von Würde ankommen soll. Wo die Erwerbsperson Träger sozialstaatlicher Ansprüche ist, hat soziale Sicherung stets schon individuelle »Gegenleistungen« gefordert – heute verbreitet sich das Prinzip der Gegenleistung in der gesamten Sozialpolitik. Das Bedürftigkeitsprinzip des Sozialstaats wird demgegenüber als »leistungsfeindlich« markiert und bietet der Deregulation von Wohlfahrtsinstitutionen und Arbeitsmärkten ein zentrales Dispositiv für den Abbau schützender Kollektivrechte. Ins Vergessen kann dadurch geraten, dass etwa ein Zehntel des Erwerbspersonals in Deutschland schon über eine Dekade lang der Chancen zur beruflichen Leistungserbringung mangels Arbeitsplätzen entbehrt. Der öffentliche Aufruf an Arbeitslose und Sozialhilfeempfänger, ihre Leistungsbereitschaft zu steigern, trägt den Charakter einer bloßen Disziplinierung in sich, vermögen die abverlangten Verhaltensweisen und Bereitschaftssignale doch keinesfalls, eine entlohnte Arbeit zu garantieren. Für den Fall einer Wiederbeschäftigung wollen solche Mahnungen zudem vorsorgen, dass Arbeitskräfte künftig auf übliche soziale und materielle Gegenleistungen verzichten.

Richtet sich die »Modernisierung« von Wirtschaft und Gesellschaft darauf aus, Leistung als Pflicht der sozialen Verlierer zu etablieren, unternimmt es der Diskurs der Gewinner der globalisierten Ökonomie, den erklärten Willen und eine besondere Befähigung zur Leistungserbringung als kennzeichnendes Merkmal der modernen »Wissensgesellschaft« zu reklamieren. Die Ökonomie moderner Dienstleistungen, elektronischer Informationen und »intelligenter« Produktionstechnologien bedarf in einem stärkeren Maße wissensgestützter Ressourcen als dies für das Zeitalter der »schweren« Industrieproduktion der Fall gewesen ist. Wissenserschließung durch Leistungssteigerung im Bildungssektor gilt daher ebenso als grundlegende Bedingung des »digitalen Kapitalismus« wie der weltweite »Kampf um die besten Köpfe«. Die *High Potentials* der Wissensökonomie haben dadurch globale Marktchancen erlangt und erzielen Einkünfte, die die Standardwerte der Arbeitsmärkte weit hinter sich lassen. Vermag sich die materielle Privilegierung dieser neuen »globalen Klasse« (Dahrendorf 2000) einerseits gerade als leistungsgerecht darzustellen, tritt die Wissensökonomie doch gleichzeitig auch in eine gravierende Spannung zum Leistungsprinzip. Bereits die kritische Analyse der Leistungsbewertung im Industriekapitalismus hatte bezweifelt, ob unter den Bedingungen fortgeschrittener Arbeitsteilung und zunehmender beruflicher Spezialisierung Leistungsbeiträge Einzelner überhaupt noch angemessen zu identifizieren und zu vergleichen sind (vgl. Offe 1970). Für die Wissensökonomie, die kaum über quantifizierbare Zeiteinheiten und Routinen für die Erbringung ihrer Arbeitsleistungen verfügt und deren komplexe Netzwerke sich einer individuellen Zurechnung von Leistungsbeiträgen weitgehend entziehen, gilt dies in einem noch weit stärkerem Maße (vgl. Mahnkopf 2000: 503ff.). Leistung wird zum anonymen Effekt unbegrenzter Kommunikationen, digitaler Wissensspeicher und kontingenter Innovationsprozesse, deren immense Wertschöpfungsketten räumlich, zeitlich und sachlich als unabschließbar erscheinen. Der legitimierende Rekurs auf das Leistungsprinzip dient in diesem Zusammenhang auch dazu, die Erträge der Wissensökonomie sozial wieder schließen zu können, um sie den neuen High-Tech-Eliten, ihren Beratern, Dienstleistern und Ministranten zu reservieren.

Gerade die Spitzen der Wissensgesellschaft neigen dazu, sich in ihrer Selbstauslegung den Status einer »Leistungselite« zuzuschreiben, die ihre hervorgehobene Stellung allein eigenen Qualifikationen verdankt. Mitunter wird im Aufstieg einer jungen Klasse von Professionellen gar ein Kulturbruch gegenüber dem ständischen Dünkel vermutet, den der Habitus des Wirtschaftsbürgertums vielfach gekennzeichnet hat (vgl. Brooks 2000). Die gesellschaftliche Wirklichkeit hingegen sieht wesentlich nüchterner aus. Die zunehmende Bildungsabhängigkeit von Führungspositionen steht faktisch den privilegierenden Mechanismen einer fördernden Herkunft nicht entgegen, sondern befestigt sie. In einem Milieu höherer Bildung und bereits gewohnter Führungsaufgaben bieten sich weit bessere Aussichten, Qualifikationen erfolgreich erwerben und Leistungschancen ergreifen zu können, als dies in unteren und mittleren Sozialschichten gegeben ist, deren Bildungsrendite auch im Fall weiterführender Abschlüsse ständig sinkt, weil den erworbenen Bildungstiteln keine vergleichbaren Zugänge in die Berufshierarchien entsprechen (vgl. Kraemer 1997). Nach wie vor sorgt überdies die ständische Zugehörigkeit zu den besseren Kreisen für jene habituelle Einpassung in den kulturellen Stil sozialer Führungsschichten, auf die auch die Rekrutierungsmuster in den neuen Ökonomien nicht verzichten. Kulturelles Kapital, das bereits im Herkunftsmilieu inkorporiert wurde, ermöglicht einen selbstverständlichen Umgang mit Wissen und gewährt Vorteile, die spätere Lernleistungen nicht kompensieren können. Aus der »Illusion der Chancengleichheit« (Bourdieu/Passeron 1971) ist auch durch die »Wissensökonomie« keine realitätstüchtigere Vorstellung geworden (vgl. Kraemer/Bittlingmayer 2001). So stellt sich denn auch die soziale Schließung des gesellschaftlichen Spitzenpersonals heute eher rigider dar als dies etwa in den Zeiten kollektiver Aufstiegsprozesse nach dem Zweiten Weltkrieg der Fall gewesen ist: Die besten Chancen für Karrieren in Wirtschaft und Wissenschaft haben Promovierte, die dem gehobenen oder dem Großbürgertum entstammen (vgl. Hartmann 2002). In der bedeutenden Rolle, die Erbschaften und andere Vermögensübertragungen für die Ausstattung der modernen Lebensführung spielen (vgl. Beckert 1999b), findet das Herkunftsprinzip seinen gegenwärtig wichtigsten materiellen Niederschlag. Durch den leistungslosen Erwerb von Sachwerten, Geld und Aktienkapital kommt derzeit schon die Hälfte des bestehenden privaten Vermögensbesitzes zustande, der sich noch weit ungleicher verteilt als etwa die Arbeitseinkommen (vgl. Szydlik 2001; Nollmann/Strasser 2002). Inmitten einer Kultur, die sich wie kaum je zuvor ausdrücklich als »meritokratisch« versteht, nimmt faktisch das ursprünglich aristokratische Geburtsprinzip eine entscheidende Weichenstellung für die Entwicklung von Lebenschancen vor.

Ein charakteristisches Merkmal nicht nur der modernen Wissensökonomie ist, dass über den Wert von Leistungen heute Angebot und Nachfrage auf globalisierten Märkten bestimmen. Qualifizierte Arbeitskräfte, nach denen eine weltweite Nachfrage besteht, beziehen daraus große Einkommensvorteile, während die Leistungen des Durchschnitts eine Entwertung erfahren, obgleich sie in der Regel mit einer erheblich erhöhten Arbeitsbelastung verbunden sind. Auch hat sich die Funktionsweise von Märkten im globalen Kapitalismus selber verändert. Seit die Finanzmärkte weltweit die wirtschaftlichen Konjunkturzyklen bestimmen, geben Aktienkurse die wichtigsten ökonomischen Gewinnchancen vor. An ihnen partizipiert am meisten das obere Management, das seine Macht, die ihm mit dem Verblassen des Eigentümerkapitalismus zuwuchs, entschlossen zum eigenen Vorteil eingesetzt hat. So haben sich durch großzügige Jahresgehälter und Aktienoptionen auch in Deutschland die Einkünfte der modernen Managerklasse auf das Dreihundertfache gegenüber den Einkommen von Facharbeitern erhöht, deren Entlohnung – wie bei fast allen tarifvertraglich vergüteten Arbeitskräften – im letzten Jahrzehnt kaum anwachsen konnte (vgl. Nollmann/Strasser 2002: 26). Die *winner-take-all*-Märkte der ökonomischen Spitzengruppen (vgl. Frank/Cook 1995) setzen minimale Leistungsdifferenzen in maximale Ertragsunterschiede um, sofern die eigentliche Qualität der Berufsausübung und das konkrete Ausmaß einer Leistungserbringung hierbei überhaupt eine entscheidende Rolle spielen. Am effektivsten wirkt die bloße Zugehörigkeit zu den Kartellen und Netzwerken der Vorteilsmehrung an sich, die analog zum Matthäus-Effekt (»Wer hat, dem wird gegeben«) eine Eigendynamik von Steigerung und Überbietung initiiert: Einmal in eine Spitzenposition gelangt, sorgen die *winner-take-all*-Märkte dafür, dass der Einzelne immer weiter nach oben getragen wird, und die soziale Distanz zu Gruppen, die den Anschluss verpassten, wächst mit jedem Schritt. Nicht Leistungsdifferenzen entscheiden dann über die erreichbare soziale Position und die Höhe der Einkünfte, sondern die Beteiligung an der privilegierten Nutzung entsprechender Gelegenheitsstrukturen.

Eine rein »funktionale« Begründung für die Statusverteilung, mit der sich die »Leistungsgesellschaft« stets zu legitimieren versuchte (vgl. Davis/Moore 1966), findet in solchen Spitzenverdiensten ihren nur spektakulärsten Widerspruch. Die gesellschaftliche Belohnungsverteilung der verschiedenen Positionen und Tätigkeiten folgt keiner »funktionalen« Bedeutungshierarchie, da erst die tatsächliche Belohnungsordnung den jeweiligen Wertmaßstab einzelner Positionen und Tätigkeiten setzt (so bereits Mayntz 1961). Diese faktischen Verteilungsregeln sind abhängig von Marktchancen und Macht und zeichnen sich in den oberen Etagen der sozialen Statusorganisation gerade dadurch aus, ihre Wertmaßstäbe weit außerhalb aller Leistungsbezüge zu finden. Die materiellen Erträge hoher Statuspositionen werden zum Verdienst an sich, an dem sich die eigene Auserwähltheit dokumentieren und das moderne Charisma des Erfolgs bewähren soll.

Während sich die reale Belohnungsverteilung in großer Unabhängigkeit von Leistungsbeiträgen bewegt, werden umgekehrt im Zeichen des *shareholder-value* zunehmend nur solche Leistungen gratifiziert, die sich auch als Markterfolge erweisen. Vom Profitcenter im Supermarkt bis zu den Prämiensystemen im Management gilt, dass Geschäftserfolge die Leistungsbewertung bestimmen (vgl. Bender 1997: 144ff.). Derartiges *benchmarking* honoriert Leistungen nicht vom Aufwand, sondern ausschließlich von den Ergebnissen her (vgl. auch Voswinkel 2000). Der Arbeitsprozess der Leistungserbringung rückt in den Hintergrund – Dauer, Anstrengung und

Reglement in der Verausgabung körperlicher und geistiger Arbeit können vernachlässigt werden, wenn am Ende die Unternehmenserlöse stimmen. Die Bewältigung notwendiger Routinearbeiten, die Last schwerer oder ermüdender Tätigkeiten und das unauffällige Wirken hinter den Kulissen sieht sich einer materiellen und symbolischen Abwertung ausgesetzt, weil hauptsächlich Ertragsgrößen und keine Prozessleistungen zählen. Auch eine einmal erworbene berufliche Qualifikation vermag nicht gegen die moderne »Undurchschaubarkeit von Erfolg und Misserfolg« (Sennett 1998: 109) zu beschützen, ziehen die Märkte der Gegenwart doch schneller denn je bevorzugt in jene Gefilde ein, die kurzfristige Gewinnchancen ohne Ansehen von Branchen oder Produktgruppen und somit auch des je relevanten Wissens versprechen. Makroökonomisch kommt darin zum Tragen, dass die Finanzwelt sich gegenüber der Güterproduktion weitgehend verselbständigt hat und das virtuelle Kapital der globalen Finanzmärkte die Arbeitsleistung jeder Volkswirtschaft weit in den Schatten stellt (vgl. Menzel 1996). Lebenspraktisch sind all jene Leistungen zunehmend delegitimiert, die keine Gewinne abwerfen: von den öffentlichen Diensten, den »brotlosen« Wissenschaften und den helfenden Berufen bis zu den Gruppen von Arbeitskräften in Handel, Versorgung und Industrie, die Unternehmensberater notorisch als betriebliche »Überlast« identifizieren.

Im strahlenden Glanz von Modernität stehen demgegenüber solche Erwerbsbiographien, die sich an den heutigen Darstellungszwängen von Kreativität und persönlicher Autonomie, Flexibilität und der Lust an der professionellen Leistung ausrichten. Der Leistungskatalog moderner Erwerbsarbeit hat sich in den Serviceberufen und in den avancierten Geschäftsbranchen auf kommunikative und erfinderische Kompetenzen erweitert und verlangt den dort Beschäftigten Selbststeuerung und Eigenverantwortung ab. Kommen in dieser »Subjektivierung der Arbeit« (vgl. Baethge 1999) gewiss auch gewachsene Ansprüche der Erwerbstätigen zur Geltung, so kehrt die Selbstverwirklichung in der Arbeit doch rasch wieder an die Subjekte als Fremderwartung des Managements zurück (vgl. Kocyba 2000), das die Bereitschaft zur mentalen Optimierung, Signale der Arbeitseuphorie und die Präsentation von Teamgeist und Einsatzbereitschaft in sich als Leistungsqualitäten bewertet. Dass die realen betrieblichen Statushierarchien nicht funktionalen Leistungen folgen, sondern oftmals die bloße Demonstration von Leistungsbereitschaft prämieren, ist der Arbeitssoziologie seit langem bekannt (vgl. Dahrendorf 1956; Offe 1970). Verändert haben sich nur einige Merkmale der gewünschten »extrafunktionalen«

Persönlichkeitseigenschaften, die sich heute nicht allein in Pünktlichkeit, Sorgfalt, Loyalität und Folgebereitschaft ausdrücken sollen, sondern auch noch die Ästhetik (Faludi 1999), die Gefühlslage (Hochschild 1990; Pongratz 2002) und die innere Selbstregierung (Bröckling 2002) von Arbeitskräften umfassen.

Wo die Organisation der Erwerbsarbeit den Markt bereits weitgehend internalisiert hat (Moldaschl/Sauer 2000), herrschen Bilder eines unternehmerischen Selbst vor, die abhängig Beschäftigte wie Neandertaler der Arbeitsgesellschaft aussehen lassen. Die eigene Person als Geschäft (»Ich-AG«), als Produkt und unverwechselbare Marke *(The Brand Called You)* zu definieren, breitet sich als Erwartung vor allem in den wachsenden Sektoren freiberuflicher Projektarbeiter, kurzfristig beschäftigter »Jobnomaden« und beim Typus des »Arbeitskraftunternehmers« (Voß/Pongratz 1998) aus, der ein erfolgreiches Selbstmarketing betreiben und sein angebotenes »Qualifikationsportefeuille« beständig der Marktlage anpassen muss. Ein relevantes Leistungsvermögen stellt hier nicht zuletzt das Talent zur eigenen Vermarktung dar, womit sich gesellschaftliche Statusgewinne von der Leistungserbringung zum Leistungsverkauf verschieben. Dieser kennt keine konstante Entlohnung, sondern wird durch schwankende Erfolgsprämien gratifiziert, was »erfolglose« Leistungen praktisch vernichtet.

Der Markt, dem üblicherweise eine besondere Leistungsorientierung nachgesagt wird, weckt Hoffnungen auf eine adäquate Leistungsbewertung, etabliert jedoch gleichzeitig einen Mechanismus der Ressourcenverteilung, der gerade diese Hoffnungen systematisch enttäuscht. Denn nicht Leistungsmaße dienen dem Markt als Norm materieller Verdienste, als deren ideelle Voraussetzung eigenes Wissen und Können firmieren, sondern die zahlungskräftige Nachfrage, die Arbeitskräfte, Güter und Dienstleistungen finden. Außerdem kennt der Markt aus sich heraus keine Stoppregel bei der Maximierung eigennütziger Vorteile, wenn die ökonomische Machtstellung dies unbeachtet aller Leistungsnormen erlaubt. Das Verhältnis von Aufwand und Ertrag, das dem Leistungsprinzip seit je her als eine innere Richtschnur dient, wird dadurch bis auf das Äußerste gespannt – und in den heute entscheidenden Bereichen der modernen Ökonomie schließlich restlos entkoppelt. Alle Einkünfte (und Verluste), die die modernen Finanzmärkte gewähren, lassen sich kaum auf individuelle Leistungsbeiträge beziehen, sondern entstehen im Medium schwankender Börsenkurse, riskanter Spekulationen, zufälliger Mitnahmeeffekte und *windfall profits* – mithin durch all jene Kontingenzen einer reinen Ökonomie von Erwartungen, die dem Handel mit Anlagekapital von vornherein inhärent sind. Die systematische Flüchtigkeit der Finanzmärkte entwickelt Bewertungen, die im Positiven wie im Negativen unabhängig von der tatsächlichen Performance der Unternehmen existieren (vgl. Castells 2001). Statt als eine Instanz zu wirken, die vermeintlich neutral über eine gerechte Leistungsentlohnung befindet, befördern die Märkte der globalen Ökonomie den leistungslosen oder »passiven« materiellen Erfolg, für den kein eigenes Zutun maßgebend und rationales Handeln ursächlich kaum verantwortlich ist. Damit entfällt eine wesentliche Voraussetzung dafür, solche Erfolge noch den Resultaten von Leistungen anrechnen zu können. Um nichts weniger gilt diese Irrationalität auch für Kursstürze an den Börsen, die mit der gigantischen Geldvernichtung, die sie zur Folge haben (vgl. Lovink 2002), nicht nur »spekulative Blasen« auflösen, sondern immer auch die finanziellen Reserven und mithin die Leistungsergebnisse von Millionen von Anlegern dezimieren.

Die Herrschaft der Zufälligkeit, die in den modernen Marktökonomien waltet, findet überall dort ihre kulturelle Fortsetzung, wo die Chancen günstiger Gelegenheiten die alltägliche Lebenswelt bestimmen. Medien, Marketing und Kulturindustrie stellen hierfür die Arenen postmoderner »Aufmerksamkeitsökonomien« (vgl. Franck 1998) bereit, von deren immensen Gewinnoptionen die visuellen Beachtungseliten aus Unterhaltung, Sport, Werbung und »Laufstegökonomie« (vgl. Faludi 1999) profitieren. In der Welt von *Casting*, Verkaufspräsentation und der symbolischen Dienstleistungen scheint ein performativer Leistungsbegriff zu entstehen, dem es nicht auf erworbene Kenntnisse, sondern auf die gelungene Darstellungsweise von Körper und habitueller »Typik« ankommt. Eine andere Variante des »Abenteuerkapitalismus« (Weber 1988: 61), es mit der Spekulation auf das eigene Glück zu versuchen, richtet sich an das allgemeine Publikum, und so repräsentiert sich die Willkür der Märkte in der Konsum- und Medienkultur als Dauerveranstaltung von Lotterien, Schönheitswettbewerben und Ratespielen. Jenseits dieses medialen Geschehens schleicht sich die Ökonomie alltäglicher Gelegenheitsstrukturen aber auch in den unauffälligen Alltag jener ein, die der heutige Marktkapitalismus den »Zonen der Entkoppelung« und der »Verwundbarkeit« (Castel 2000: 348ff.) überlässt. Hier wird nicht nur eine Unmenge informeller Arbeit verrichtet, die in den Leistungsbilanzen der Märkte gar nicht erscheint, sondern mitunter gleichfalls versucht, sich durch Strategien einer multiplen Ressourcenmobilisierung die verbleibenden oder sich eröffnenden Chancen moderner Tauschmärkte, spekulativer Transaktionen und halblegaler Schattenwirtschaft nutzbar zu machen.[3] Die Gelegenheitsökonomien der Armen, Außenseiter und Exkludierten bieten Überlebens- und Erwerbsmöglichkeiten gerade dann, wenn verschlossene Märkte in der formellen Ökonomie die Grenzen der gesellschaftlichen Realisierung von Leistungsbeiträgen erfahrbar machen.

Im Schatten der Marktgesellschaft steht aber auch, dass Gesellschaften außer der Arbeit zur wirtschaftlichen Wertsteigerung noch einer Vielzahl anderer Leistungsbeiträge bedürfen. Doch für Tätigkeiten der privaten Reproduktion, für die Erziehung und das gemeinschaftliche Engagement offerieren Märkte höchstens käufliche Angebote. Als Leistung kandidieren im Marktkapitalismus einzig diejenigen menschlichen Betätigungen, die einer ökonomischen Verwertungsrationalität zugänglich sind und nicht etwa nützliche Beiträge zu einem sozialen Ganzen. Gesellschaftlich hat sich das Spektrum von Befähigungen und Aktivitäten, die als Leistung Anerkennung finden könnten, mittlerweile erweitert, so dass der bisher auf die Erwerbsarbeit reduzierte Leistungsbegriff sich für andere Dimensionen gesellschaftlicher Arbeit zu öffnen beginnt. Stellen aber Märkte die ökonomische Schleuse dar, die jede Arbeitsleistung passieren muss, um materielle Anerkennung zu finden, entstehen nur neue Dienstleistungssektoren, die monetär weder allgemein zugänglich sind noch kulturell der Wertschätzung von Familien-, Eigen- oder Bürgerarbeit zum Durchbruch verhelfen können.

Kassensturz

Eine Zeitbeschreibung der Leistungsproblematik in unserer Gegenwart kommt nicht umhin, recht gegenläufige Entwicklungen zu konstatieren. Im selben Moment, in dem »Leistung« wie kaum je zuvor zu einem Zentralbegriff des gesellschaftlichen Selbstverständnisses geworden ist und er sich auf »Lebensordnungen und Wertsphären« (Weber 1988: 537) erweitert, die bisher anderen normativen Regeln folgten, vollzieht sich eine Aushöhlung des Leistungsprinzips ausgerechnet in seinem klassischen Kernbereich des

---

3 Plastische Schilderungen dieser inoffiziellen Ökonomien, über die es vielerorts ein hochkomplexes Alltags-, aber kaum ein wissenschaftliches Wissen gibt, liefern die dokumentarischen Essays von Helmut Höge (vgl. z. B. Höge 2002).

wirtschaftlichen Erwerbs, in dem Leistungskategorien den verwandelten ökonomischen Realitäten des globalen Kapitalismus nicht nur angepasst werden, sondern mit ihnen auch erodieren. Sozial teilt sich die Erfahrung von Leistung in gegensätzlicher Weise: Während in den Sozialsystemen Leistung als Pflicht für die Verlierer der modernen Marktökonomien etabliert worden ist, befinden sich die Gewinner der Globalisierung in der günstigen Lage, dass Leistungskategorien für den Erwerb ihrer Vorteile nicht verbindlich sind, die sich vor allem auch leistungsferner Mechanismen verdanken. Insbesondere wirken hier vormoderne und »postmoderne« Entwicklungen zusammen, weil sich »ständische« Herkunftsprivilegien mit den Gewinnchancen des »Casino-Kapitalismus« zu kombinieren vermögen. Gemeinsam sorgen sie faktisch für eine Erosion des Leistungsprinzips gerade dort, wo es legitimatorisch am stärksten beansprucht wird: an der Spitze. Das Gerechtigkeitspostulat, das sich mit der gegenwärtig überbordenden Leistungssemantik verbindet (»Leistung soll sich lohnen«), kontrastiert mit der tatsächlichen Delegitimierung des Leistungsprinzips in der sozialen Reichtums- und Statusverteilung, für die bei allen meritokratischen Elementen vor allem auch die Mechanismen von Herkunft, Zugehörigkeit, Machtchancen und Gelegenheitsstrukturen maßgeblich sind.

Die Gleichzeitigkeit der Ausweitung und Aushöhlung des Leistungsprinzips, so konträr sie sich auch darstellen mag, gehorcht indes einer gemeinsamen ökonomischen Logik. Sie ist überall dort aufzufinden, wo allein die Kriterien wirtschaftlicher Effizienz die Organisation gesellschaftlicher Funktionsbereiche bestimmen und der Markt dabei als »eine Art permanentes ökonomisches Tribunal« (Michel Foucault)[4] fungiert. Die Vermarktlichung der modernen Gesellschaft, die sozialwissenschaftliche Gegenwartsdiagnosen weithin konstatieren, treibt eine umfassende Ökonomisierung des Sozialen an, deren Maßstab die Gewinnkalkulation und deren Zielgröße der reine Markterfolg ist. Dieser gebietet es, einerseits Leistungen überall dort einzufordern, wo durch andere Verteilungsprinzipien Kosten entstehen, und andererseits die Leistungsbezüge wirtschaftlicher Gewinne zu minimieren, sofern sich nur die Erträge steigern lassen. Bildung, Beschäftigung und Sozialpolitik werden daher insofern strengeren Leistungskriterien unterworfen, als sie wirtschaftliche Resultate zeitigen sollen, während Reichtumszuwächse und Unternehmensgewinne vielfach kaum noch als Leistungsergebnisse zustande kommen. Gemeinsam ist beiden Varian-

---

4 Aus Foucaults Vorlesungen zur Gouvernementalität am Collège de France 1978/1979, zitiert nach Bröckling/Krasmann/Lemke 2000: 17.

ten dieser Art ökonomischer Rationalität, dass sie ihre Maßstäbe allein aus der Höhe wirtschaftlicher Erträge beziehen.

Die reine Ergebnisorientierung des Marktes greift in dem Maße auf das Soziale über, wie sich die Regeln von Angebot und Nachfrage verallgemeinern und sich hierdurch moderne Sozialordnungen in Marktgesellschaften verwandeln. Mit der zunehmenden Macht, die Märkte auf die Gesellschaft ausüben, ordnen sie sich auch die normativen Prinzipien unter, nach denen sich der wirtschaftliche Erwerb zu organisieren vorgibt. Die Norm der Leistungsgerechtigkeit ist dafür ein hervorstechendes Beispiel. Denn entgegen der landläufigen Überzeugung, dass Märkte prinzipiell stets Leistungswettbewerbe organisieren[5], weisen das Markt- und das Leistungsprinzip doch grundlegende Unterschiede auf. Der Markt ist an Tauschwerten orientiert. Sein eigener Wertmaßstab ist das Geld, das ein verkäufliches Gut kostet oder einbringen kann. Ob und in welchem Umfang soziale Normen dabei eine Rolle spielen, ist nur unter dem Gesichtspunkt der Preise relevant, die man bei einem Angebot erzielt oder bei der Nachfrage entrichtet. Max Weber hat diesen Sachverhalt mit den Worten beschrieben, dass der Markt als solcher keine materiale Wertrealisierung sichert, sondern allein nach dem formal rationalen Prinzip der Geldrechnung funktioniert (vgl. Weber 1980: 44ff.).

Märkte sind ihren endogenen Funktionsmechanismen nach strikt utilitaristisch organisiert (vgl. Wiesenthal 2000: 50ff.): Idealerweise müssen Akteure auf Märkten mit geringem Aufwand größtmögliche Erträge erzielen, wenn sie sich ökonomisch rational verhalten wollen. Märkte sind daher ausschließlich an ökonomischen Ergebnissen interessiert, gegenüber der Art ihres Zustandekommens sind sie gleichsam »blind« und neutral. Dadurch unterscheiden sie sich von der Funktionsweise des Leistungsprinzips, das mit seinem inneren Regelwerk von Aufwand und Entschädigung

---

5 Auch in der funktionalistischen Schule der Soziologie wurde diese Doxa des Marktes stets geteilt. So bestehen vom frühen Evolutionismus eines Herbert Spencer bis zu den modernen Varianten von *exchange theory* und *rational choice* lang anhaltende Illusionen über den Charakter des Marktes. Diese erweisen sich darin, als sein vermeintlich inneres Funktionsprinzip den Interessenausgleich zu identifizieren, wobei etwa Leistungskriterien als Vergleichsmaßstäbe fungieren sollen. Die Tauschprozesse moderner Märkte haben jedoch im Unterschied zu anderen Formen des Tausches primär nichts mit dem Ausgleich von Interessen zu tun, sondern beruhen zuallererst auf der Berechtigung von Akteuren, eigennützige Vorteile verfolgen zu dürfen. In den Worten des Chicagoer Soziologen David Rubinstein (1988): Der Markt gründet in *entitlement* und nicht in *equity*, was eine stattliche Anzahl von soziologischen Theorien notorisch verwechselt.

Normen der Gegenseitigkeit folgt und wirtschaftliche Erträge gerade auch am Ausmaß von Anstrengung und Belastung bewerten soll. Zwar hat auch das Leistungsprinzip eine ergebnisorientierte Dimension: Es berücksichtigt nur solche Tätigkeiten, die im Rahmen gesellschaftlich verbindlicher Leistungsziele erfolgen. Entscheidend ist jedoch, dass dem Leistungsprinzip immer auch eine Kompensationsfunktion zugedacht ist. Dem Modus, wie ein Leistungsbeitrag zustande kommt, steht es nicht gleichgültig gegenüber. Die soziale Definition eines »angemessenen« Verhältnisses von Leistung und Gegenleistung richtet sich demgemäß nicht nur danach, ob das erzielte Ergebnis gesellschaftlich wünschenswert erscheint, sondern auch nach der Mühe, die zu dessen Erreichung im allgemeinen erforderlich ist (vgl. Miller 1999: 28ff., 131ff.).

Gleichwohl kommt im modernen Kapitalismus dem Markt die zentrale Funktion zu, über den Wert von Leistungen zu befinden. Für den Markt stellen Leistungen jedoch in erster Linie Kosten dar, die möglichst zu reduzieren sind. Und ob ein Markterfolg überhaupt auf leistungsbezogener Arbeit beruht oder sich günstigen Gelegenheitsstrukturen, individueller Risikobereitschaft, positiven Zuschreibungen oder schlicht dem Zufall verdankt, hat keinen Einfluss auf die Höhe seiner Honorierung. Der Markt ist mithin keine meritokratische Institution, die an sich schon Leistungen belohnt. Er verteilt nicht nach den Prinzipien der Leistungsgerechtigkeit, sondern nach dem günstigsten Angebot, der stärksten Nachfrage und den besten Preisen. Wenn aber Leistungen sich hauptsächlich nur im Markterfolg realisieren, und Markterfolge sich auch leistungsfrei einstellen können, bietet eine Gesellschaft des Marktes keine Gewähr, dass materielle Erfolge den Leistungsnormen entsprechen, die sie legitimieren sollen. So verhindert der Markt z. B. auch nicht die Erschwernis der Leistungen anderer, um selbst Gewinne zu erzielen, und auch die Ausnutzung illegitimer Mittel oder das Abwälzen von Folgelasten auf Dritte wird durch Märkte selbst nicht sanktioniert. Gerade deshalb hat der Sozialstaat des 20. Jahrhunderts die Macht der Märkte durch normative Regeln begrenzt, denen sich der globale Kapitalismus heute wieder entzieht.

In dem Maße, wie die Marktgesellschaft der Gegenwart eine rein ergebnisorientierte ökonomische Logik zur Grundlage der gesellschaftlichen Güter- und Chancenverteilung verwandelt, gerät die gesellschaftliche Statuszuweisung mit den normativen Forderungen des Leistungsprinzips in Konflikt. Soziale Normen bedürfen eines gewissen Minimums an Konsistenz, um überzeugen zu können. In Hinblick darauf lässt sich soziale Ungleichheit, die sich nach Maßgabe von Markterfolgen bemisst, nur sehr begrenzt im normativen Deutungshorizont des Leistungsprinzips legitimieren. Tatsächlich nehmen sich die Wahrnehmungen und Bewertungen von »Leistung« im gesellschaftlichen Bewusstsein zunehmend ambivalent aus.

Den Umfragen der Wertewandel- und der empirischen Gerechtigkeitsforschung zufolge geht die Zustimmung zum Leistungsprinzip in allen westlichen Ländern kontinuierlich zurück (vgl. Meulemann 1999; Lippl 2000), wohingegen fatalistische und askriptive Deutungen gesellschaftlicher Verteilungsregeln erheblich zugenommen haben (vgl. Wegener/Liebig 1998). Auch wenn die Interpretationen derartiger Umfragedaten aus methodischen Gründen vielfach widersprüchlich und unklar bleiben müssen[6], so enthalten sie doch die Information, dass Leistungsbegriffe offenbar verstärkt unter sozialen Geltungsdruck geraten, wenn sich die erlebte gesellschaftliche Wirklichkeit massiv an ihnen bricht.

---

6   Die Methode der standardisierten Befragung erreicht das gesellschaftliche Bewusstsein nur bis zu jener Dimension, in der die Zustimmung oder Ablehnung des Leistungsprinzips als Offizialnorm gemessen werden kann, was kaum hinreichende Urteile über die Bewertungen je eigener gesellschaftlicher Erfahrungen zulässt. Außerdem arbeiten standardisierte Befragungsverfahren mit analytischen Konstrukten, die mittlerweile auch nach Einschätzung der entsprechenden Forschung selber fragwürdig geworden sind, da sie ihre empirischen Befunde nicht mehr befriedigend erläutern können. So kontrastiert die Wertewandelforschung »materielle« und »postmaterielle« Werte, wobei »Leistung« als zentraler Wertinhalt eines »materiellen« Lebensentwurfs figuriert und »Selbstverwirklichung« im Zentrum einer »postmateriellen« Wertorientierung steht (vgl. Klages 1984: 42ff.). In dem Maße, wie es ein Kennzeichen gegenwärtiger Lebensentwürfe ist, gerade nach einer lebenspraktischen Auflösung des Gegensatzes von Arbeit, Leistung und Selbstverwirklichung zu suchen, verliert die Typologie von »materiellen« und »postmateriellen« Werten aber deutlich an aufschließender Kraft. Ein Bedeutungswandel im Leistungsbegriff ist mit den Mitteln der Umfrageforschung jedoch nur unzureichend zu rekonstruieren, da die in den entsprechenden Items benutzten Leistungsbegriffe hinsichtlich ihrer Bedeutungsgehalte und Anwendungsbedingungen kaum differenziert werden können. Auch in den Surveys der empirischen Gerechtigkeitsforschung wird der Begriff »Leistung« allein in seiner nominalen »Kompaktheit« und daher sinnhaft in scheinbar ganz unproblematischer Weise verwandt. Leistungsbegriffe werden damit implizit bereits vorausgesetzt, aber nicht selbst ermittelt. Zumeist werden sie als semantische Platzhalter für marktförmige Distribution an sich verwandt. Vor allem die Differenzen zwischen Markt- und Leistungsprinzip können dadurch schon begrifflich nicht weiter verfolgt werden. Die Erhebung der Bedeutungsinhalte von »Leistung« setzt ebenso rekonstruktive Untersuchungsverfahren voraus (als ein Beispiel hierfür vgl. Hochschild 1981) wie auch die Fragen nach einer Erosion des Leistungsbewusstseins durch Prozesse der Vermarktlichung nur im Medium »verstehender« Methodologien beantwortet werden können.

Im Unterschied zu den empirischen Urteilen über die soziale Realität des Leistungsprinzips scheint aber der Wert der Leistungsgerechtigkeit von einer Erosion im gesellschaftlichen Bewusstsein nicht in vergleichbarer Weise betroffen zu sein. Für die Lebenssphäre von beruflichem Status und wirtschaftlichem Erwerb wird »Leistung« – wie die neuere Sozialforschung (vgl. Hamann et al. 2001) in Übereinstimmung auch mit älteren hermeneutischen Untersuchungen (vgl. Hochschild 1981: 111f., 140f.) ermittelt hat – nach wie vor als legitimstes Verteilungsprinzip von Gütern und Chancen eingeschätzt, das den Gerechtigkeitsüberzeugungen am stärksten entspricht. Nicht zuletzt diese Spannung zwischen den empirischen Urteilen und den normativen Wertpräferenzen wirft Fragen auf, die insgesamt auf den Status der Leistungskategorie für die Gesellschaftsanalyse verweisen. Ein strittiger Punkt der soziologischen Leistungsdebatte war denn auch stets, ob Leistungsbegriffe mit ihrer ökonomischen Instrumentalisierung im Kapitalismus nicht einen vollends ideologischen Charakter annehmen. Als normativer Bezugspunkt von Gesellschaftskritik wäre dann »Leistung« dann wenig geeignet und als Gerechtigkeitsnorm weitgehend verbraucht. Bieten sich in der Gesellschaft der Gegenwart, in der die Vermarktlichung des Kapitalismus das Leistungsprinzip faktisch vielfach suspendiert, Leistungskategorien überhaupt noch dafür an, der Marktgesellschaft als kritischer Maßstab entgegengehalten zu werden? Folgt ein gesellschaftliches Bewusstsein, das trotz abnehmender Überzeugung von der sozialen Geltung des Leistungsprinzips am Wert der Leistungsgerechtigkeit prinzipiell festhält, nicht einer rigiden Arbeitsethik aus längst vergangenen Zeiten des Mangels? Welches Leistungsverständnis jenseits einer Legitimationsrhetorik sozialer Vorteile und der Selektivität eines industriellen »Produktivismus« könnte als Gerechtigkeitsnorm für die gegenwärtige Sozialordnung geeignet sein?

Gewinnwarnung

Die soziologische Kritik am Leistungsprinzip, die sich solchen Fragen stellt, ist so alt wie dessen Charakterisierung als regulative Norm sozialer Ungleichheit, die der soziologische Funktionalismus hinterlassen hat. Machtkritische (Offe 1970), ungleichheitstheoretische (Bourdieu/Passeron 1971; Bourdieu et al. 1981) und konfliktsoziologische (Collins 1979) Analysen haben die funktionalen Paradoxien, die ideologischen Effekte und den Herrschaftscharakter des Leistungsprinzips schonungslos rekonstruiert und hierbei versucht, der fraglosen Anrufung von Leistungskategorien für die Rechtfertigung sozialer Ungleichheit die legitimatorische Grundlage zu entziehen. An der Aktualität dieser Untersuchungen lässt auch die Marktgesellschaft der Gegenwart keinen Zweifel, deren Leistungsrhetorik im selben Maße zunimmt wie sie Leistungskategorien aus der normativen Zuständigkeit für die Statusverteilung entlässt. Nicht zuletzt dieser Tatbestand sollte aber Anlass sein, sowohl den Leistungsbegriff als auch dessen Kritik noch einmal grundsätzlich zu reflektieren. Denn befragt man die soziologischen Einwände gegen das Leistungsprinzip nach den Maßstäben der Kritik, die in ihnen implizit zur Anwendung kommen, so fällt auf, dass noch die negativsten Befunde zur gesellschaftlichen Wirklichkeit des Leistungsprinzips dessen normative Geltung in modernen Gesellschaften – bisweilen ungewollt – bestätigen. Gerade aus der Spannung zwischen normativem Anspruch und sozialer Wirklichkeit gewinnen ja etwa die Analysen von Offe, Collins und Bourdieu ihre gesellschaftskritische Brisanz, und erst die Diskrepanz zwischen Sein und Sollen veranlasst sie dazu, das Leistungsprinzip als »Ideologie« (Offe), »Illusion« (Bourdieu) oder »akademisches Märchen« (Collins) zu charakterisieren. Bei aller Problematik seiner faktischen Umsetzung bleibt das Leistungsprinzip offenbar selbst noch in der Wertung seiner soziologischen Kritik der einzig öffentlich rechtfertigungsfähige Maßstab der Statusverteilung, über den die moderne Gesellschaft ihrem eigenen Selbstverständnis nach verfügen kann. Dies deutet darauf hin, dass im normativen Kern des Leistungsprinzips Grundsätze eingelassen sind, die mit ihrer faktischen Auslegung und Anwendung nicht abgegolten werden.

Um diesen normativen Kern theoretisch freilegen zu können, bedarf es freilich zunächst einer begrifflichen Reflexion. Denn nicht nur die Marktgesellschaft hat die Konturen von »Leistung« verschwimmen lassen – auch die gesellschaftliche Kritik an den Beschränkungen eines »produktivistischen« Leistungsverständnisses (vgl. Bonß/Dubiel 1987) nimmt dem Leistungsbegriff jene standardisierte Form, von der die soziologische Kritik am Leistungsprinzip noch fraglos ausgehen musste. Ein breites Spektrum soziologischer Ansätze reagiert auf diese Destandardisierung von Leistungsbegriffen heute jedoch auf weitgehend hilflose Weise, hat es sich doch stillschweigend auf eine gleichsam triviale Fassung des Konstruktivismus geeinigt. Die soziologische Antwort auf die Frage nach der Leistungskategorie lautet dann zumeist, dass »Leistungen« schlicht seien, was bestimmte Akteure darunter eben verstehen. Tatsächlich aber verkörpert ein solch missverstandener Konstruktivismus eine wenig überzeugende Anschauung über die reflexiven Kompetenzen gesellschaftlicher Akteure, ihre Wahrnehmungen mit adäquaten Begriffen zu belegen. Der radikale Konstruktivismus kennt daher auch kein Substrat subjektiver Erfahrungen, weshalb ihm mitunter nichts weiter verbleibt, als jeweilige Selbstdeutungen distanzlos zu reproduzieren. Den Mechanismen der Marktgesellschaft kommt diese begriffliche Anspruchslosigkeit vielfach entgegen, haben sie »Leistung« doch auf den Markterfolg simplifiziert und damit nicht zuletzt auch die langsame Überwindung eines rein ökonomischen Leistungsverständnisses wieder zunichte gemacht.

Die praktische Verwendung zentraler gesellschaftlicher Deutungskategorien wie »Leistung« operiert nicht willkürlich, sondern weist rationale und normative Kriterien auf. Anders wäre kaum verständlich, dass die Zuschreibung von »Leistungen« und deren »angemessene« Entgelte immer wieder zu überaus strittigen öffentlichen Diskussionen führen, wenn etwa medial sichtbare Akteure »Verdienste« erlangen, die den gesellschaftlich akzeptierten Kern des Leistungsbegriffs offenbar allzu stark strapazieren.[7] Eine sprachanalytische Perspektive auf den Leistungsbegriff, wie sie in jüngerer Zeit der amerikanische Sozialphilosoph David Miller (1999) eingenommen hat, kann hier wichtige Einsichten über die pragmatische Rationalität und den normativen Kern des Leistungsprinzips begründen, auf den sich unausgesprochen zumeist auch eine »leistungskritische« Soziologie bezieht. Vergleichbar der Anerkennungstheorie von Axel Honneth (1992: 196ff.) versucht Miller zu zeigen, dass das Leistungsprinzip unbeschadet seiner jeweiligen gesellschaftlichen Auslegung und Anwendung in sich fundamentale Grundsätze und allgemeine Bedingungen einer gerechten Sozialordnung repräsentiert, und benennt hierbei spezifische gesellschaftliche Sphären, in denen Leistungen als Bezugspunkte von Gerechtigkeitsnormen fungieren. Entsprechend rekonstruiert Miller das »concept of desert« als leitende Gerechtigkeitsvorstellung in »instrumental associations«

---

7 Ein besonders populäres Beispiel für den öffentlichen Disput über Leistungsbegriffe war etwa die Fernsehshow »Big Brother« (vgl. Neckel 2000b; Stäheli/Schwering 2000). Andere Debatten, die sowohl den Leistungscharakter bestimmter Tätigkeiten als auch das Verhältnis von Leistung und Verdienst zum Thema haben, betreffen neben der Unterhaltungsbranche vor allem den Spitzensport, Vermögenseinkünfte und die Topmanager.

– in Sozialbeziehungen also, in denen sich die Individuen in Hinblick auf arbeitsteilig zu erreichende Ziele zusammenschließen. Das Verhältnis von individuellem Aufwand und erhaltenem Ertrag in solchen »instrumental associations« wird demnach dann als gerecht empfunden, wenn beides gemäß der normativen Forderung, individuelle Verdienste proportional zu entlohnen, in einem Entsprechungsverhältnis von Leistung und Gegenleistung zueinander steht (vgl. Miller 1999: 27ff., 131ff.). Der materiale Inhalt von Leistungsbegriffen ist dabei gewiss jeweils gesellschaftlich geprägt. Doch bei aller konkreten Formung des Leistungsprinzips durch die spezifischen Institutionen einer Gesellschaft liegt dem Leistungsgedanken Miller zufolge eine »vorinstitutionelle Legitimation« im Alltagsbewusstsein zugrunde, die sich gegenüber der sozialen Wirklichkeit immer wieder als Kritik geltend macht (ebd.: 138ff.). In der Absicht, diese fundamentale Legitimationsüberzeugung zu entschlüsseln, kommt Miller schließlich zur Ausarbeitung eines formalen Leistungsbegriffs, der allen sozialen Definitionen von »Leistung« als Rationalitätskern zugrunde liegt und seine Funktion als stets auch kritische Bewertungsinstanz gesellschaftlicher Verteilungs- und Statusordnungen begründet. In Abgrenzung zu kontingenten Handlungseffekten, zu Glück oder den bloßen Folgewirkungen begünstigter Umstände können wir danach unter »Leistungen« sozial als nützlich und wertvoll definierte Beiträge zu »instrumentellen Sozialbeziehungen« verstehen, die dem intendierten, selbst verantworteten und willentlich kontrollierten Handeln eines Akteurs in Anwendung seiner eigenen Eigenschaften, Talente und Fähigkeiten zweifelsfrei zurechenbar sind (vgl. ebd.: 133ff., 148f.).

Der Vorzug einer sprachanalytischen Perspektive auf die Leistungskategorie zeigt sich darin, sowohl in allgemeiner sozialtheoretischer Hinsicht die Norm der Leistungsgerechtigkeit begründen zu können als auch für die Analyse der marktgesellschaftlichen Paradoxien von Leistung geeignet zu sein. Der Nachweis eines »vorinstitutionellen« Rationalitätskerns des Leistungsprinzips, der – entgegen der Sichtweise eines radikalen Konstruktivismus – ein formales Deutungsmodell aller sozial variablen und material unterschiedlichen Leistungsdefinitionen in sich konzentriert, untermauert zum einen die Reflexivität in der gesellschaftlichen Verwendung des Leistungsbegriffs. Akteure verfügen über ein intuitives Wissen der elementaren Merkmale dessen, was eine Aktivität als »Leistung« erst qualifiziert, und vermögen diese Bezeichnung von anderen Ausdrücken für die menschliche Praxis sinnhaft zu differenzieren. Rein zufällige Handlungsergebnisse etwa oder passives Zuwarten auf den Eintritt erwünschter Ereignisse kommen danach für das Prädikat »Leistung« kaum in Betracht. Diese pragmatische Reflexivität ist es auch, die der Annahme einer »vorinstitutionellen Legitimitätsgeltung« von Leistung eine rationale Grundlage gibt. Wäre »Leistung« in der alltäglichen sprachlichen Handhabung keine Kategorie, die intuitiv bestimmte Abgrenzungen kennt, könnte sie gewiss nicht für allgemein geteilte Normforderungen kandidieren. Ein formaler Leistungsbegriff, wie ihn Miller in seiner Rekonstruktion gesellschaftlicher Leistungsverständnisse als grundlegend herausgearbeitet hat, besitzt in diesem Zusammenhang auch den Vorteil, zugleich umfassend wie dezidiert genug zu sein. Er kann dem Wandel und den verschiedensten Varianten von Leistung Rechnung tragen und berücksichtigt auch solche Tätigkeiten und Talente, die »produktivistische« und marktförmige Leistungsdefinitionen überschreiten, ohne jedoch die Trennschärfe gegenüber Erträgen zu verlieren, die absichtslos oder ohne eigenes Zutun, durch reine Zuschreibung, durch Täuschung, Normverletzung oder im Dienste verwerflicher Handlungsziele zustande kommen. Er eröffnet sehr viel mehr menschlichen Aktivitäten und Eigenschaften die Chance, Anerkennung als Leistung zu finden, als dies die Geldrechnung des Marktes erlaubt, und bekräftigt die Ansprüche auf Entschädigung und Wertschätzung nützlicher Betätigungen auch jenseits des Markterfolgs.

Seinen normativen Kern findet das Gerechtigkeitskonzept von Leistung daher in dem wechselseitigen Verpflichtungsverhältnis, das die Forderung der Äquivalenz von Leistung und Gegenleistung etabliert. Solche Normen der Gegenseitigkeit hat auch die verstehende empirische Forschung zum sozialen Leistungsverständnis als zentral für Gerechtigkeitsurteile rekonstruiert. So kommt etwa Jennifer Hochschilds Studie über Fairness zu dem Befund, dass der gesellschaftliche Verteilungsmodus sozialer Güter und Chancen unabhängig von der jeweiligen Einkommensklasse primär dann als gerecht angesehen wird, wenn in einer sensiblen Balance sowohl Aufwands- als auch Ergebniskriterien (»norms of investment« und »norms of result«) als Bewertungsmaßstäbe individueller Anstrengungen fungieren (vgl. Hochschild 1981: 112). Genau diese Balance hat David Miller als charakteristisch für die »vorinstitutionelle Legitimitätsgeltung« des Leistungsprinzips im gesellschaftlichen Bewusstsein beschrieben – und eben dieses Äquivalenzverhältnis wird durch reine Ergebnisorientierung des Marktes, die heute die Leistungsbewertung bestimmt, einer Belastungsprobe unterzogen, deren sinnhafte Auswirkungen noch weitgehend unerforscht sind.

Die Annahme eines »vorinstitutionellen Rationalitätskerns« des Leistungsprinzips im Alltagsbewusstsein bedeutet ja nicht, dass dieser unempfindlich gegen sozialstrukturelle und ökonomische Wandlungsprozesse ist. Wirtschaft und Sozialstruktur müssen der kollektiven Erfahrung – wie auch immer interpretierte – materiale Anhaltspunkte dafür bereitstellen, dass Leistungsgesichtspunkte für die gesellschaftliche Statusordnung tatsächlich eine gewisse soziale Geltung besitzen, um Normen der Leistungsgerechtigkeit nicht die Grundlage in der erlebten Wirklichkeit zu entziehen. Die Transformation moderner Sozialordnungen zu Marktgesellschaften lässt heute normative Gerechtigkeitsüberzeugungen an der alltäglichen Erfahrung sozialer Ungleichheit vielfältig brechen und Wut, Neidgefühle und Fatalismus entstehen (vgl. Neckel 1999). Aber selbst noch in derartigen Reaktionsformen meldet sich ein Ungerechtigkeitsempfinden an, das die moderne Gesellschaft mit guten Gründen nicht aus dem Anspruch auf Leistungsgerechtigkeit entlässt. Nur dieser vermag die Anerkennung individueller Befähigungen mit den Prinzipien von Gegenseitigkeit zu verknüpfen und somit eine Sozialordnung zu etablieren, die sich integrativ und individuell zugleich gestalten kann. Jenseits leistungsbezogener Rechtfertigungen sozialer Ungleichheit waltet die nackte Willkür oder bestenfalls die Hoffnung, bei der nächsten Runde in der Lotterie des Sozialen nicht erneut unter den Pechvögeln zu sein. Leistungskategorien sind daher weit entfernt davon, allein eine ideologische Tarnkappe sozialer Herrschaft darzustellen. Vielmehr sind sie ein normativer Bezugsrahmen für gesellschaftliche Kämpfe um soziale und ökonomische Teilhabe und bergen ein Potential legitimer Kritik immer dann, wenn eine Gesellschaft nützliche Beiträge bestimmter Individuen und Gruppen missachtet (vgl. Honneth 1992: 205ff.). Die regulative Idee einer gerechten Gesellschaft kann daher auf das Leistungsprinzip nicht verzichten. Sie sollte aber auch der Vielfalt von Leistungsbeiträgen und – nicht zuletzt – der Beschränkung von Leistungsmaßstäben gewahr sein. Ein reflexiver Leistungsbegriff, der »formale« Kriterien kennt, aber die »materiale« Definition belohnenswerter Aktivitäten dem diskutierenden Selbstverständnis einer Gesellschaft überlässt, würde dem modernen Versprechen auf Leistungsgerechtigkeit korrespondieren und gäbe zugleich die Möglichkeit frei, die Geltung des Leistungsprinzips gesellschaftlich auch zu begrenzen. Gegenüber der heute herrschenden Marktlogik, die die Leistungsrhetorik ebenso wuchern lässt wie sie die Leistungsgerechtigkeit untergräbt, stellte dies gewiss eine humane Perspektive im Umgang mit Leistungen dar.

Design als Lebenspraxis – Ein Abgesang

»Unsere Philosophie ist einfach: Tischkultur in guter Form«, so heißt es in der Broschüre eines bekannten Herstellers für gestalterisch hochwertige Gebrauchsdinge in Haushalt und Küche. Vom Essbesteck und Tafelservice bis zum Marmeladenglas, Kapselheber und Walnussöffner kennt die besagte Firma kaum ein Objekt aus der alltäglichen und mitunter auch außeralltäglichen Welt der privaten Haushaltsführung, das durch eine »starke Formsprache« nicht eleganter und funktionaler zugleich gemacht werden könnte. Glas, Edelstahl und Porzellan vereinigen sich in immer anderen Einzelobjekten zu einem Programm, das regelmäßig mit Neuheiten aufwartet und sich doch »über jeden Trend erhaben« sieht. Dem Wunsch des Unternehmens gemäß überall dort zu Hause, »wo ein hoher Anspruch an Form und Funktion Ausdruck individuellen Lebensstils« ist, sollen sich die gewöhnlichen Verrichtungen des heimischen Alltags zur Ästhetik hin öffnen. Auch die »kleine Tasse für Kaffee und Kunst« darf dabei nicht fehlen. Möglicherweise hinterlässt sie beim Benutzer Ratlosigkeit, wenn er sich neben der Gebrauchsfunktion beim Espressogenuss auch noch die künstlerische Nutzanwendung der kleinen Tasse vorstellen soll. Dies dürfte indes nicht die einzige Sorge sein, die sich dem ambitionierten Klienten der Haushaltsverbesserung stellt, sofern er sich von der Designmarke seiner Wahl umfassend in den eigenen Gebräuchen veredeln lassen möchte. Mindestens ebenso enervierend wie die zum Ding gewordene Erwartung, es alltäglich mit Objekten angewandter Kunst aufnehmen zu müssen, sind die Ansprüche auf Ergänzung und Vollständigkeit, die bereits ein einzelner Gegenstand hinterlässt, wenn er inmitten des schon Vorhandenen mit seiner »guten Form« imponiert. Der neue Kaffeebereiter passt nicht zum Geschirr und will für den Transport von Küche zu Tisch auch auf einem Tablett getragen werden, für das sich das Milchkännchen nicht zu schämen braucht. Das Marmeladenglas bedarf zunächst einer standesgemäßen Butterdose, um alsbald im Verein mit den sonstigen Kleinigkeiten im eigenen Haus imperiale Forderungen nach einer Umgebung im Ganzen zu stellen, die auf möglichst zwanglos aussehende Weise den natürlichen Hang zum gehobenen Geschmack illustriert. Nicht selten jedoch stellt sich beim Blick auf das eigene Inventar Ernüchterung ein. Haushalte sind Behälter der eigenen Lebensgeschichte. In ihnen sind die Dinge als Zeitzeugen der persönlichen Entwicklung und Herkunft versammelt. Und wie sich die meisten Menschen ihre Biographie aus jenen Versatzstücken zusammenzimmern, welche die verschiedenen Lebensabschnitte und Wechselfälle zum persönlichen Dasein beizutragen vermochten, legt auch der Hausstand Zeugnis von der Vorläufigkeit, den Unwägbarkeiten und dem Pragmatismus unserer Privatexistenz ab. Die mit Schnitzwerk verzierte Kommode aus dem eigenen Elternhaus, die es noch bei jedem Umzug in die neue Bleibe schaffte, gesellt sich zum Bauhausimitat, das damals so günstig war. Die Glasvase von *iittala* findet ihren Platz auf dem alten *Ikea*-Regal. Unterschiedlichste Haushaltspräsente, die Feierlichkeiten, Besuche oder Wohnungswechsel in die eigenen vier Wände verbrachten, gehen Hand in Hand mit den Produkten der diversen Stilwandel, die das Leben gemeinhin durchziehen. Platz- oder Geldmangel, Nachwuchs oder Trennung gebieten eigene Notwendigkeiten, die ihre Spuren hinterlassen, ebenso wie der unerwartete Erbschaftsbetrag, der es erlaubte, endlich den schönen Sessel zu kaufen. Systematisierungsbestrebungen hinsichtlich Besteck, Geschirr, Utensilien, Lampen, Möbel und der zahlreichen Accessoires werden abgebrochen, um an einer anderen Stelle wieder aufgenommen zu werden. Und schließlich noch die unmöglichen Dinge, die sich zum persönlichen Selbst verirren, weil ein persönlicher Tick, die Kitschecke in der eigenen Seele oder ein zeitweiliges Aussetzen der ästhetischen Urteilskraft es immer mal wieder so wollen.

Im gewöhnlichen Haushalt manifestiert sich daher vielfach ein Durcheinander von Objekten, Stilen und Qualitäten, das nicht ordentlicher ist als das Leben selbst. Die »Ordnung der Dinge« existiert nicht an sich, sondern wird erst durch Wissen bereitgestellt – und was Michel Foucault über unsere Denksysteme befand, gilt nicht minder für das System der häuslichen Dinge, dessen Bewohner die Arbeit an der jeweiligen Sinnkonsistenz schon selber verrichten müssen, sofern sie sich der Unordnung nicht gleichmütig überlassen. Die sinnhafte Qualität einer Umgebung entsteht nicht automatisch, wenn bestimmte Formen eingehalten werden, sondern erst durch die Aneignung im jeweiligen Lebenskontext. Jene Ordnung der Dinge, die das Design heute nahelegt, will jedoch möglichst systematisch und lückenlos sein und von sich aus schon eine bedeutungsvolle Übereinstimmung schaffen, die als solche nur in der persönlichen Zuwendung auf das Objekt, im »Komfort des Herzens« (Walter Benjamin) entsteht. Losgelöst vom Subjekt und als System inthronisiert, wächst sich Design zum Gestaltungszwang aus, der vereitelt, was er bewirken möchte. Da ist zunächst ein Problem, das wir auch von der Planung des perfekten Verbrechens her kennen: Irgendetwas wird immer vergessen, was in der Folge die Missetat auffliegen lässt und den Täter überführt. Das Detail, das nicht passt, verwandelt sich dann zur Peinlichkeit, die Einblicke in den gewollten Konstruktionscharakter der häuslichen Ordnung erlaubt. Wird durch den kleinen Fehler der Modus der absichtsvollen Inszenierung unabsichtlich erkennbar, bricht die Illusion der Intentionslosigkeit in sich zusammen, von der am Ende jedoch die Wirkung der heimischen Aufführung nur lebt. Die gute Form nämlich und der gute Geschmack wollen als eine Eigenschaft der Person identifiziert und anerkannt werden, die nicht angelernt ist oder bloß hinzugekauft wurde, sondern vermeintlich der spontanen Vornehmheit unseres eigenen Wesens entspricht. Zumal ambitionierte Sozialschichten versprechen sich davon, teilzuhaben an der *Grandezza* der besten Gesellschaftskreise, in denen sie irrtümlicherweise die Gralshüter eines ästhetisch gelungenen Lebensstils sehen. Wie niederschmetternd die Empirie des Lebensstils oberer Schichten freilich tatsächlich ist, wird dabei häufig vergessen. Ob hoch über dem Zürichsee oder am unteren Ufer der Elbe, ob am Frankfurter Lerchesberg oder in München-Bogenhausen, überall das gleiche verheerende Missgeschick in dem Bemühen, den Dingen unbedingt den Stempel der eigenen Bedeutsamkeit aufdrücken zu wollen.

Derartige Bestrebungen, die mal protzig, mal »kultiviert« ausfallen mögen, unterliegen auch im oberen Preissegment den Problemen, die durch Design erst hervorgebracht statt bewältigt werden. Design speist den Irrtum, dass durch Überantwortung an die Dinge der objektiven Kultur ein subjektiver Ausdruck gewährt werden kann. In der objektivierten Dingwelt repräsentiert sich jedoch mitnichten ein Universum individueller Mitteilungsmöglichkeiten, sondern vor allem ein soziales Klassifikationssystem, das die Zuordnung zu Gruppen und Generationen erlaubt. Gestaltung als Markenprodukt bedarf daher stets einer äußerlich sichtbaren Performanz, um Selbstidentifikation und Fremdeinschätzung möglich zu machen. Dagegen ist schon seit längerer Zeit die Designtheorie angetreten. Gestaltung sei unsichtbar, heißt es etwa bei Lucius Burckhardt, der damit die Problemlösung als den eigentlichen Sinn des Designs vor dem Ansturm der performativen Zeichen zu bewahren suchte. Neuere Ansätze in der Designforschung wie das »Nicht-Intentionale Design« (NID) besinnen sich wieder auf den Nutzer als Urheber des faktischen Gebrauchs gestalteter Dinge, die im Alltag oft eine unvorhersehbare und idiosynkratische Umnutzung erfahren. Und der amerikanische Soziologe und Stadttheoretiker Richard Sennett hat in seinem Buch »Fleisch und Stein« dafür plädiert, dass Architektur und Gestaltung eine Art von Unvollständigkeit bewahren müssten, so dass Entwicklungen, Eingriffe und Veränderungen noch möglich sind – komplett genug, um funktional zu sein, aber ebenso offen, um den Eigensinn subjektiver Aneignungen nicht für alle Zukunft zu unterbinden. Man muss *Obi*-Baumärkte nicht zum Weltkulturerbe erklären wollen, um dieser Kritik am geplanten Perfektionismus zustimmen zu können.

All die Einsprüche, die das Nachdenken über Design heute vermehrt formuliert, sind als Reaktionen auf den Erfolg des Designs und auf die analoge Krise seiner Konzepte zu interpretieren. Design ist allgegenwärtig und gleichzeitig häufig genug zur bloßen Dekoration degeneriert. Was der Werkbund noch als Beitrag zu einer sozialen Erneuerung und die Ulmer Schule als gestalterische Läuterung verstand, was Max Bill als »konkrete Kunst« zugunsten des Individuums und gegen das Individualistische entwarf und noch im Futurismus der 1960er Jahre als technoide Utopien Aufsehen erregte, ist längst zum Markenzeichen im Anbieterwettbewerb geworden und zum Treibsatz ständiger Neuerungen angesichts wirtschaftlicher Wachstumszwänge. Design verwandelte sich hierbei zum Logo von Marken, die im Kampf um Zuwächse zur Verkaufsförderung eingesetzt werden, um einem in vielem gesättigten Markt einen Nachschub an Konsumfreude zu verschaffen. Die Leitbegriffe hierfür sind »Styling« und »Trend«. Wenn die Produkte technisch fast identisch sind, sorgt allein die Kunst der Verhüllung dafür, dass Kaufanreize entstehen. Ähnlichen Gebrauchsgütern verpasst Gestaltung den Nimbus der Unverwechselbarkeit. In der Automobilindustrie hatte einst der Volkswagenkonzern damit begonnen, nach dem »Plattform-Prinzip« identische Fahrwerke zu produzieren, auf die wahlweise ein spanisch getunter Seat (»auto emoción«), ein solider Golf (»Aus Liebe zum Automobil«) oder ein sich praktisch gebender Skoda (»simply clever«) gesetzt werden konnte. Je nach dem wird die eine Produktgattung konventionellerweise mit einem »unkonventionellen Design« beworben, während »modernes Design« zum ästhetischen Statthalter für die Gebrauchsgüter des tradierten Durchschnittsgeschmacks geworden ist.

Somit auf bloßes Dekor heruntergebracht, treiben Trends die Produktentwicklung heran, hinter denen zumeist nur die neuesten Varianten der immergleichen Abwechslung stehen. Das Problem, mit dessen Lösung Designer in diesem Zusammenhang sich beauftragt sehen, schrumpft darauf zusammen, Spannungsreize für die Vermarktung hedonistischer Lebensstile zu setzen. Aus der Gebrauchsförderung wurde Symbolmanagement, auf *form follows function* folgte *form follows fun*: hier markante Formen für den sportiven Touch kaufkräftiger Oberschichten, dort gedämpfte Töne für den betulichen Geist der neuen Bürgerlichkeit; hier der Retrokult für die Kinder der 68er-Generation, dort das *emotional design* für den breiten Massengeschmack. Gestaltungskonzepte, die etwa Produkte gegen Gefühle eintauschen wollen, sind dabei nur ein jüngeres Beispiel dafür, wie Design heute ausgreift auf den ganzen menschlichen Wahrnehmungsapparat: optisch, haptisch und neuerdings auch akustisch, seit Mercedes-Benz das satte Motorengeräusch der S-Klasse von Tondesignern anmixen lässt. Zudem erstreckt sich die Angebotspalette von Gestaltung nunmehr auf bald alle Lebensbereiche, ablesbar an den zahlreichen Designdisziplinen, die sich seit gut zwanzig Jahren immens vermehren. Was einst als Produktdesign begann, sich als Corporate Design fortsetzte und Anschlüsse im Mode- und Graphikdesign fand, erweitert sich heute auf das Licht-, Kommunikations-, Service-, Web-, News-, TV-, Food-, Experience- und Interaction-Design, um nur die bereits etablierten Sparten zu nennen. So ist es kein Wunder, dass das jüngste Fach in der Gestaltungsbranche »Designmanagement« heißt, weil es inmitten dieses Gestaltungswahns auch Leute geben muss, die den Überblick behalten, sich um Steuerung kümmern und möglichst die Nebenfolgen kontrollieren.

Sein strategischer Einsatz in der Wirtschaft hat »Design« zum Schlüsselwort für die Werbewirkung werden lassen, und so ist uns vom Designermöbel bis zur Designerjeans kaum noch etwas bekannt, was die Gestaltungstechnik unberührt gelassen hätte und sich nicht mit dem Namen ihrer Protagonisten ziert. Selbst die »Designerdroge« fand Eingang in den Sprachgebrauch, wenn auch unter Auslassung ihrer namentlichen Urheberschaft. Der Designboom, wiewohl vor allem durch expansive Märkte entstanden, lebt zudem von dem Vorurteil, dass prinzipiell alles gestaltbar sei und Design ein Unterpfand für die Qualität von Objekten. Zum einen glaubt das Individuum in der heutigen Zeit offenbar, dass die Kontingenzen des Lebens durch planvolle Konstruktionen nachhaltig gebannt werden könnten. Nicht nur ausgesprochene Kontrollfreaks geben sich der Überzeugung hin, dass Design die Erwartbarkeit von Ereignissen und Prozessen zu steigern vermag. Nun wird die Kontrollsucht gewiss dadurch angeregt, dass die schiere Zahl von Objekten, die sich in unserer alltäglichen Verfügung befinden, erheblich gewachsen ist und sich somit – zumal im digitalen Zeitalter – auch die Kontaktzonen zwischen Person und Objekten beständig vermehren. Entsprechend nehmen auch die Handhabungsprobleme zu. Gleichwohl sitzt das Gottvertrauen in die richtig gestalteten Dinge Illusionen und Missverständnissen auf. In der Regel entstehen kreative Lösungen von Handhabungsproblemen weder als Ergebnis geplanter Prozesse noch geht intelligentes Design von der Gewissheit aus, alle Tücken eines Objekts vorausschauend bereits zu kennen. Innovationen etwa, auf die sich die Gestaltungslehre seit je her beruft, entstehen selten aus dem kontrollierten Einsatz instrumentellen Handelns heraus, sondern vielmehr in der nur leidlich kontrollierbaren Auseinandersetzung mit zunächst unübersehbaren Restriktionen und Potentialen. Der Nutzer, der dem Design alles glaubt zutrauen zu dürfen, weist ihm also eine Kontrollmacht zu, über die es vorderhand gar nicht verfügt. Auch gehen dem kontrollfixierten und also designversessenen Subjekt Erfahrungsmöglichkeiten verloren, die gerade darin bestehen, sich Unwägbarkeiten, sofern sie nicht wirklich bedrohlich sind, bisweilen zu überlassen. Manch Glück stellt sich bekanntlich nicht als Ertrag im Voraus bedachter Handlungsschritte ein, sondern im Gefolge unwahrscheinlicher Konstellationen. Die Freude darüber, einen Gegenstand, dessen Existenz man bereits vergessen hatte, zufällig wiederzufinden, setzt eben eine gewisse Unordnung voraus. Das reflektierte Wissen über die Ohnmacht hinsichtlich einer umfassenden Gestaltbarkeit des eigenen Lebens kann eine Wohltat sein. Es entlastet von der Fiktion, erwünschte Ereignisse könnten durch bloß die jeweils richtigen Handlungen verlässlich herbeigeführt werden, und es nimmt dem Individuum das fatale Gefühl, für alle Fehlschläge allein selber verantwortlich zu sein. Nur wer anerkennt, dass uns das Leben auch widerfährt anstatt vollständig den Resultaten eigener Entscheidungen zu folgen, wird von den Gestaltungsoptionen seines Alltags einen vernünftigen und das heißt stets auch begrenzten Gebrauch machen können.

Dieser Einsicht steht jedoch ein zweites kulturelles Syndrom entgegen, das heute die Designpraxis ebenso prägt, wie es von ihr selbst mit hervorgebracht wurde. Es handelt sich dabei um den Kult der Optimierung, der in der Gesellschaft der Gegenwart insgesamt herrscht. Das unternehmerische Selbst, das die moderne Person heute darstellen soll, lebt im Wettbewerb um Ressourcen, Positionen und Chancen und soll sich daher kontinuierlich verbessern. Da es schwer an der Last trägt, zur Eigenverantwortung aufgefordert zu sein, steht die ganze Person mit all ihren Eigenschaften zur Debatte. Erwartet wird Initiativgeist und Motivation. Daher reicht es nicht hin, allein funktionale Kompetenzen zu erwerben, wofür allerdings das richtige Produktdesign schon eine Hilfestellung verspricht. Vielmehr geht es darum, sich auch persönlich dem Geist des flexiblen Kapitalismus anzuverwandeln: beweglich in unterschiedlichen Netzwerken zu sein, Unterscheidungssignale und »Alleinstellungsmerkmale« zu setzen, die *employability* durch richtiges Selbstmanagement zu stärken. Die Optimierungsstrategie, die dem modernen Subjekt dadurch auferlegt ist, stellt sich als ein Steigerungsprogramm von Zugängen und Optionen, von Effektivität und Ertragsgrößen dar. Entsprechend aufwändig fällt der Begleitzug der Dinge aus, die hierfür mutmaßlich notwendig sind und Gewähr für eine zeitgemäße Performance bieten sollen. Natürlich zählt die umfangreiche elektronische Ausrüstung dazu, mit der sich das erfolgreiche Individuum heute umgibt, aber auch alle Objekte, die – damit die Person selbst deutlich in Erscheinung treten kann – als erkennbare Stilelemente wirken müssen. »Leicht« sollten sie sein, polyglott und »modern«, und insgesamt eine »positive« Ausstrahlung besitzen. Die Botschaft der Dinge heißt in diesem Zusammenhang: Es kann alles noch besser werden, werde effektiv und flexibel, schlank und cool wie wir selbst!

Optimierung als Lebenspraxis lässt die Vielzahl der Dinge als unverzichtbar erscheinen und trägt den Gestaltungswahn bis in die feinsten Kapillaren des Alltags hinein. Wenn ein Unternehmen wie Siemens mit dem Slogan *designed for life* auftritt, liegt darin also eine tiefere Wahrheit. Denn nicht nur das Subjekt-Objekt-Verhältnis, dessen Gestaltung Design zur Aufgabe hat, nimmt die Form einer möglichst vollständig durchgeplanten Beziehung an. Auch das Verhältnis, das das moderne Subjekt zu sich selber hat, tritt in eine Objektbeziehung über, in der keine Strebung des eigenen Selbst von den Maximen der kontrollierten Steuerung ausgenommen wird. Funktionstüchtigkeit, Ästhetik und Gefühl scheinen auch bei jedem Einzelnen verbesserungsfähig zu sein und durch richtige Formung dem gestaltenden Zugriff offenzustehen. Die Steigerung des Gebrauchnutzens kehrt wieder als Auftrag zur Selbsteffektivierung, den die Person mit Hilfe von Ratgeberliteratur und Trainings ausführen kann.

»Styling« überträgt sich auf das Äußerliche am Menschen, wo es bis hin zur kosmetischen Chirurgie Anwendung findet. Und das *emotional design* setzt sich fort als Schulungsprogramm für »Emotionale Intelligenz«, das sich anschickt, Gefühle in vermeintlich willentlich gestaltbare Objekte zu verwandeln. So nimmt Design als der Wert, der zunehmend unsere Wahrnehmung bestimmt, schließlich auch das Individuum selber gefangen. Freigang erhält deshalb nur, wer vom Design auch ablassen kann.

Die Tragödie des Erfolgs

Unter allen Idealen, mit denen das moderne Zeitalter die Individuen versorgt, ist der Glaube an den Erfolg von einzigartiger Evidenz. Wie kaum eine andere Sinngebung der Gegenwart ist er zum Leitbild geworden, das Personen, Programme und Organisationen gleichermaßen erfasst. Hohe soziale Plausibilität gewinnt der Erfolg zunächst aus der Unterscheidung, die er gegenüber seinem schlichten Gegenteil trifft: dem Scheitern, dem Fehlschlag, dem Versagen. Wie alle anderen Formen misslungener Handlungsabsichten beziehen sie ihren negativen Wertindex vom erfolgreichen Tun und treten dann als jener Misserfolg auf, an dessen Vermeidung die Richtschnur des Erfolgs sich ausloten kann.

Dies darf solange im Bereich pragmatischer Klugheit verbleiben, wie wir Erfolg als eine fundamentale Handlungskategorie verstehen. Als solche bezeichnet das Verb »erfolgen«, das im deutschen Sprachraum des 17. Jahrhunderts entstand, den Vorgang, etwas zu erreichen oder zu erlangen, was eine Person sich selbst als Ziel gesetzt hat. Als Nomen, das erst mit Anbruch der modernen Gesellschaft Verbreitung fand, besitzt »Erfolg« demgemäß die Bedeutung der positiven Wirkung oder Folge von Handlungen oder Entscheidungen. Schon darin kommt indes die Tendenz zum Ausdruck, Handlungshelden zu unterstellen, die ihren Erfolg allein dem bewusst angestrebten, vernünftig geplanten und zielstrebig ins Werk gesetzten eigenen Tun verdanken. In der Semantik des Erfolgs konstituiert sich das Subjekt als Souverän, der sich »I did it my way« gern als Hymne vorsingt. Freilich wird damit auch das Problem in die Welt gebracht, gesellschaftliche Kontingenzen und das Unverfügbare am eigenen Schicksal in das rationale Schema zielverwirklichenden Handelns hineinzwängen zu müssen. Und so ist das moderne Subjekt notorisch mit Attributionsspielen befasst, aus denen das eigene Selbst als Verursacher von Erfolgen hervorgehen soll, während Fehlschläge ungünstigen Umständen, zufälligen Ereignissen oder der konträren Zielverwirklichung Dritter in Rechnung gestellt werden müssen, deren Erfolge dann die eigenen Misserfolge sind. Erfolg und Misserfolg bedingen einander und steigern sich gegenseitig. Je süchtiger eine Gesellschaft nach dem Erfolg greift, umso mehr Konkurrenten wetteifern um ihn, was eine zunehmende Anzahl von Aspiranten leer ausgehen lässt. Dies ruft neben der marktwirtschaftlichen Vermehrung von Erfolgsangeboten die demokratische Forderung auf den Plan, gleichberechtigt und gerecht verteilt am Erfolg teilhaben zu wollen. Doch wenn alle Erfolg haben, hat ihn keiner, weshalb das Erfolgsstreben sich schließlich selbst vereitelt oder vom Außergewöhnlichen ins Gewöhnliche wandert. Hier angekommen, stehen eine Vielzahl bevorzugt medialer Gelegenheiten bereit, sich der Probe des Auserwähltseins zu unterziehen, wofür sich besonders die vergleichsweise Erfolglosen anbieten, weil an ihrem Geschick das Triumphale des Erfolgs triviale, und das heißt menschliche Züge annehmen kann. Die segensreiche Wirkung, welche die Vermehrung von Erfolgsangeboten einerseits für die Beschwichtigung des Seelenlebens haben mag, schlägt andererseits als Beschwernis zu Buche, ein Scheitern sich einzugestehen und anderen mitteilen zu können. Die moderne »Pflicht zum Erfolg« (Robert K. Merton) holt aber am Ende noch ihren Gegenpart ein, und so kandidiert das Scheitern selbst wiederum dafür, erfolgreich bewältigt werden zu dürfen. Ein existenzialistisches Vademecum in dieser Hinsicht stellt die Heroisierung des Scheiterns im Mythos des Sisyphos dar, den wir uns bekanntlich als einen glücklichen Menschen vorstellen sollen: »Worin bestünde tatsächlich seine Strafe, wenn ihm bei jedem Schritt die Hoffnung auf Erfolg neue Kräfte gäbe?« (Albert Camus). Wer es im Zeitalter der späten Moderne lieber etwas ironischer hat, versucht sich darin, aus der Erfolglosigkeit eine Lebenskunst zu entwickeln und wendet sich an Adressen, die wie *www.schoenerscheitern.de* das gesellschaftliche Erfolgsprogramm als inverse Sinnvariante zelebrieren. Dass Erfolg in der modernen Gesellschaft nichts anderes als ein »Sein für Anderes« (Th. W. Adorno) ist, zeigt sich dann im Versuch, es mit seinem Gegenteil zu probieren.

In Momenten der Nüchternheit allerdings weiß das Subjekt, dass die Zweiwertigkeit des Erfolgs nicht immer seiner Lebenswirklichkeit entspricht. Zwischen Triumph und Scheitern liegt das Reich des Durchwurstelns, das zusammen mit der Improvisationskunst und dem Notbehelf die Niederungen des Alltags regiert. Im Programm des Erfolgs hingegen, das sich die moderne Gesellschaft verordnet, ist das eingeschlossene Dritte ausgeschlossen, da sich hier der Erfolg mit dem Sieg assoziiert, den nur eine/r davontragen kann. Noch die pädagogische Peinlichkeit, mit der heute an Kindergeburtstagen oder im Amateursport von »zweiten und dritten Siegern« gesprochen wird, legt Zeugnis von dem Maßstab ab, der in Wirklichkeit gilt. Die moderne Gesellschaft versteht Erfolg als soziale Durchsetzung im Wettbewerb, die sich an Indikatoren wie Macht, Geld, Titel oder Prestige ablesen lässt. Überall dort, wo Ausscheidungskämpfe die Rangordnung bestimmen, nehmen Erfolge daher die Bedeutung von Siegprämien für die Gewinner an. Sport, Bildungswesen, Wirtschaft und berufliche Karriere sind die klassischen Arenen der Erfolgskonkurrenz, denen sich die persönliche Lebensführung in dem Maße hinzugesellt, wie sich auch Körper- und Persönlichkeitsbilder, Beziehungsformen und Kulturstile zu Schauplätzen von Wettbewerben verwandeln.

Gut sortiert fallen denn auch die Offerten der Erfolgsindustrie aus, die ein ebenso umfassendes wie differenziertes Angebot von Waren und Dienstleistungen präsentiert. Erfolgsratgeber sind hierunter das meistverkaufte Produkt. Sie evozieren als persönliches Manko, was sie gleichzeitig zu beheben vorgeben, und können sich dadurch beständig neue Nachfrage verschaffen. Die Ratgeber von heute bescheiden sich nicht damit, Unterweisungen für die Optimierung des eigenen Handelns zu erteilen. Im Unterschied zur ersten Welle populärer Erfolgsschriften, die in Deutschland mit der Rationalisierungseuphorie der Weimarer Republik entstand, laborieren die »Gefühlsingenieure« (Bertolt Brecht) der Gegenwart nicht allein an der Willensschulung des Subjekts, sich selbst vermittels methodischer Arbeitspläne erfolgreich zu taylorisieren. Neben solchen Modellen der bürokratischen Selbstrationalisierung, die heute vor allem im Gewand elektronischer Programmsprachen auftreten, werden vermehrt Techniken der charismatischen Selbstenthusiasmierung propagiert, die dem Subjekt beibringen sollen, an sich selbst als eine unerschöpfliche Quelle persönlicher Erfolgspotentiale zu glauben. Erfolg sei, »sich beim Blick in den Spiegel vor sich selbst zu verneigen«, verkündet die zeitgenössische Managementliteratur. Prototyp dieser Autosuggestionstechniken ist etwa das »Neurolinguistische Programmieren« (NLP), durch das die Umwandlung negativer Stimmungen und Verhaltensweisen in die bedarfsgerechte Nutzung positiver Energien bewerkstelligt werden soll. Mentale Trainingsprogramme wie diese konzipieren Erfolg als eine Persönlichkeitseigenschaft, weshalb die Aufforderung zur rastlosen Arbeit am richtigen Selbst im Zentrum aller Botschaften steht. Das Zauberwort hierbei lautet »Motivation«, das allerdings offenbart, dass die Kraft zum kontrafaktischen Glauben an die Macht des eigenen Ich nicht unbegrenzt ist. Die pausenlose Einrede des »Du schaffst es!« gerät leicht in Konflikt zur Charakterologie des Erfolgs, die den einzelnen lehrt, sich selbst als »Gewinnertyp« zu entwerfen. Wenn das richtige Selbst sich trotzdem nicht einstellen mag, kann den Gefühlen persönlicher Nichtigkeit nur mit der Selbstinszenierung eines stoischen Optimismus begegnet werden: Positiv denken.

Neben Ratgebern finden auch Erfolgsseminare lebhaftes Interesse. Ihre multimedialen Erziehungsprogramme meinen sie umso glaubhafter vertreten zu können, je authentischer sich ihre Leiter und Protagonisten als leibhaftige Beispiele einer eigenen *success story* inszenieren. Dem Erzählmuster des volkstümlichen Märchens gleich, beginnt eine solche Biographie des Erfolgs am besten im tiefsten Elend, um von dort aus auf dem Weg nach oben alle Wendungen des Schicksals zu nehmen. Die charismatische Wirkung der Anführer im Kampf gegen die Erfolglosigkeit lebt aber davon, dass sie für ihre Gefolgschaft als unerreichbar gelten, weshalb sie eines ständigen Nachschubs an Misserfolgen bei ihren Anhängern bedürfen. Im Falle des eigenen Bankrotts wiederum gehen die Charismatiker von heute morgen schon lautlos in die vergessene Schar ihrer früheren Bewunderer ein, sofern sie ihr Scheitern nicht von neuem erfolgreich zu vermarkten verstehen.

Während all diese mentalen Anstrengungen einzig um des Ziels der eigenen Selbstverbesserung willen geschehen, bleibt der modernen Gesellschaft die notorische Sorge, ob die Klienten des Erfolgs, indem sie sich anschicken, funktional besser werden zu wollen, auch moralisch gut dabei sind. Im Kanon der bürgerlichen Gesellschaft schwankt die Auffassung von Erfolg zwischen dem Instrumentalismus, der dem Durchsetzungswillen an sich eigen ist, und einer Normierung, die das Handeln des erfolgreichen Menschen auf die Verwirklichung bestimmter Werte verpflichten möchte. Vorbürgerliche Gesellschaften kannten diese Verlegenheit nicht und haben deswegen Erfolg problemlos als Kategorie reiner Macht- und Reputationskämpfe verstanden. Unbehelligt von der Last einer moralischen Vorbildfunktion trat die grundlegende Eigenschaft des Erfolgshandelns hervor, sein Ziel in der Wirksamkeit des eigenen Tuns jenseits aller Normbindungen zu finden. Bei der Mittelwahl eines erfolgreichen Akteurs kommt es somit nicht auf Wertrationalität, sondern auf die Regeln strategischer Angemessenheit an, die sich durch das Eintreten eben jenes Zustandes erweist, den eine Person sich herbeigewünscht hatte. Lüge, Grausamkeit oder Bestechung fallen nur unter dem Gesichtspunkt der persönlichen

Zielerreichung ins Gewicht. Dass beim Erfolg allein das Ergebnis entscheidet, hatte Autoren wie Niccolò Machiavelli gerade bewogen, die wirksame Durchsetzung des eigenen Willens zur Macht ins Zentrum ihrer politischen Herrschaftslehren zu stellen. Folgerichtig ist dem nach Erfolg strebenden Machthaber zu raten, bei steter Beobachtung konkurrierender Strategien und unter Ausnutzung gegnerischer Schwächen möglichst effektiv dem eigenen Vorteil zu dienen. Vergleichbare Maximen galten noch für jene Kunstlehren der Herabsetzung und Demütigung, die in der aristokratischen Kultur des europäischen Absolutismus die literarische Gattung der »Immoralistik« begründet haben, Lehrbücher der »Kriegskunst des Zwischenmenschlichen« (Henning Ritter), deren Anschauungsmaterial sich vor allem aus der Beobachtung höfischer Ränkespiele gewann. Als Kompendien erfolgreicher Mikropolitik haben sie zeitlose Einsichten darüber hinterlassen, wie man im sozialen Nahkampf andere unterordnen und sich selbst an die Macht drängen kann. So werden wir etwa darüber belehrt, im Wettbewerb von Geltungsdrang und Ehrsucht nur diejenigen Rivalen zu loben, die wir bereits übertroffen haben, und als erprobter Gegenzug Ebenbürtigen gegenüber wird empfohlen, ihnen jene Fähigkeiten abzusprechen, auf die sie sich etwas zugute halten, den Konkurrenten aber zuzugestehen, wofür sie sich schämen würden.

Den Erfolgsschriften der heutigen Zeit mangelt es an solch Raffinement und auch an Souveränität in der Empfehlung des Bösen, obgleich nicht wenige von ihnen mit der Lust an einer gewissen anarchischen Rohheit sich zieren: »Hüten Sie sich vor Freunden. Wenn Sie keine Feinde haben, finden Sie Mittel und Wege, sich welche zu machen«, heißt es zum Beispiel an zweiter Stelle der *48 Gesetze der Macht* (Robert Greene), die auch in den restlichen Paragraphen nur grobschlächtige Durchhalteparolen für Machtlose verkünden. Selbst ein *Machiavelli für Frauen* (Harriet Rubin) hält nicht, was er verspricht. Wie andere Titel aus dem heutigen Schrifttum für das erfolgsbesorgte Subjekt beschwört er eine verborgene Selbstmächtigkeit, die sich im Angebot, anhand von Lehrgängen, Ratgebern, Videokassetten und Tagesplanern sich zum Erfolg führen zu lassen, sogleich wieder dementiert. Ähnliches ließe sich auch von jenen Ratgebern sagen, die uns beibringen wollen, die *Kunst, ein Egoist zu sein* (Josef Kirschner) zu erlernen oder das *Zicken-Prinzip* (Renate Haen) zu beherrschen. Immer geht es darum, denjenigen, die man vorgeblich stark machen möchte, erst ihre Schwäche einzureden, damit sie bereit sind, das Angebot zur mentalen Führung tatsächlich anzunehmen.

Ein nicht weniger auffälliges Merkmal der heutigen Ratgeberliteratur ist, vergessen zu machen, dass in der Wettbewerbsgesellschaft Erfolge nicht zuletzt davon abhängig sind, seinen Konkurrenten Misserfolge bereiten zu können. Da es vermeintlich nur ganz auf die eigene Durchsetzungsfähigkeit ankommen soll, spielt der Durchsetzungswillen der anderen höchstens die Rolle, als Drohung im Hintergrund zu fungieren. Dass sich Erfolg häufig genug nur durch direkte Schädigung anderer bewerkstelligen lässt, taucht als verschwiegene Botschaft auf, zu der sich die Ratgeber meist nicht offen bekennen. Vielmehr vertrauen sie darauf, dass die Leser dies zwischen den Zeilen schon richtig verstehen werden. Um zumindest wie viel ehrlicher klingt da doch der Ausspruch des amerikanischen Broadwaymoguls David Merrick aus den 1950er Jahren, den in seiner *Late Night Show* Harald Schmidt immer wieder gerne zitierte: »Es reicht mir nicht, Erfolg zu haben. Andere sollen scheitern«.

Von den aktuellen Erfolgsratgebern verzichten hingegen nur die wenigsten darauf, neben gesteigertem Machtsinn und effektivem Selbstmanagement auch ein erfülltes Leben, Persönlichkeitsentwicklung, spirituelle Erleuchtung und die »Anerkennung ihres Umfelds« zu versprechen – späte Zeugnisse ihrer Entstehung aus jener Erweckungsliteratur, die im 19. Jahrhundert eifernde Evangelisten in den Vereinigten Staaten erfunden haben. Ihrem Werthorizont entstammt, was dem Erfolg seither als besondere Bürde auferlegt ist, nämlich nicht nur als Faktum, sondern auch als Verdienst gelten zu müssen. Schließlich wird nicht jede erfolgreich zu Ende gebrachte Handlungsabsicht von der modernen Gesellschaft auch als wünschenswert ratifiziert und mit jenen Formen von Anerkennung versehen, die gemeinhin notwendig sind, soll die Zielverwirklichung einer Person als »Erfolg« gewürdigt werden. Der »Erfolgsmanager« ist der Öffentlichkeit weithin bekannt, ein »Erfolgsverbrecher« ist dagegen unter den einschlägigen Komposita selten zu finden.

Unter allen Wertsetzungen, die sich mit Erfolg positiv assoziieren, hat die Norm des »Leistungserfolgs« (Talcott Parsons) die nachhaltigste Wirkung gehabt. Ursprünglich aus der religiösen Idee des Protestantismus abgeleitet, »dass Gott selbst es sei, der durch den Erfolg der Arbeit die Seinen segne« (Max Weber), ließ sie das spezifische Ethos entstehen, gesellschaftlichen Erfolg nur als Wertbeweis eigener Leistungen anzuerkennen. Die Norm des Leistungserfolgs hat sich jedoch stets in das Problem verstrickt, Leistungen dann auch bemessen und vergleichen zu müssen. Im modernen Kapitalismus kommt dem Markt die Aufgabe zu, über den Erfolg von Leistungen zu befinden. Märkte sind erfolgsorientiert, da sie sich nur für wirtschaftliche Ergebnisse interessieren. Was sich nicht gut verkaufen lässt, ist als Leistung wertlos geworden, weshalb Leistungen nicht nur erbracht, sondern auch erfolgreich abgesetzt werden wollen.

Umgekehrt muss nicht jeder Markterfolg schon auf Leistungen beruhen, da sich Märkte allein nach der Nachfrage richten. Das Begehren aber sucht sich bekanntlich auch seltsame Wege. Wenn – wie Slavoj Žižek dies einmal aus Japan berichtet hat – in Tokio ein Markt für die getragene Unterwäsche von Schulmädchen existiert, liegen den entsprechenden Angeboten »Leistungen« zugrunde, die den Evangelisten des Leistungsprinzips Kopfzerbrechen bereitet hätten. Schließlich stellen sich Markterfolge nicht selten ohne persönliches Zutun und somit leistungslos ein. Die Kontingenz der Finanzmärkte lässt Gewinne auf unkalkulierbare Weise entstehen – und wieder verschwinden. Und auch die Performanzkultur des heutigen Kapitalismus wirft hohe finanzielle Gewinne für Bestrebungen ab, welche die protestantische Ethik eigentlich Arbeitsleistungen vorbehalten wollte. In Medien, Marketing und (Selbst-)Management zählt dazu vor allem die Erzeugung von Aufmerksamkeit, die gerade auch dann als erfolgreichste aller Leistungen auftritt, wenn sie die öffentliche Beachtung allein auf den Tatbestand der Aufmerksamkeit selbst auszurichten vermag. »Entweder Sie fallen auf oder Sie fallen durch«, wie es in der Werbung für ein aktuelles Ratgeberbuch zum Selbstmanagement heißt.

Die Anforderungen an das moderne Subjekt verlagern sich dadurch von der Leistungsfähigkeit auf seine »Erfolgstüchtigkeit« (Gustav Ichheiser), mithin auf die persönliche Darstellungskompetenz, jede Leistung als außergewöhnlichen Erfolg, und jeden Erfolg als Ergebnis eigener Leistungen zu präsentieren. Sollen die Erfolgreichen abseits der üblichen Standards von Pflichterfüllung und Leistungseinsatz von anderen sichtlich zu unterscheiden sein, müssen sie sich als bedeutend und herausragend inszenieren. So entsteht aus dem Leistungsethos, was es schließlich am meisten gefährdet: das Verlangen nach »Distinktionsanerkennung« (Tzvetan Todorov), die Bewunderung für die eigene Ausgefallenheit und Einzigartigkeit will. Doch wenn alle in ihrer Besonderheit auffallen wollen, fällt niemand besonders mehr auf, weil sich im individuellen Erfolgsstreben dann nur die Ähnlichkeit mit anderen zeigt. Am Ende stellt Erfolg genau jene soziale Grauzone der unauffälligen Anpassung dar, der das Subjekt mit seiner Hilfe entfliehen wollte. Auf der Strecke bleibt dabei auch das Bedürfnis, im Erfolg das eigene Selbstbewusstsein zu stärken, das ganz in Abhängigkeit von den Einschätzungen Dritter gerät. Wer vor allem als erfolgstüchtig gilt, wird vielleicht beneidet, aber kaum respektiert, was eine schmerzliche Lücke im Selbst der Erfolgsperson hinterlässt, die gern auch als Mensch anerkannt werden möchte.

Dass dem Erfolg schließlich die Werte geopfert werden, ist die Angst, welche die moderne Gesellschaft beschleicht. Wenn der Erfolg auf dem Markt den sachlichen Qualitäten subjektiver Anstrengungen vorrangig ist und seine Kulturbedeutung eine so zentrale Stellung einnimmt, dass er mit allen Mitteln angestrebt werden muss, treibt der soziale Durchsetzungskampf die Moral aus, die durch ihn doch Verbreitung finden sollte. Und so ist mit den modernen Erfolgsprogrammen seit je her die Sorge verknüpft, dass Wertverwirklichung zum Wertverlust führen muss. Für die Gesellschaft der Vereinigten Staaten hat Robert K. Merton einmal bemerkt, dass ausgerechnet die amerikanische Kardinaltugend des Erfolgsstrebens der amerikanischen Todsünde des abweichenden Verhaltens den stärksten Vorschub leiste. Die Gegenwart hingegen hat auch die Abweichung zur Erfolgstugend gemacht, was ihr nun die Befürchtung einträgt, noch im Erfolg nicht auffällig genug und auf Dauer zur Überbietung bereits erzielter Erfolge nicht in der Lage zu sein. Denn jeder Erfolg ist notwendig relativ. Da er sich nur im Vergleich zu Konkurrenten oder früheren eigenen Wettbewerbsplätzen manifestiert, wohnt ihm die Tendenz der Unabschließbarkeit inne. Um als Erfolg stets erneut in Erscheinung treten zu können, muss er auf Wiederholung und andauernde Steigerung angelegt sein. Sein Zeitmaß ist die permanente Gegenwart, da Zurückliegendes sich schnell in der Beachtung verbraucht. Im Erfolgsstreben ist das Subjekt daher unablässig in einer Flucht nach vorn gefangen, die auf längere Sicht selbst wieder zum Scheitern verurteilt ist. Paradoxerweise aber ist Scheitern, fällt es in einer Kombination von äußerem Nichts und eigenem Selbstverlust nur hinreichend vollständig aus, vielleicht die einzige »unmittelbare Erfahrung des Unendlichen und Absoluten« (Tzvetan Todorov), welche die moderne Gesellschaft ihren Subjekten gewährt. Insofern ist Erfolg die Einheit einer Differenz, in der das Subjekt am Ende sich selbst vergessen darf.

III. Gefühlskapitalismus

Emotion by design: Das Selbstmanagement der Gefühle als kulturelles Programm

Der Prozess gesellschaftlicher Gefühlsregulationen ist in der soziologischen Theoriegeschichte als Ausbreitung von Selbstzwängen, als Versachlichung und Rationalisierung beschrieben worden. Insbesondere die wirtschaftliche Organisation der modernen Gesellschaft wurde dabei als eine treibende Kraft identifiziert, durch welche die emotionalen Dimensionen von Erleben und Handeln gemäßigt worden seien. So trugen Norbert Elias (1979: 328f.) zufolge die Verflechtungszwänge der komplexer werdenden ökonomischen Austauschbeziehungen wesentlich zur Verstärkung der Affektkontrolle bei. Und Georg Simmel vermochte als Folge der sich damit ausbreitenden Geldwirtschaft die »Abflachung des Gefühlslebens« (Simmel 1999: 595) als emotionales Merkmal des modernen Lebensstils zu erkennen. Max Weber wiederum betrachtete das »Charisma«, die am stärksten gefühlsgestützte Variante des Herrschaftsglaubens, als eine »notwendig außerwirtschaftliche Macht« und »alsbald in seiner Virulenz gefährdet, wenn die Interessen des ökonomischen Alltags zur Übermacht gelangen« (Weber 1980: 660), weshalb im modernen Kapitalismus der Weg des Charismas von einem »stürmisch-emotionalen wirtschaftsfremden Leben zum langsamen Erstickungstod« (ebd.: 661) vorgezeichnet sei.

Die Annahme, dass die Sphären des Marktes und der Geldökonomie, dass das Innenleben moderner Wirtschaftsorganisationen und Arbeitswelten gleichsam gefühlskalte Zonen seien, findet sich schließlich noch in den negativsten Urteilen, die der Kapitalismus in der Gesellschaftstheorie fand, und so heißt es etwa in der Entfremdungskritik, die Horkheimer und Adorno in der *Dialektik der Aufklärung* hinterließen, dass aufgrund des Imperativs einer instrumentellen Vernunft die intimsten Reaktionen der Menschen ihnen selbst gegenüber so vollkommen verdinglicht seien, dass »*personality* […] ihnen kaum mehr etwas anderes (bedeutet) als blendend weiße Zähne und Freiheit von Achselschweiß und Emotionen« (Horkheimer/Adorno 1969: 176).

Die moderne Emotionssoziologie hat demgegenüber vielfach nachweisen können, dass wirtschaftliche Organisationen und ihre Akteure Emotionen weder aus ihren Funktionskreisen ausschalten können noch darauf verzichten, Gefühle für ökonomische Zwecke zu nutzen (vgl. Flam 1990; Fineman 2000; Schreyögg/Sydow 2001). Statt von »affektiver Neutralität«, wie Parsons (Parsons/Shils 1951: 77ff.) die moderne Handlungsorientierung beschrieb, sind wirtschaftliche Prozesse durch je spezifische Formen des Emotionsmanagements begleitet, in denen der Gefühlshaushalt von Unternehmensführern und Beschäftigten, von Geschäftsleuten, Anlegern, Kunden und Dienstleistern eine Modellierung erfährt. »Sachlichkeit« als Handlungsideal hat sich in der Ökonomie moderner Marktgesellschaften längst zersetzt, sofern es die wirtschaftliche Handlungssphäre überhaupt je dominant prägte. Produkte und Verkaufsakte werden heute gezielt mit Gefühlen aufgeladen, wovon das *emotional design* in der Gestaltung moderner Konsumgüter ebenso Zeugnis ablegt wie die euphorische Theatralisierung von Marken, die der Beobachter am besten in der »Autostadt« von VW, in jedem »Nike«-Store oder in solchen Erlebniseinkaufsstätten wie dem »CentrOberhausen« bewundern kann.

Die ökonomische Strategie, massenhafte Standardgüter und standardisierte Dienstleistungen als vermeintlich unverfälschte und einzigartige Produkte zu vertreiben, lässt Beschäftigte in den Konsum- und Serviceberufen als gleichsam lebende »Authentizitätsreserven« (Boltanski/Chiapello 2003: 478) fungieren, die mit all ihren individuellen Eigenschaften die Illusion des »persönlichen Angebots« bekräftigen sollen. Gefühle werden in diesem Zusammenhang als glaubhaftestes Dokument persönlicher Authentizität betrachtet, weshalb die Emotionalisierung von Produkten und Kundenkontakten vom Management ausdrücklich angestrebt wird. Auch hat sich das Personalwesen in wirtschaftlichen Organisationen heute ganz auf die Psychologisierung der Führungskommunikation zwischen Vorgesetzten und Untergebenen verlegt (vgl. Pongratz 2004), was im Alltag betrieblicher Aushandlungsprozesse emotionale Kompetenzen zugleich schult wie erforderlich macht.

Ökonomisches Handeln stellt emotionssoziologisch also keinen Sonderfall sozialen Handelns dar. Wie die soziale Handlungspraxis im Ganzen, sind auch wirtschaftliche Prozesse mit Gefühlen verbunden, in denen entsprechende Ereignisse eine innere Bewertung bei wirtschaftlichen Akteuren erleben, die vermittels ihrer Gefühle diese Einschätzungen zugleich nach außen hin signalisieren. Panikkäufe sind ebenso ein Beispiel hierfür wie die Scham des wirtschaftlichen Bankrotts oder der freudige Enthusiasmus einer Börsenrallye. Und wie in allen anderen gesellschaftlichen Bereichen geben auch im ökonomischen Feld soziale Institutionen jeweils spezifische Gefühlsregeln vor, nach denen Akteure Emotionen in sozial erwünschter Weise erleben und ausdrücken sollen. »Affektive Neutralität« mag, wo sie wirtschaftlich zweckmäßig ist, als ökonomische Gefühlsnorm fungieren. Aus emotionssoziologischer Sicht indiziert diese Norm indes nur den Sachverhalt, dass wirtschaftliche Akteure mitnichten emotionslos materielle Interessen verfolgen, weshalb Gefühlsregeln auch in der ökonomischen Praxis eine soziale Notwendigkeit und subjektives Emotionsmanagement eine ökonomische Anforderung sind.

Zwei Thesen der soziologischen Forschung: Entfremdung vs. Informalisierung

Welcher Natur allerdings dieses Emotionsmanagement ist, darüber herrscht bei allen Gemeinsamkeiten der Emotionssoziologie doch weitreichend Uneinigkeit. Ganz in der Linie der Entfremdungskritik, die im modernen Kapitalismus eine Domestizierung der Emotionen am Werke sieht, stehen etwa die Untersuchungen von Arlie Hochschild, die in ihrem bekanntesten Werk *The Managed Heart* (Hochschild 1990) die Kommerzialisierung von Gefühlen in modernen Serviceberufen auf die soziologische Anklagebank setzte. Im Zentrum der Arbeiten Hochschilds steht die Aussage, dass Angestellte im Dienstleistungssektor in zweierlei Weise zu einer Art »mentaler Selbstmanipulation« (Rastetter 2001: 117) gezwungen seien. Den Darstellungsregeln moderner Kundenorientierung entsprechend, würden sie zum einen veranlasst, an der sichtbaren Außenseite des Verhaltens Gefühle zu zeigen, die sie nicht wirklich empfinden. In beruflichen Stress-Situationen setzten überdies Strategien des emotionalen Tiefenhandelns ein, mit denen die je adäquaten Gefühle vom Akteur selbst erzeugt werden müssten. Im Ergebnis dieser Anforderungen des Gefühlsmanagements entsteht Hochschild zufolge eine Kluft zwischen emotionalem Ausdruck und emotionalem Erleben sowie eine strategische Einübung emotionaler Inauthentizität, welche die Gefühlswelt des einzelnen ihm selbst äußerlich macht. Der Markt und die instrumentellen Beziehungen, die er zwischen Akteuren stiftet, kolonialisiert danach die Subjektivität bis in die Tiefenschicht der Emotionen hinein.

Hochschilds Untersuchungen haben – neben der soziologischen Emotionsforschung – vor allem auch in der Arbeitssoziologie zahlreiche Debatten und Kritik ausgelöst. Neuere Studien zur Dienstleistungsarbeit etwa machen darauf aufmerksam, dass Emotionsmanagement auch aus subjektiven Steuerungsleistungen gegenüber Kunden, Vorgesetzten und Kollegen besteht, durch die interaktive Machtgewinne möglich sind. Diese Machtgewinne könnten von den Beschäftigten auch als Bestätigung der eigenen Wirkung anderen gegenüber erlebt werden und ihr Selbstbewusstsein stärken (vgl. zur Diskussion Thoits 2004; Voswinkel 2004).

Weit über diese Detailkritik hinaus gehen die Einwände, die von den zeitgenössischen Vertretern der Zivilisationstheorie formuliert worden sind. Die Entfremdungskritik am Emotionsmanagement evoziere das trügerische Bild einer vermeintlich authentischen Emotionalität, die tatsächlich jedoch durch sozial habitualisierte Muster stets schon mitgeformt werde. Zudem erlaube die Informalisierung von Gefühlsregeln, die seit der zweiten Hälfte des 20. Jahrhunderts allgemein Verbreitung gefunden hätte, eine Lockerung emotionaler Disziplin, die in der Entfremdungskritik gar keine Berücksichtigung fände. Zu den auffälligen Veränderungen in den Umgangsformen, welche die Zeitdiagnose der Informalisierung sozialer Verhaltensstandards in kritischer Abarbeitung an dem Werk von Norbert Elias konstatiert, gehöre auch eine weitgehende Akzeptanz expressiver Gefühlsmuster – mithin das Gegenteil jener Entwicklung, welche die klassische Zivilisationstheorie als moderne Ausbreitung emotionaler Kontrolle in den Blick genommen hatte. Auch in den modernen Serviceberufen nähme die Reichweite, Dichte und Rigidität sozialer Gefühlskontrollen tendenziell ab, während sich umgekehrt die emotionale Kultur der Gegenwart viel stärker auf eine vergleichsweise zwanglose und flexible Form von Selbststeuerung hin bewege (vgl. Wouters 1999: 143ff.).

So stehen sich heute in der Soziologie der Gefühle zwei Auffassungen über gesellschaftliche Emotionsregulierung gegenüber: In der These der Disziplinierung läuft die kommerzielle Nutzung von Gefühlen auf deren Konditionierung hinaus, was soziales Leid und Entfremdung auslösen soll. Die Diagnose einer Informalisierung von Gefühlsregeln hingegen stellt auf die Zunahme von persönlicher Autonomie in der Gestaltung des emotionalen Ausdrucks ab, was nicht zuletzt Resultat einer erheblichen Lockerung der Fremd- und Selbstzwänge in der modernen Emotionskultur sei.

Als Gemeinsamkeit beider Positionen ist allenfalls zu verbuchen, dass in den so gegenläufigen Zeitdiagnosen offensichtlich gleichermaßen eine Veränderung in den Blick genommen wird, die man als »Subjektivierung« des Emotionsmanagements bezeichnen kann. In der Entfremdungskritik nimmt diese Subjektivierung eine strategische Ausprägung an. In neueren Analysen spricht Hochschild etwa davon, dass Akteure heute erlernten, ihre Gefühle als »emotionales Kapital« zu begreifen und sich selbst als »emotional entrepreneurs« zu verhalten, die auf den Arbeits- und Beziehungsmärkten Gefühle zum Zwecke sozialer Wertschätzung gezielt investieren und auch wieder stornieren müssten (vgl. Hochschild 1998: 10ff.). Die Informalisierungsthese legt demgegenüber Subjektivierung als gesteigerte Selbstreflexivität des eigenen Gefühlslebens aus. Sie verdanke sich einem stärkeren allgemeinen Bewusstsein davon, dass Emotionen stets auch soziale Konstrukte sind, sowie wachsenden Anforderungen an die individuelle emotionale Selbstregulation (vgl. Wouters 1999: 61ff.).

Emotionales Selbstmanagement im »flexiblen Kapitalismus«

Das gemeinsame Dritte in den Debatten der aktuellen Emotionssoziologie scheint also das Bild eines Akteurs zu sein, der seine Gefühle in zunehmendem Maße als eigene Aufgabe begreifen darf oder soll und hierbei entweder neue Freiheitsspielräume nutzt oder veränderten gesellschaftlichen Zwängen gehorcht. In dieser Alternative betritt die Soziologie der Gefühle ein Terrain, das der soziologischen Zeitdiagnose im Ganzen heute nicht unbekannt ist. Zahlreiche Vorschläge zur soziologischen Deutung der Gegenwart beschäftigen sich mit der paradoxen Entwicklung, dass zunehmende Freiheiten und zunehmender Zwang einander korrespondieren und sich nicht etwa begrenzen (vgl. Honneth 2002). Vor allem jene Analysen, welche die moderne Marktgesellschaft zum Gegenstand haben, sprechen davon, dass der »flexible Kapitalismus« Autonomie und Kontrolle unauflösbar ineinander verschränkt. Als Subjektivierung wird hier der Vorgang verstanden, individuelle Eigenschaften und Bedürfnisse umfassend in die Funktionsweise von Arbeit und Markt zu integrieren (vgl. Kocyba 2000; Lohr 2003). Insofern von Beschäftigten Arbeitsfreude erwartet und zugleich selbst angestrebt wird, unternehmerische »Visionen« Begeisterung auslösen sollen, mannigfaltige Formen von Einfühlung das kom-

munikative Arbeitshandeln prägen, und Beschäftigte sich selbst motivieren
wollen und müssen, entsteht in den modernen Strukturen der Arbeitswelt
ein Nexus von »Emotionalität und Effizienz« (Pongratz 2002), der zweck-
rationales und emotionales Handeln ununterscheidbar miteinander verbindet.

Luc Boltanski und Ève Chiapello (2003: 152ff., 449ff.) haben in ihrem
Buch über den »neuen Geist des Kapitalismus« diese Entwicklung als Ausdruck einer neuen Rechtfertigungsordnung der gesellschaftlichen Statusverteilung interpretiert. Sie basiert darauf, dass der Netzwerkkapitalismus
der Gegenwart die einst starren Grenzen zwischen Privatheit und Arbeitswelt einbrechen lässt und vom Einzelnen die Bereitschaft verlangt, persönliche Kompetenzen und emotionale Ressourcen im Dienst eigenverant-
wortlich gesetzter Projektziele einzusetzen. Soziale Wertschätzung und
gesellschaftliche Vorteile erhalten danach Akteure, die Arbeit als Entfal-
tung ihrer Persönlichkeit interpretieren, Eigeninitiative, Selbstverantwortung, Kontaktfreude, Vertrauenswürdigkeit und ein authentisches Selbst im
Berufsleben zeigen und sich hierfür all ihrer mentalen Fähigkeiten bedienen. Da dieser neue Synkretismus von Ökonomie und Lebensform aber
nicht nur Bedürfnis, sondern ebenso Zumutung ist, wächst der Wunsch
wie die Notwendigkeit, sich dem aktivistischen Ethos des neuen Kapitalismus durch »Selbstmanagement« persönlich anzuverwandeln.

Richtiges Selbstmanagement ist denn auch zum Fluchtpunkt geworden,
auf den das heute ökonomisch maßgebliche Personenkonzept zulaufen
soll. Und angesichts der beschriebenen Umbrüche verwundert es nicht,
dass es hierbei vor allem das emotionale Selbstmanagement ist, das im
Zentrum der Bemühungen um die flexible Persönlichkeit steht. Als einen
Indikator hierfür dürfen wir die Flut von Ratgebern und populären Sach-
büchern betrachten, die sich mit der Bedeutung von Gefühlen für Alltags-
welt und Berufsleben befassen. Im Unterschied zu früheren Wellen populärer Lebenshilfeliteratur bescheiden sich die Ratgeber von heute nicht
darin, Unterweisungen für die Rationalisierung des eigenen Handelns zu
erteilen, um sich vermittels methodischer Arbeitspläne erfolgreich zu ef-
fektivieren. Vielmehr werden von den »Gefühlsingenieuren« (Bertolt
Brecht) der Gegenwart Techniken des emotionalen *Empowerment* propagiert, die dem Individuum Kenntnisse und Handreichungen für das richtige Gefühlsleben beibringen sollen. Entsprechende Titel lauten zum Beispiel:

Die Glücksformel – Wie die guten Gefühle entstehen (Klein 2003);
Die Kraft der positiven Gefühle – Mit neuen Mentaltechniken innerlich
frei werden (Schmidt 2001), oder auch: Emotionales Management. Erfolgsfaktoren sozial kompetenter Führung
(Gonschorrek/Berg 2002).

Das gemeinsame Merkmal dieser Ratgeberliteratur ist, Anleitungen zur
emotionalen Selbststeuerung mit dem Versprechen zu verknüpfen, Emotionen anderer Akteure erfolgreich kontrollieren zu können. Emotionales
Selbstmanagement wird als Rezeptwissen aufbereitet und zum Verkauf
angeboten,»transforming emotion into a marketable product« (Fineman
2000: 102). Als Marktprodukt hat sich die Emotionsberatung vor allem im
therapeutischen Feld sowie im Gebiet des Organisationsmanagements zu
bewähren, wo die emotionale Selbst- und Fremdsteuerung als neuartiger
blueprint zur Lösung verschiedenartigster Effizienzprobleme modernen
Managements gilt. In beiden Fällen werden Emotionen nicht um ihrer
selbst willen reflektiert, sondern aufgrund ihrer Nützlichkeit für die Realisierung von Zwecken, die dem eher rationalen Kalkül unterliegen, Sicherheit, Wohlbefinden und Wirkung des eigenen Selbst durch ein vermehrtes
Emotionswissen zu steigern.

In der Vereinigung von emotionalen Selbstverwirklichungspostulaten
(»innerlich frei werden«), strategischer Emotionskunde (»Erfolgsfaktor«)
und der Verheißung subjektiver Befriedigung (»gute Gefühle«) gehören die
Ratgeber zum emotionalen Selbstmanagement damit in typischer Weise zu
jenem Korpus neuerer Managementtexte seit den 1990er Jahren, aus dem
Boltanski und Chiapello die Maximen der sozialen Bewertungsordnung im
gegenwärtigen Netzwerkkapitalismus erschlossen haben. Dieser Bewertungsordnung ist eigen, dass sie die gesellschaftlich weit verbreitete Kritik
nicht zuletzt an der emotionalen»Kälte« des hergebrachten Industriekapitalismus in sich aufgenommen hat und in eine»Ökonomisierung des Authentischen« (Boltanski/Chiapello 2003: 478) überführt. Als wichtigster
Indikator für Authentizität firmiert hierbei die»unverfälschte« Emotionalität einer Person, welche mit der»Natürlichkeit« ihrer Gefühle anzeigen
soll, dass die Verwirklichung subjektiver Bedürfnisse und funktionale Anpassungsleistungen vermeintlich keine Gegensätze sind.

Wird daher die»Wertigkeit (von Menschen) immer häufiger an ihrem
Selbstverwirklichungspotenzial gemessen« (ebd.: 462), kommt der Emotionalität von Personen eine vorher kaum gekannte Beachtung zu. Zu den
besonders wertgeschätzten Befähigungen und Eigenschaften in der Rekru-

tierung von Arbeitspersonal gehört nun, sich als beziehungsoffen und
kommunikationsfähig zu erweisen, um durch die Darstellung eines »um-
gänglichen Charakters«, durch »zuverlässige Beurteilung der Gefühlslagen
anderer« und die glaubhafte Präsentation angstfreier Unmittelbarkeit in der
Lage zu sein, an flexiblen Netzwerken zu partizipieren und wechselnden
Berufssituationen immer wieder aufs Neue Enthusiasmus entgegenzubrin-
gen (vgl. ebd.: 158ff.). »Gefühlsarbeit«, deren Rezepte die Ratgeberliteratur
heute weithin offeriert, vermittelt somit Schlüsselkompetenzen, die nicht
nur in den Servicebranchen der »smile industry« (Fineman 2000: 107)
nachgefragt werden, sondern zunehmend auch die Bewertung von Mitab-
eitern in den sonstigen Sphären moderner Unternehmensführung bestimmen.

Die Ratgeberliteratur ist jedoch nur eines der Elemente im aktuellen
Diskurs gesellschaftlicher Gefühlsregulierung, der neben Medien und Öffentlichkeit heute Arbeit und Management, Beratung, Training und Thera-
pie weiträumig prägt. Zahlreiche Wissensformen zielen darauf, Emotionen
für instrumentelle Zwecke verfügbar zu machen. Zumeist liegt diesem
populären Emotionswissen die Vorstellung zugrunde, dass Menschen ihre
Gefühle selbst wählen könnten, wenn sie nur über bestimmte erlernbare
Fertigkeiten verfügten. Gefühle müssen demnach nicht erst im Innern
gesucht werden, wie in der post-68er-Zeit die Kultur der emotionalen
Selbstfindung empfahl. Da wir uns Gefühle vielmehr aussuchen könnten,
stünden sie uns zum persönlichen Selbstmanagement frei. So ist der
Glaube an die persönliche Wählbarkeit der Gefühle denn auch Grundlage
zahlreicher Trainingsprogramme und Kurztherapien. Am erfolgreichsten in
diesem Feld ist gegenwärtig das »Neurolinguistische Programmieren«
(NLP), eine Kombination von verhaltenstherapeutischen Techniken, Hyp-
nosetherapie und Esoterik und heutzutage in Unternehmensberatung,
Coaching und Managementtheorien weit verbreitet. NLP erklärt Emotionen zu optionalen »Zielzuständen« und gibt sich als Curriculum hierfür
aus. Entsprechend heißt es in einer Schulungsschrift für NLP-Trainer:
»Wenn Sie lernen, Ihren emotionalen Zustand, das heißt, Ihre Gedanken
und Gefühle selbst zu wählen, dann fließen Ihnen Ihre Fertigkeiten wie
von selbst zu, und Sie werden in der Lage sein, mit der geringsten Anstrengung die ganze Zeit über das Beste zu tun […] Und natürlich ist die Veränderung Ihres eigenen emotionalen Zustands eines der leichtesten Wege,
Ihr Publikum zu beeinflussen und auch dessen emotionalen Zustand zu
verändern« (O'Connor/Seymour 1996: 146).

Selbst viele philosophische Ratgeber zur richtigen Lebenskunst versuchen sich schließlich darin, für den gebildeten, aber gefühlsmäßig verstimmten Leser ein emotionales Sonnenstudio zu errichten. Als Beispiele für eine derartige Wellnessphilosophie stehen etwa die Bestseller von Alain de Botton (2004), der Anleitungen zur emotionalen Umdeutung moderner Statusängste offeriert. Bei seinen philosophischen Ratschlägen schreckt er vor keiner Trivialität zurück, und so empfiehlt er zum Beispiel, sich beim Aufkommen bedrängender Neidgefühle die versöhnlich stimmende Aussicht vor Augen zu halten, dass auf dem Friedhof schließlich alle Konkurrenten gleich sein werden.

Beispiel »Emotionale Intelligenz«

Das aktuell gewiss einflussreichste Konzept des emotionalen Selbstmanagements ist aber jenes der »emotionalen Intelligenz«, das der amerikanische Psychologe Daniel Goleman (1997) populär gemacht hat.[1] Golemans Konzept teilt mit anderen mentalen Trainingsprogrammen eine Reihe von Eigenschaften, vor allem methodischer Art. Dazu gehören Anleitungen zur Autosuggestion und zum sogenannten »re-framing«, wodurch schmerzhafte Erlebnisse in motivierende Erfahrungen und negative Stimmungen in positive Energien verwandelt werden sollen.[2] Im Zentrum stehen Techniken der charismatischen Selbstenthusiasmierung, die dem Individuum eingeben, an sich als eine unerschöpfliche Quelle persönlicher Potentiale zu glauben, weshalb die Aufforderung zur rastlosen Arbeit am richtigen Selbst im Zentrum aller Botschaften steht. Das Zauberwort hierbei lautet

---

1   Wissenschaftlich wurde das Konzept der »emotionalen Intelligenz« 1990 zunächst von den amerikanischen Psychologen Peter Salovey und John D. Mayer entwickelt (vgl. zuletzt Salovey et al. 2004), die sich mittlerweile von der populären Version, die Goleman ihm gegeben hat, deutlich abgrenzen (vgl. ebd.: 326).

2   Zu den Verfahren der emotionalen Selbstregulation im Allgemeinen vgl. Leary 2003: 781f., der als einzelne Methoden die Anpassung subjektiver Erwartungen, die Auswahl passender sozialer Vergleiche sowie die Modifikation von Aufmerksamkeit unterscheidet. All diese Methoden finden sich auch im Konzept der »emotionalen Intelligenz« wieder – etwa als Technik der »optimistischen Verleugnung« (Goleman 1997: 103), als Hinweise zur »Verlagerung der Aufmerksamkeit« (ebd.: 92) oder als Empfehlung für »Vergleiche nach unten« (ebd.: 102). Darüber hinaus aber konzentriert sich »emotionale Intelligenz« vor allem auf die Umdeutung negativer Erlebnisse (»re-framing«), was den Anspruch dieses Konzepts, neue Gefühlswelten erschaffen zu können, unterstreicht.

»Motivation«. Wenn das richtige Selbst sich trotzdem nicht einstellen mag, soll den Gefühlen persönlicher Unzulänglichkeit mit der Selbstinszenierung eines stoischen Optimismus begegnet werden: Positiv denken.

Was dem Konzept der »emotionalen Intelligenz« indes besonders nachhaltig zur Durchsetzung verhalf, ist der Umstand, dass es sich auf zwei Deutungsrahmen bezieht, die in der modernen Kultur eine Führungsrolle einnehmen. Zum einen beruft es sich auf vermeintlich eindeutige Erkenntnisse der Naturwissenschaften, insbesondere auf neuere Forschungen zur Funktionsweise des Gehirns (zur Kritik vgl. Sieben 2001). Zum anderen verspricht emotionale Intelligenz, für den persönlichen »Erfolg« von entscheidendem Nutzen zu sein, und bekräftigt damit ein Leitbild der Wettbewerbsgesellschaft im Ganzen: »Die Marktkräfte, die in unser Arbeitsleben eingreifen, belohnen emotionale Intelligenz auf noch nie da gewesene Weise mit Erfolg am Arbeitsplatz« (Goleman 1997: 14).

Hirnforschung und Erfolgsstreben miteinander kombinierend, lässt emotionale Intelligenz den Eindruck entstehen, dass erfolgreich zu sein nur eine Frage der richtigen Handhabung der Gehirnanatomie sei. So heißt es etwa in einer von Golemans Schriften, die sich dem wirtschaftlichen Führungsverhalten widmet:

»Die linke Seite der präfrontalen Region ist […] ein Teil des Schaltsystems, das Neuronen im Mandelkern blockiert und dadurch verhindert, dass wir von Disstress erfasst werden. Dieses Schaltsystem hilft einer Führungskraft, negative Emotionen zu kontrollieren und eine optimistische, begeisterte Stimmung aufrechtzuerhalten« (Golemann et al. 2003: 69).

Emotionale Probleme wiederum werden als Probleme der Emotionen konstruiert, nicht der Ereignisse, die sie auslösen können. Ob Gefühle wie Sorge, Trauer oder Angst nicht auch reale Anlässe haben, wird in den unzähligen Fallbeispielen richtigen Gefühlsmanagements nicht einmal erwähnt (vgl. etwa Goleman 1997: 93ff.). Stattdessen wird die Verantwortung für problematische Seelenzustände ganz auf die Gefühlsarbeit des Einzelnen übertragen, der es selbst in der Hand hätte, emotionale Mißstimmungen zu vermeiden. Den Schlüssel hierzu liefert Goleman zufolge das Gehirn selbst. Aufgrund seiner Plastizität sei es für Veränderungen jederzeit offen, so dass durch entsprechendes Training eine optimale neuronale Verschaltung erreicht werden könne. Dem Individuum käme dabei zugute, dass das Gehirn selbst ein »emotionaler Manager« (ebd.: 46) sei und eine »Kosten-Nutzen-Analyse« (ebd.: 45) all seiner Reaktionen aufstellen würde.

Goleman beruft sich in diesem Zusammenhang auch auf eine Anzahl psychologischer Experimente, die etwa die Befähigung zur Impulskontrolle betreffen. Eines davon ist der »Marshmallowtest«, der bei Schulkindern eingesetzt wurde, um die Bereitschaft zu messen, zugunsten späterer Vorteile auf die unmittelbare Bedürfnisbefriedigung zu verzichten. Demgemäß werden beim »Marshmallowtest« vierjährige Kinder vor die Alternative gestellt, ein angebotenes Marshmallow sofort aufzuessen – oder 20 Minuten zu warten, um dann zur Belohnung zwei davon zu erhalten. Diejenigen, die im Kindesalter der Versuchung widerstanden, den Marshmallow sogleich zu verspeisen, zeigten sich später als 18-jährige Jugendliche »durchsetzungsfähig, selbstbewusst und besser in der Lage, mit den Frustrationen des Lebens fertig zu werden [...] Sie waren selbstsicher und zuversichtlich, vertrauenswürdig und verlässlich; sie ergriffen die Initiative und stürzten sich in Projekte« (ebd.: 110). Jenem Drittel allerdings, das als Vierjährige den Marshmallow gleich gegessen hatte, wird für das weitere Leben eine problematische Entwicklung bescheinigt: »Sie schreckten vor sozialen Kontakten zurück, waren störrisch und unschlüssig; sie ließen sich von Frustrationen leicht umwerfen [...]; sie waren argwöhnisch und ärgerten sich, dass sie ›nicht genug‹ bekamen; sie neigten zu Eifersucht und Neid; auf Irritationen reagierten sie gereizt und provozierten dadurch Streitereien« (ebd.). Die ungeduldigen Kinder erwiesen sich überdies beim Abschluss der Highschool als die weit schlechteren Schüler, während die geduldigen bei den Zulassungstests für das College die besten Punktzahlen erreichten.

Unerwünschte Gefühle, die sich trotz des vermeintlichen Nutzenkalküls, nach dem im Gehirn Neokortex und Mandelkern interagieren sollen, dennoch nicht ausschalten lassen, werden demgegenüber für pathologisch erklärt (ebd.: 107). Sie stellen Goleman zufolge »emotionale Entgleisungen« dar, bei denen »limbische Aufwallungen den Rest des Gehirns mit Beschlag belegen« (ebd.: 121). Für den Fall, dass negative Stimmungen dauerhaft jede Möglichkeit einer positiven Motivation unterbinden, empfiehlt Goleman eine »Umerziehung des emotionalen Gehirns« (ebd.: 261), bei der neben suggestiven Techniken wie der »optimistischen Verleugnung« (ebd.: 103) die Einnahme von Psychopharmaka und – in schwereren Fällen – auch der Einsatz von Elektroschocks (vgl. ebd.: 100) angezeigt sind.

Genauer betrachtet, zielt das Konzept der »emotionalen Intelligenz« damit auf nichts Geringeres ab als auf eine grundlegende Veränderung dessen, was die moderne Kultur unter »Gefühlen« bisher wie selbstverständlich verstand. Emotionen, die insofern tatsächlich »Gefühle« sind, als sie neben ihrer kognitiv beeinflussten Bewertungsfunktion auch eine leibgebundene und unwillkürlich auftretende affektive Seite besitzen, werden nicht in ihrem eigenen Wert als Informationsmedium über den inneren Zustand einer Person akzeptiert. Wenn sie sich ihrer willentlichen Steuerbarkeit entziehen und sich somit für kognitiv gesetzte Ziele nicht einsetzen lassen, erhalten sie das Stigma eines psychischen Krankheitssymptoms.

Gesellschaftlich erwünschte Emotionen nehmen dadurch den Charakter eines inneren Reservoirs permanent mobilisierbarer mentaler Ressourcen an, die jederzeit für instrumentelle Zwecke einsetzbar sind. Der Maßstab für die Abgrenzung zum Normalen ist die reine Nützlichkeit einer Emotion, wenn es gilt, persönliche Erfolgsziele zu erreichen. Emotionale Intelligenz nämlich sei in der Gegenwart zum wichtigsten Faktor des Lebenserfolges geworden, weit vor beruflicher Leistung oder der kognitiven Intelligenz (ebd.: 53ff.). Und so hat Goleman ein ausdifferenziertes Lernmodell entwickelt, das durch emotionale Selbstoptimierung auch den »Erfolgsquotienten« (Goleman 2000) systematisch zu steigern verspricht. Im Einzelnen besteht dieses Modell aus fünf Dimensionen emotionaler Intelligenz, denen insgesamt 25 emotionale Kompetenzen zugeordnet werden, die für den Erfolg in Beruf und Privatleben ausschlaggebend seien (vgl. ebd.: 36ff.). Zu den intrapersonalen Formen des Emotionsmanagements zählen dabei die drei ersten Bereiche »Selbstwahrnehmung«, »Selbstregulierung« und »Motivation«, womit das Erkennen der eigenen Gefühle, ihre richtige Handhabung und schließlich die Selbsterzeugung nützlicher emotionaler Zustände gemeint ist. Als interpersonelle Emotionssteuerung sind die beiden Dimensionen »Empathie« und »Soziale Fähigkeiten« zu verstehen, welche die Befähigung zur emotionalen Fremdbeobachtung sowie die Geschicklichkeit im Hervorrufen erwünschter Emotionen bei anderen Akteuren betreffen.

Lässt sich diese Einteilung noch als eine begreifen, die in irgendeiner Weise das emotionale Selbstmanagement tatsächlich berührt, so zeigt ein Blick auf die Vielzahl der hierunter subsumierten einzelnen Kompetenzen, dass »emotionale Intelligenz« als Sammelbegriff eingesetzt wird, um insgesamt ein unternehmerisches Personenkonzept zu lancieren. So finden wir bei den intrapersonalen Dimensionen emotionaler Intelligenz auch Lernziele wie »Gewissenhaftigkeit«, »zutreffende Selbsteinschätzung« oder »Leistungsdrang« genannt, die mit emotionalen Kompetenzen nicht das Geringste zu tun haben. Im interpersonellen Bereich wiederum werden etwa auch »Serviceorientierung« und »Führung« zu den emotionalen Kompetenzen gezählt, was wir uns ebenfalls als ganz und gar kognitive Akte vorstellen können. Und auch der »Marshmallowtest« repräsentiert ein allgemeines Verhaltenskonzept, das in Soziologie und Sozialpsychologie als »deferred gratification pattern« (Schneider/Lysgaard 1953) seit langem bekannt ist.

Emotionale Intelligenz ist mithin ein *umbrella term*, unter dem sich nicht nur angeblich trainierbare Fähigkeiten des Gefühlslebens, sondern auch eine Reihe erwünschter Eigenschaften und persönlicher Dispositionen sowie kulturell präferierte Wertmuster und Moralvorstellungen verbergen. Als umfassendes Sinnangebot nimmt das emotionale Selbstmanagement damit eine Rolle ein, die ansonsten vor allem religiöser Glaube und politische Ideologien besetzen, nämlich ganze Menschenbilder und Ordnungsprinzipien zu generieren. Weitschweifige Kosmologien stehen ihrer kleinteiligen Umsetzung bekanntlich nicht entgegen, sondern bedürfen ihrer vielmehr, um für die Gläubigen fassbar zu sein. Und so hat – dem herkömmlichen Intelligenztest vergleichbar – auch das Modell der »emotionalen Intelligenz« mittlerweile die Form eines standardisierten Bewertungssystems (*Emotional Competence Inventory*) angenommen, mit dem der Grad emotionaler Intelligenz verlässlich evaluiert werden soll. In Wirtschaftsunternehmen wird es inzwischen weltweit zum Zweck der Personalauswahl eingesetzt, lizenziert vom *Emotional Intelligence Service*, einer Beratungsfirma, die Daniel Goleman selber gegründet hat.

Das Programm der authentischen Selbstprogrammierung

Insgesamt kann emotionales Selbstmanagement, für das die Konzeption der »emotionalen Intelligenz« beispielhaft ist, als ein kompaktes kulturelles Programm verstanden werden, weil es ebenso organisierte Deutungsschemata zum Zweck der Selbstinterpretation umfasst wie normative Richtwerte des Handelns und konkrete Verfahren zur Steuerung des Verhaltens. Das Neuartige dieser kulturellen Wegweisungen zur emotionalen Verbesserung ist, sich der kognitiven Veranlassung von Gefühlen zu widmen: *Emotion by design*. Ziel ist eine Art emotionaler Selbstprogrammierung, die es vermag, Gefühle situationsadäquat zu erzeugen und bedarfsgerecht zu verwerten. Dadurch geht das Programm des emotionalen Selbstmanagements weit über bisher schon bekannte Anleitungen zur gelungenen Performanz und zum strategischen Einsatz von Gefühlen hinaus. Ältere Konzepte der Emotionsregulierung unterstellten zumeist stets schon vorhandene Gefühle, die es vermittels geeigneter Techniken zu beherrschen galt, und versuchten sich darin, Hilfestellung bei der interaktiven Gefühlsinszenierung zu geben. Das Paradebeispiel hierfür ist der frühe Klassiker der modernen Beratungsliteratur, Dale Carnegies *How to win friends and influence people* von 1937 (2002), der sich die Aufgabe stellt, Gefühle anderen gegenüber so geschickt zu manipulieren, dass diese sich selbst nicht manipuliert fühlen müssen. Selbstkontrolle und Fremdtäuschung gehen Hand in Hand und vereinigen sich in dem Ziel, andere Akteure durch Dramaturgien der Zuneigung für eigene Zwecke zu instrumentalisieren.

Das Programm des emotionalen Selbstmanagements hingegen ist an der Vortäuschung von Emotionen nur mäßig interessiert, weil es die Emotionen selbst verändern will, die in den Rollenskripten der Gefühlsinszenierung als gegebene Faktizitäten vorausgesetzt sind. Zudem verfügt es über kognitive Dispositive, die zuvor unbekannt waren, und die sie aus der Hirnforschung und der Neurobiologie bezieht. Von diesen Dispositiven in der Überzeugung bestärkt, dass jeder auf die Entstehung seiner Gefühle planvoll einwirken kann, strebt modernes Selbstmanagement nunmehr grundlegend die »Optimierung« des emotionalen Erlebens an, die vom Akteur authentisch selber bewerkstelligt werden soll.

Gefühle werden dadurch nicht mehr allein zum Objekt subjektiver und sozialer Kontrolle. Es ist vielmehr der emotionale Habitus, der systematisch geprägt werden soll, was auch die explizite Ermunterung einschließt, emotional zu sein. Die emotionssoziologische Entfremdungskritik[3], die seit je her an der erzwungenen Diskrepanz zwischen Erleben und Ausdruck Anstoß nahm, steht heute deshalb in der Gefahr, das eigentlich Anstößige im Programm des emotionalen Selbstmanagements zu verfehlen. Sie ist letztlich einem Repressionsmodell der Emotionen verhaftet, das die Unterscheidung von »realen« und »gespielten« Gefühlen schon immer voraussetzen muss und »echte« Gefühle stets als Störung im Ablauf moderner Organisationen begreift. Doch die Unterdrückung oder Veränderung

---

3 Die Entgegensetzung von Emotion und Entfremdung scheint – neben jener von Gefühl und Verstand – insgesamt eine der beiden fundamentalen kulturellen Dichotomien zu sein, durch die der moderne Diskurs über Emotionen in westlichen Gesellschaft geprägt ist, wie die amerikanische Emotionsethnologin Catherine Lutz (1988) herausgearbeitet hat. Zur Diskussion dieser These vgl. Röttger-Rössler 2004: 53ff.

»realer« Gefühle ist nicht die einzige Methode gesellschaftlicher Gefühlsregulation. Im Kapitalismus der Gegenwart, der emotionales Engagement von seinen Arbeitskräften erwartet, entsteht auch ein wachsender Bedarf an Emotionalität, den die Akteure von sich aus zu decken haben. Dem entsprechen die heutigen Selbsttechniken, sich Gefühle zu induzieren, wobei ein vorab bereits existenter Bestand authentischer Emotionen kaum mehr unproblematisch in Rechnung gestellt werden kann.[4]

Umgekehrt wird man das Selbstmanagement der Gefühle aber auch nicht als ein Phänomen der Informalisierung begreifen können. Mit einer zunehmenden emotionalen Freizügigkeit und der gesellschaftlichen Lockerung von Affektkontrolle haben die neuen Muster der Gefühlsregulierung recht wenig gemein. Emotionales Selbstmanagement tritt vielmehr als gesellschaftlich standardisierte Forderung auf, die sozial unerwünschte Gefühle sanktioniert, und die vom einzelnen erwartet, »gute Gefühle« in vollständiger Aufrichtigkeit zu erleben. Und dass der Versuch, auf sozial organisierte Weise gefühlsmäßig authentisch zu sein, nicht ohne emotionale Kosten zu haben ist, wird auch die Kritik an der Entfremdungsdiagnose einräumen müssen. Wenn emotionales Selbstmanagement als allgemeines kulturelles Programm fungiert, und das Erreichen der Ziele, die solche externen Programme vorgeben, als Beweis emotionaler Autonomie gilt, besteht offenkundig kein »schwächerer Zwang von anderen her« (Wouters 1999: 62), wie die Informalisierungsthese grundsätzlich unsere heutige Zivilisationsphase beschreibt. Wie auch die Eliassche Zivilisationstheorie selbst, auf die sich die Informalisierungsthese kritisch bezieht, ist sie in einem gleichsam pneumatischen Theoriemodell von Gefühlsregulationen gefangen. Das Verhältnis von Fremd- zu Selbstzwängen stellt sich daher stets als eines dar, in dem die Zunahme des einen die Abnahme des anderen bedingt. Die kulturellen Konstellationen der Gegenwart scheinen sich

---

4 Demgegenüber Arlie Hochschild in einer Definition von Emotionsmanagement: »An act of emotion management, as I use this term, is an effort by any means, conscious or not, to change one's feeling or emotion. We can try to induce feelings that we don't at first feel, or to suppress feelings that we do. We can – and continually do – try to shape and reshape our feelings to fit our inner cultural guidelines« (Hochschild 1998: 9). Die Auffassung, Emotionsmanagement beträfe nur die Modifikation »realer« Gefühle, teilt im Übrigen auch ein emotionstheoretischer Ansatz, der dem »Konstruktivismus« Hochschilds ganz entgegengesetzt ist. Auch in den einflussreichen Arbeiten Paul Ekmans, der von der Annahme ausgeht, dass es angeborene und daher universale Emotionen gibt, die durch kulturelle »display rules« nur nachträglich überformt würden, ist ausschließlich von subjektiven Darstellungsmitteln die Rede, die vorgängige emotionale Zustände zwar verändern, nicht aber selbst hervorbringen könnten (vgl. Ekman 1981: 179).

aber von solchen Mechanismen des emotionalen Druckausgleichs zu ent-
fernen. In ihnen entsteht vielmehr der paradoxe Effekt, dass erhöhte
Selbststeuerung und verstärkte Kontrolle einander entsprechen, was zivili-
sationsgeschichtlich einen anderen Richtungswechsel markiert als die Informalisierungsthese vermutet.

Paradoxien der modernen Emotionssteuerung

Die Gegensätze von Konditionierung und Autonomie, von Instrumentalismus und Selbststeuerung, von Entfremdung und Informalisierung, an
denen sich die Emotionssoziologie gegenwärtig entzweit, lösen sich im
kulturellen Programm des emotionalen Selbstmanagements somit tendenziell auf. Die Ökonomisierung der Gefühle (et vice versa: die Emotionalisierung der Ökonomie) scheint in der Lage zu sein, emotionale Zwänge
gerade dadurch subjektiv zu verankern, dass sie die Emotionalität von
Akteuren selbst beeinflusst und in sich bereits integriert. Neue Anläufe in
der Theoriebildung sollten daher zunächst die empirischen Konsequenzen
der aktuellen Muster von Gefühlsregulierung studieren. Denn der Versuch,
Akteure zu »reflexiven Mitspielern« (vgl. Neckel 2005: 198ff.) emotionaler
Selbstprogrammierung zu machen, hinterlässt eigene paradoxe Effekte und
neue subjektive Belastungen, die aus diesen Paradoxien erst resultieren.
Einer dieser Effekte ist die Enttäuschung. Durch ihre Leibgebundenheit
sind Gefühle nie restlos durch mentales Training zu induzieren. Auch
besitzen sie stets eine unbewusste Dimension, die durch kognitive Anstrengung nicht einfach auszuschalten ist. Beim Unterfangen, dies dennoch
willentlich zu vollführen, treten nicht selten nichtintendierte Nebenfolgen
auf. Am besten bekannt ist das emotionale Burn-Out-Syndrom, bei dem
aus der Erschöpfung an der emotionalen Arbeit heraus das persönliche
Gefühlsleben schließlich zeitweilig völlig verarmt.

Gefühle sind – mit einem Ausdruck von Jon Elster (1987: 141) – »Zustände, die wesentlich Nebenprodukt sind«: Werden sie bewusst angestrebt, stellen sie sich nicht ein, sofern das Gefühlstraining nicht gar das
Gegenteil dessen erreicht, was es dem Subjekt verspricht. Die Emotions-
psychologie kennt hier den ironischen Prozess, dass beim Versuch der
willentlichen Kontrolle unerwünschter Gefühle diese nur umso häufiger in
die persönliche Aufmerksamkeit gelangen und so zu eben den Stimmungen

führen, die man eigentlich vermeiden will (vgl. Leary 2003: 782). Auch emotionales Selbstmanagement hat emotionale Konsequenzen, die dem einzelnen dadurch aufgezeigt werden, dass Emotionen auf das eigene Emotionsmanagement reagieren, die selbst nicht zu managen sind. Die Emotionstherapie setzt dann genau jene emotionalen Störungen frei, als deren Kurierung sie sich versteht.

Auch lässt uns der Druck, positive Gefühle haben zu müssen, unsere negativen Gefühle als umso größeres persönliches Versagen empfinden. Eine Folge davon ist die Anfälligkeit für Depression, wie in seiner Studie über *Das erschöpfte Selbst* der französische Soziologe Alain Ehrenberg (2004) aufgezeigt hat. Überanstrengt davon, nunmehr auch für die letzten persönlichen Strebungen selbst verantwortlich zu sein und am Ende frustriert darüber, am Ideal der totalen Machbarkeit des glücklichen und erfolgreichen Individuums immer wieder zu scheitern, verwandelt sich das notorische Gefühl des persönlichen Mangels in seelische Dunkelheit. Depression ist danach die moderne Zeitkrankheit der dauerhaften Empfindung eigener Unzulänglichkeit. Sie entsteht in einer Gesellschaft, die zwar weniger starre Regeln für Konformismus kennt, dafür aber Initiative und mentale Fähigkeiten von den Individuen verlangt und ihnen hierbei das Leitbild des autonomen Selbst auferlegt. In den Worten von Ehrenberg (ebd.: 277f.):

»Wenn, wie Freud dachte, der Mensch neurotisch wird, weil er das Ausmaß des Verzichts, das die Gesellschaft fordert, nicht ertragen kann, so wird er depressiv, weil er die Illusion ertragen muss, dass ihm alles möglich ist«.

Derartige Illusionen über das eigene Gefühlsleben sind es schließlich, die den modernen Menschen erst zu jener »affektiven Neutralität« hinführen können, von der die soziologische Theorie einst in einem Trugschluss annahm, dass sie von Anfang an ein Wesenszug der rationalisierten Moderne sei. Die »Ausschaltung aller rein persönlichen Empfindungselemente«, die Max Weber (1980: 563) als Eigenart der modernen Kultur und »speziell ihres technisch-ökonomischen Unterbaues« bezeichnet hatte, wäre dann nicht die Folge einer vermeintlich emotionslosen Moderne, sondern entstünde erst durch die moderne Emotionalisierung der Ökonomie. In ihrem dokumentarischen Roman *Wir schlafen nicht*, der die seelischen Krisen im Berufsmilieu der IT-Branche literarisch bebildert, lässt die Autorin Kathrin Röggla (2004: 205) eine junge Key Account Managerin sagen:

»»Du bist und bleibst so ein Exemplar‹, habe man immer zu ihr gesagt. ›ein Exemplar deiner selbst.‹ Ja, Selbstausgabe sei sie, was sonst auch. So eine Nummer sei sie, hat man ihr immer wieder gesagt. Nur sie erinnere sich nicht mehr von was. Von was sei sie die Ausgabe, von was die Nummer«?

Deutschlands gelbe Galle – Eine kleine Wissenssoziologie des teutonischen Neides

Es gehört wohl zum Nationalcharakter der Deutschen, ständig ihren Nationalcharakter zu recherchieren. Kaum ein anderes Volk ist so fleißig damit beschäftigt, sich einzigartige Wesenseigenschaften zuzuschreiben, die mal als besonderer Vorzug, in jüngerer Zeit aber auch häufig als Last verstanden werden. Kein Podium ohne die Frage: »Was ist deutsch«? – und die gottlob schon vielfach gefundene Antwort darauf, dass »deutsch« eben die Begeisterung für dieses Rätsel sei, hat bisher nur wenige gehindert, die kollektive Selbstbespiegelung je nach Themenlage begeistert fortzuführen. Es kann also nicht überraschen, wenn seit einigen Jahren der Neid als »typisch deutsch« gilt und die Gazetten über lauter Missgunst im Volkskörper berichten.

Der Beginn dieser jüngsten Runde in der öffentlichen Mentalitätsinspektion dürfte wohl auf den 5. September 1990 zu datieren sein, als die SPD während der 1. Lesung zum Einigungsvertrag den Vorschlag machte, dass »Besserverdienende« zur Finanzierung der deutschen Einheit eine steuerliche Ergänzungsabgabe zahlen sollten. »Da kommt also die alte Neidsteuer wieder«! rief Otto Graf Lambsdorff (FDP) den Sozialdemokraten zu – und damit waren sie heraus, die schlimmen Worte, die in der Folgezeit dazu einluden, schonungslos die gelbe Galle des deutschen Neidhammels zu sezieren. Prominente »Besserverdienende« bekannten flugs, schon lange unter dem Neid in Deutschland zu leiden. »Die Deutschen sind neidisch auf jeden, dem es ein bisschen besser geht«, vertraute Horst Tappert (»Derrick«) einer holländischen Zeitung (der Chor: »ausgerechnet«!) an, und Thomas Gottschalk wusste aus den USA zu berichten, dass dort Erfolge allgemein bejubelt würden, während hierzulande nur Häme regiere. »Wer besser verdient, soll sich schlechter fühlen«, kommentierte Hellmuth Karasek, und es fügt sich recht schön in die deutsche Kulturgeschichte, dass bei der öffentlichen Zeihung der verderblichen Miesmacherei auch deutsche Professoren nicht zurückstehen mochten.

Politologen beforschten den »Sozialneid als Instrument der Politik«, Soziologen korrelierten die »Neidneigung« mit Alter, Geschlecht und Parteipräferenz, und eine wahre Heerschar von Psychologen machte sich über die seelischen Abgründe der Deutschen her, um wahlweise existentielle Schuldgefühle, Destruktionsgelüste oder Verlustängste als Ursachen ihrer neidischen Antriebe zu identifizieren. Für die Philosophie ließ sich Peter Sloterdijk mit den Worten zitieren, dass Deutschland zum »Neid-Kraftwerk« geworden sei, seitdem die »Enthemmung der Eigentumseifersucht« eine »Begehrensspirale« in Gang gesetzt habe.

Als Krönung der geisteswissenschaftlichen Dramatisierung des Neides in Deutschland ragt jedoch bis zum heutigen Tag das Buch *Der Neid* des Soziologen Helmut Schoeck von 1966 heraus, das sich dem Untertitel gemäß gar als *Eine Theorie der Gesellschaft* verstand. Hier mutiert der Neid zu einer »anthropologischen Grundkategorie«, ohne die das gesellschaftliche Zusammenleben von Menschen undenkbar sei. Da der einzelne die Gruppe nicht als Erfüllung, sondern als Minderung seiner Existenz erlebe, sei mit der egoistischen Natur des Menschen auch der Neid unveränderlich gegeben. Dies gelte völlig unabhängig davon, wie groß die sozialen Unterschiede jeweils seien. Daher stelle der Neid eine so große Macht im Binnenleben jeder Gesellschaft dar, dass noch die beste Sozialpolitik ihn nicht aus der Welt schaffen könne. Ihm nachzugeben, würde vielmehr bedeuten, die Missgunst selbst zur *raison d´etre* zu machen, weshalb etwa der Sozialismus nichts anderes sei als die Herrschaft des Neides. Der vielgelesenen Schrift von Schoeck aus den 1960er Jahren folgten etliche Titel gegen die »Neidgesellschaft« im letzten Jahrzehnt, nachdem fast jede Illustrierte im deutschen Blätterwald hiermit bereits mindestens einmal aufgemacht hatte.

Wenn eine Menschengruppe so verbissen der Auffassung ist, in besonders hässlicher Weise schlechte Charaktereigenschaften in sich zu repräsentieren, stellt sich wohl als erstes die Frage, auf welche Sachverhalte sich eigentlich all diese Selbstanklagen beziehen. Anschließend sollte geklärt werden, ob es sich bei den Sünden des Neids denn tatsächlich um solche handelt, die für die sich selbst diskriminierende Gruppe als vergleichsweise exklusiv zu bezeichnen sind. Denn es könnte ja sein, dass »typisch deutsch« nicht ist, besonders neidisch zu sein, sondern sich für besonders neidisch zu halten. Den Neiddiskurs zeichnet es generell aus, mit kollektiven Stereotypen schnell bei der Hand zu sein. Die Russen, nach altem Glauben der Deutschen mit ihnen im Grunde seelenverwandt, gelten als ebenso besessen vom Neid wie dies in den Augen der Westdeutschen auch die

Ostdeutschen sind. Dass Gregor Gysi einmal eine »Sondersteuer für Porschefahrer« gefordert hat, sollte dies in nur besonders schamloser Weise beweisen. In westfälischen Kneipen hingegen, wie der Autor gelegentlich beobachten durfte, wird für sächsische Biersorten mitunter mit dem Hinweis auf der Getränkekarte geworben: »Die angenehme Art, Solidaritätszuschläge zu zahlen«, was den Einheimischen aber nur selten als Schandmal innerdeutschen Futterneides erscheint. Die Chinesen wiederum, dies wissen weitgereiste deutsche Neidexperten genau, sind »geborene Händler« und daher vom Ehrgeiz, nicht aber vom Neid bestimmt, weil sie alle gemeinsam reich werden wollen. Darin sollen sie vermeintlich den Amerikanern gleichen, deren »naive Freude am Erfolg« (Filmregisseur Wolfgang Petersen) offenbar schier grenzenlos ist.

Schon nur beiläufig informierte Beobachter der Zeitläufe werden dieser Völkerkunde des Neides mit einiger Skepsis begegnen. In Deutschland versucht der Neiddiskurs gewöhnlich zu lancieren, »Anspruchsdenken und Versorgungsinflation« hätten die Bürger hierzulande darauf trainiert, »ständig ihre Benachteiligung im Vergleich zu anderen zu entdecken«, wie dies Helmut Schoeck einmal den eigenen Landsleuten attestierte, um die vermeintlich besonders bösartige deutsche Neidkultur zu erklären. Das gesamte Zivilrecht der »neidlosen« USA müsste dann als eine einzige Begünstigung des Neids aufgefasst werden, geben seine zahlreichen Antidiskriminierungsgesetze und Gleichbehandlungsgrundsätze doch reichlich Gelegenheit, das Bewusstsein für die Unterprivilegierung überaus sensibel zu halten. Im öffentlichen Austausch amerikanischer Bürger untereinander mag ein gewisses Neidtabu existieren, doch täuschen sich Amerikaner selber in der Regel recht selten darüber, dass nicht zuletzt aufgrund des kommunikativen Zwangs zur Gelassenheit das scheele Auge des Neides überall gern in die Hinterzimmer blickt. Raymond Carver hat dies in seiner subtilen Short Story *Nachbarn* einmal anhand der Geschichte eines Ehepaars geschildert, das in der Wohnung beneideter Nachbarn die Versorgung der Haustiere mit dem untereinander peinlich verschwiegenen Schnüffeln verbindet, um durch Ausforschung privater Seiten den Abstand zu den begünstigten Hausgenossen einebnen zu können. Da der Neid überall herrscht, aber nirgends bekannt werden darf, liebt das amerikanische Publikum so innig seine *late night shows*, in denen Klartext geredet wird. Welch rauer Wind im sozialen Wettbewerb der USA in Wirklichkeit herrscht, verriet dort unlängst ein Mogul aus der Unterhaltungsindustrie: »Es reicht mir nicht, Erfolg zu haben – andere sollen scheitern«.

Dem deutschen Gerede über den Neid ist hingegen eine Pauschalität und Allgegenwart eigen, die bezeichnenderweise mit der Unfähigkeit korrespondiert, eine genaue Beschreibung der inkriminierten Gefühlszustände zu liefern. Abgesehen von manchen Novellen Martin Walsers über die Lebensmitte des deutschen Mittelstands (*Ein fliehendes Pferd*, 1978) ist da wenig zu holen. Andere Völker haben es hier auch noch in jüngster Zeit zu kulturellen Hochleistungen gebracht, ohne dafür aber als besonders missgünstig zu gelten. Nehmen wir nur die Franzosen zum Beispiel, mit ihrem Pathos der *différence* für den »gleichmacherischen Neid« gewiss nicht außergewöhnlich talentiert. Claude Chabrols Film *Cérémonie* (deutscher Titel: »Biester«) von 1995 führte ein blutiges Kammerspiel von Kränkung, Scham und Boshaftigkeit auf, von dem sich die deutsche Klage über den »Sozialneid« eine ordentliche Scheibe abschneiden kann. Isabelle Huppert verkörpert in Chabrols Film eine stets unter Hochspannung stehende Postbeamtin, die unter ihren Begrenzungen und der Tristesse einer wenig aussichtsreichen Zukunft in der Enge der französischen Provinz leidet. Der Neid auf alles Großbürgerliche macht sie gefährlich unberechenbar, als ihre Freundin als Hausmädchen in das Anwesen einer »alten Familie« kommt. Versteckte Geheimnisse werden enthüllt und intime Details gelangen in ihren persönlichen Wissensbestand, so dass auf einmal zwischen Angehörigen ganz unterschiedlicher Sozialschichten eine Atmosphäre des giftigen Vergleichs entstehen kann, die sich aufgrund seiner Vergeblichkeit schließlich unaufhaltsam in einem mörderischen Impuls entlädt. Chabrols Film lässt uns in Abgründe blicken, die deutsche Neidexperten, die sich über Steuersätze echauffieren, kaum ahnen und all die unzähligen Neologismen, die Deutschlands Neiddiskurs hervorgebracht hat, verdecken doch nur die soziale Erfahrungsarmut, die sich hinter Begriffen wie »Neidsteuer«, »Neidkampagne«, »Neidklima«, »Neidpopulismus« oder »Neidgesellschaft« wortreich versteckt.

Dies hängt wahrscheinlich damit zusammen, dass als »Neid« in Deutschland immer schon gilt, was in anderen Gesellschaften zu den normalen Formen des Interessenkampfs um Vorteile und Begünstigungen, um Gerechtigkeitsansprüche und sozialen Lastenausgleich zählt. Wo Menschen unterschiedlicher Klassen und Schichten um Wettbewerbschancen und knappe Ressourcen ringen, gehören die kleinen Alltagsgefechte um den eigenen Vorsprung zur alltäglichen Wirklichkeit selbstverständlich hinzu. Die deutsche Gesellschaftsgeschichte hat sich dieser sozialen Mechanik lange Zeit nicht recht anvertrauen wollen. Konfliktscheu und seit jeher zum Ontischen neigend, wenn es um die Deutung des Zusammenlebens ging, ersetzte Seinslehre die praktische Philosophie. Eine Gesellschaft der Innerlichkeit sucht die Urgründe für jeden unerfreulichen Streit natürlich immer beim Menschen und seiner Wesensnatur. Daran schließt heute noch der moderne Volkssport der Laienpsychologie an, der es hierzulande zu einer verbreiteten Meisterschaft bringt, auch nachdem sich die Innerlichkeit längst ins Äußerliche verkehrte. Am Desinteresse für die sozialen Rollen von Aspiration und Misslingen, Über- und Unterlegenheit hat dies nicht wesentliches geändert. Daher wird in Deutschland jeder Verteilungskonflikt um Ehre, Ansehen und Geld stets mit persönlicher Missgunst verwechselt. Die Individualisierung, die auch die deutsche Gesellschaft in den letzten Jahrzehnten durchlebte, kam dem alten Hang zur Gemütsforschung zudem auf modernen Wegen entgegen. Als symbolisches Dispositiv für die Art der Zurechnung sozialer Chancen hat sich die Individualisierung selbst in Lebensbereichen allgemein ausbreiten können, in denen nicht die Schnittmuster spezieller Persönlichkeitsmerkmale für die soziale Lage entscheidend sind, sondern Herkunft, Bildungsstand, ethnische Zugehörigkeit und Geschlecht. Das heutige Deutungsklischee von der Selbstverantwortung für das soziale Schicksal fördert die Neidsemantik, weil sie den sozialen Wettbewerb für den persönlichen Vergleich zugänglich macht. Der Neid, sofern er als Interpretation von Ungleichheit auftritt, ist dann die letzte Schrumpfform einer realistischen Sozialtheorie im öffentlichen Bewusstsein, reduziert auf das persönliche Maß des unmittelbaren Konkurrenten.

Dem deutschen Neid ist das nicht gut bekommen. Als pauschale Kategorie verwandt, psychologisiert er soziale Unterschiede, deren öffentliche Aushandlungsweisen dadurch hölzern und eintönig werden. Als Personalisierung allgemein gebräuchlicher Strategien der Vorteilsnahme und Schadensabwehr lässt er das Regelwissen über das gesellschaftliche Zusammenleben verarmen. Schließlich verlieren die Ausdrucksformen des Neids selber in dem Maße an Eleganz und Finesse, wie er seines spezifischen Gefühlsinhalts durch permanente Adressierung verlustig geht. Von einer Kulturnation wird man erwarten dürfen, dass sie unsere Gefühlswelt verfeinert und zivilisiert. Doch wenn jedes Begehren, das sich auf persönlich fehlende Werte richtet, bereits auf die inflationäre Deutung des Neides trifft, verfällt jede performative Methode und mit ihr die Hermeneutik des Alltagsverstands. Der Neid ist – soziologisch betrachtet – ein ehrwürdiges Gefühl, das auf den Menschen als »Unterschiedswesen (Georg Simmel)

abstellt. Er entsteht in den sozialen Wechselwirkungen zwischen Individuen und Gruppen und setzt den Vergleich untereinander voraus. Als ein
soziales Gefühl, das bisweilen in den unscheinbarsten Momenten gewöhn-
licher Begegnungen und Situationen seine mannigfaltigsten Anlässe findet,
bietet Neid unzählige Möglichkeiten, das Arsenal der zivilisatorischen
Formung in Anschlag zu bringen. Er kann mittels Ehrgeiz oder Gerechtig-
keitssinn sublimiert oder in die strategischen Handlungsdramaturgien geschickter Selbstinszenierung, ironischer Anspielungen, verschlüsselter Boshaftigkeit, verborgener Rivalität oder kalkulierter Revanche übersetzt werden. Wie armselig jedenfalls wäre unser kulturelles Handlungsinventar,
gäbe es bei aller Direktheit nicht auch die feine Kunst, neidisch zu sein und
es sich anmerken zu lassen.

Der deutsche Neid aber, der uns als politischer Kampfbegriff oder Al-
lerweltsformel sozialer Gegensätzlichkeit andauernd die Wahrnehmungs-
kompetenz verdirbt, ist in Darstellung und Auslegung teutonisch und
grobschlächtig geblieben. So legt das Gerede über »Sozialneid« die Vorstellung nahe, untere Schichten würden die Bessergestellten unablässig mit
kollektiver Missgunst verfolgen, während sich Neid tatsächlich doch meist
zwischen enger benachbarten Gruppen einstellt. Das politische Theater
führt hierzulande nichts anderes auf als eine schon leicht verstaubte Fortsetzung des korporatistischen Konfliktrituals gut organisierter Interessen.
Neidvorwürfe dienen dann in durchschaubarer Weise dem Versuch, zwischen den bereits Begüterten und denen, die noch hoch kommen wollen,
eine Aufwärtssolidarität gegen Unzufriedene zu stiften. Die politische De-
magogie verfehlt hierbei jedoch die eigentliche Pointe des Neids, der ja
stets eine Übereinstimmung des Begehrens zur Voraussetzung hat: Solange
Unzufriedene auf höhere Klassen nur neidisch sind, eifern sie ihnen mehr
nach, als dass sie sie stürzen zu wollen. Durch den gemeinsamen Wertbe-
zug auf ein gleichermaßen begehrtes Objekt bindet Neid Konkurrenten
auch aneinander. Er ist deshalb als ein vergleichsweise integratives Gefühl
zu bezeichnen und taugt nicht für die deutsche Angst vor der »Desintegration«, die manchmal schon bei harmlosen Konflikten zu flattern beginnt.
Erst wenn sich aufgrund aussichtsloser Wettbewerbschancen Neid in heil-
lose Wut verwandelt, wächst ihm die auflösende Kraft zu, soziale Bindungen zu zersetzen (vgl. auch Neckel 1999). Doch unbeschadet solch kollektiver Prozesse ist es gewöhnlich der »Narzissmus der kleinen Differenzen«
(Sigmund Freud), aus dem heraus Neid in die feinsten Kapillaren des Alltags eindringen kann. Dies eignet sich wenig für eine polternde Massenpsy-

chologie, schult aber die gesellschaftliche Selbstbeobachtung und das Training alltäglichen Konfliktmanagements. Da beides in Deutschland noch immer der Nachhilfe bedarf, hat sich hier kein reichhaltiges Brauchtum des Neides entwickelt. Der deutschen Dramatisierung des Neides tut dies keinen Abbruch. Ex-BDI-Präsident Hans-Olaf Henkel ließ in einem Interview einmal sogar vernehmen, über den Neid in Deutschland schweigen zu müssen, um das Fass des sozialen Unfriedens nicht zum Überlaufen zu bringen. Andernorts in modernen Gesellschaften waltet bei diesem Thema entschieden mehr Nüchternheit, weiß man doch aus Erfahrung, dass der Neid eine gewöhnliche Alltagsmoral sozialer Ungleichheit ist. Wenn Rangunterschiede nicht mehr ständisch befestigt sind und soziale Mobilität nach oben und unten zur erlebten Wirklichkeit wird, bieten sich unzählige Maßstäbe des Vergleichs, an die der Neid anknüpfen kann. Nur dort, wo sich Akteure prinzipiell nicht als Gleiche und Ebenbürtige begegnen können, entfällt in der Regel die neidtypische Konstellation, dass sich ein Gefühl des »Wenigerseins« (Max Scheler) mit dem dringenden Wunsch paart, an die Stelle eines anderen zu treten, um dessen Werte oder Eigenschaften zu besitzen.

Gefühlsgeschichtlich berühren sich hier traditionale Gemeinschaften mit modernen Sozialstrukturen, ohne dass aus man aus dieser Korrespondenz sogleich eine Ontologie der ewigen Missgunst ableiten müsste. Es ist daher auch nicht verwunderlich, dass sich im Ausgang des ständischen Zeitalters in jenen Ländern, die weit mehr als Deutschland die bürgerliche Epoche vorangetrieben haben, eine realistischere Theorie des Neides entwickelt hat. Für klassische Denker des Liberalismus wie Francis Bacon, David Hume oder Adam Smith stellte der Neid zwar selbstverständlich ein Laster dar. Doch gemäß der Überzeugung *private vices, public benefits* sahen sie im Neid eine unerlässliche Triebkraft des Handelns, die zum öffentlichen Wohl beitragen kann. Nun darf man den segensreichen Wirkungen privater Habsucht mit Recht gehörig misstrauen. Doch auf dem liberalistischen Weg der praktischen Philosophie wurden immerhin ein paar Einsichten entdeckt, die es wert sind, im Zeichen der gegenwärtigen Neidhysterie noch einmal erinnert zu werden. Für Adam Smith, der bekanntlich ganz auf das Gewinnstreben setzte, geht Neid natürlicherweise aus ungleichen Besitzverhältnissen hervor. Er repräsentiert schlicht die persönliche Seite des ökonomischen Wettbewerbs, so wie die Bildung von Klassen die soziale Begleiterscheinung des Kapitalismus ist. Um die negativen Wirkungen des Neids zu begrenzen, bedarf es aber nicht nur des staatlichen Schutzes erworbenen Eigentums, sondern gleichfalls der »moralischen Gefühle«, damit durch Wohltätigkeit, Mitleid und Güte ein Ausgleich geschaffen und der unvermeidliche Neid der Besitzlosen besänftigt werden kann.

Smith sprach damit das soziale Fundamentalprinzip der Gegenseitigkeit an, aus dem sich die Klage über den Neid nicht einfach davonstehlen kann. Schon gar nicht in allgemeinen Belangen, in denen scheeläugig zu sein selbst den liberalistischen Vordenkern nicht als scheußlicher »Sozialneid«, sondern als eine Klugheitsregel galt. Francis Bacon unterschied daher den privaten vom öffentlichen Neid. Letzterer dient, wie Bacon dies am Beispiel des Ostrakismos der alten Griechen aufzeigte, durchaus dem Wohl der Allgemeinheit. Das Scherbengericht auf der Agora war das einzige je erfundene legale Mittel in der Antike, um den Aufstieg eines Usurpators rechtzeitig zu stoppen. Wer die meisten Nennungen auf den Tonscherben erhielt, musste sich – ohne Verlust von Ehre und Vermögen – für zehn Jahre außer Landes begeben. Anschließend konnte er heimkehren. Ostrakisiert zu werden war ein Opfer, das derjenige auf sich zu nehmen hatte, der in den Augen der Bürgerschaft zu mächtig zu werden drohte. Hierfür genügte allein der Verdacht – womit natürlich auch dem Neid eine Tür geöffnet wurde. Aber die Griechen wussten, dass usurpatorische Absichten zumeist erst dann nachweisbar sind, wenn sie sich bereits verwirklicht haben und somit jedes Gerichtsverfahren aussichtslos wird. Neid wie andere Leidenschaften fungierten als gesellschaftliches Frühwarnsystem vor der Tyrannis. Im Unterschied zum »Privatneid« sah Bacon daher im öffentlichen Neid etwas Nützliches am Werk: »Er ist also ein Zügel für die Großen der Welt, um sich in Schranken zu halten.«

Wie in der Geschichte der politischen Philosophie üblich, verzichtete auch Bacon nicht darauf, dem klugen Herrscher ein paar Ratschläge zu geben: »Vor allem sind diejenigen dem Neide am meisten ausgesetzt, welche die Größe ihres Glückes in anmaßender und hochmütiger Weise zur Schau tragen und sich nie wohl fühlen, als wenn sie zeigen, wie groß sie sind, sei es durch äußeres Gepränge, sei es durch Triumphieren über alle Gegner und Nebenbuhler. Wogegen der Weise dem Neide eher ein Opfer bringt, indem er in für ihn belanglosen Dingen zuweilen absichtlich sich widersprechen und überstimmen lässt […] Man muss nämlich den Bann (wie man sagt) aufheben und ihn auf jemand anders lenken. Zu diesem Zweck schieben die Klügeren unter den Großen immer jemand anders auf den Schauplatz vor, um den Neid von sich selbst auf ihn abzuziehen, zuweilen auf Beamte und Diener, zuweilen auf Amtsgenossen und Gehilfen und dergleichen. Zu solchem Liebesdienst fehlt es auch niemals an ehrgeizigen und unternehmenden Charakteren, die, wenn sie nur zu Amt und Macht kommen, alles mit in Kauf nehmen«. – Gibt es in Deutschland denn unter den Großen keine Klügeren mehr, so dass sie sich über den Neid nicht immer so aufregen müssten?

Beim Neid entkommt man dem Thema der Gerechtigkeit nicht, was natürlich stets all jene enerviert, die etwas abgeben sollen. Die geläufige Empfehlung an die Unzufriedenen lautet dann immer, sich bitte selber nach oben zu hieven statt die Begünstigten nach unten zu ziehen. Die gelbe Gefahr des Neides heißt dann Gleichmacherei. Sie ist festem Glauben gemäß vor allem im Osten zu Haus, der in Deutschland ja schon gleich an der Elbe beginnt. Die klassische Schule des Liberalismus wusste zumindest noch, dass es auch für die neidgestützte Forderung nach größerer Teilhabe nicht nur verwerfliche Gründe gibt. David Hume grenzte daher den Neid von blanker Schadenfreude ab, die sich allein schon aus dem Genuss der Nachteile anderer speist. Denn im Eifer des Neids vermag viel zu oft auch ein gerechter Unwillen stecken, als dass man ihn leichter Hand moralisch verteufeln könnte. Falls die Güterverteilung einer Gesellschaft zwingend die Selbstachtung der schlechter Gestellten verletzt, kann keiner vernünftigerweise von den Benachteiligten die Überwindung der Neidgefühle verlangen. Wenn sich heute der Liberalismus allein auf die ehrgeizige Seite des Neides stellt und dessen egalitären Impuls denunziert, wirft er die pragmatischen Einsichten über Bord, die das Bürgertum bei der Etablierung sozialer Ordnung selbst einmal gesammelt hatte.

Der Neid gehört zur Gefühlskultur des Konkurrenzkapitalismus und sollte wie dieser moralisch zumindest eingehegt werden. Daher kam der klassische Liberalismus nie an Gerechtigkeitsfragen vorbei, auch wenn dies die heutigen *global player* in den VIP-Lounges und auf den Börsenparketts nur noch langweilig finden. Das deutsche Bürgertum, sofern ökonomisch aktiv, scheint sich neuerdings besonders beflissen geben zu wollen und will sich offenbar in der Verdammung des Neids nichts nachsagen lassen. Dies hinderte allerdings vor einiger Zeit eine hiesige Autofirma nicht daran, für ihr Produkt mit einem »ausgewogenen Preis-Neid-Verhältnis« zu werben: »Damit werden Sie leider Aufsehen erregen«.

Die moderne Erfolgskultur der *high, hip and mighty* frönt dem demonstrativen Konsum und feiert die niedrigen Instinkte als Selbstverwirklichung.

Sie setzt auf den Neid, um aus dem neuen Kapitalismus eine geile Party werden zu lassen, und tadelt ihn oder lacht alle armseligen Neider aus, weil das Neiden die Gewinne schmälert und die gute Stimmung versaut. Wie auch sonst auf den Märkten, die der Neoliberalismus regiert, wollen die Gewinner alles für sich allein und alles auf einmal einstreichen: Das Leben – ein einziger Wettbewerb, aber bitte ohne den Neid der Verlierer; jeder Berufstätige möglichst ein »Arbeitskraftunternehmer« und ein Kapitalist seiner selbst, doch ohne hässlichen Blick auf Nebenbuhler und Konkurrenten. Zum Vorbild gereicht, was seit einiger Zeit die andere Seite des Atlantiks von der Mentalität der neuen Oberklasse der *bourgeois bohemians* (David Brooks) zu vermelden hat: Geschäftlich ein Killer, aber sonst immer gut drauf. Es ist keine deutsche Miesmacherei, wenn man dieses Wunschbild einer neidlosen Marktgesellschaft allein schon deshalb für trügerisch hält, weil sich in ihm doch nur verrät, wie stark der Liberalismus selber heute seinen eigenen Leidenschaften misstraut. In dieser Hinsicht hat das deutsche Drama um den Neid dann vielleicht doch etwas Gutes, weil es das Bewusstsein für die Tücken des Begehrens wach hält.

IV. Die Wiederkehr der Gegensätze

Kampf um Zugehörigkeit:
Die Macht der Klassifikation

Es ist eine zentrale Einsicht der soziologischen Ungleichheitstheorie, dass soziale Rangordnungen maßgeblich von den materiellen und kulturellen Ressourcen gesellschaftlicher Akteure abhängig sind. Nach wie vor wird die Stellung in der Sozialstruktur am stärksten von Herkunft, Bildungsweg und Beruf bestimmt und somit vom ökonomischen und kulturellen Kapital, das Personen besitzen. Die Sozialstrukturanalyse verfügt mittlerweile über robuste Konzepte zur Erforschung ungleicher Lebenschancen und darf mit einigem Selbstbewusstsein darauf verweisen, die gesellschaftliche Verteilungsstruktur von Geld, Titeln, Rängen und Macht vielfach entschlüsseln zu können. Dieses Selbstbewusstsein verdankt sich nicht zuletzt dem Umstand, dass die gegenwärtig wohl aufschlussreichsten Konzepte der Ungleichheitstheorie weder Karl Marx noch den soziologischen Funktionalismus beerben, sondern ihren Ahnherrn erneut in Max Weber gefunden haben. Sein Begriff der »sozialen Klasse« ist mit all seinen Pfaden in die gesellschaftliche Wirklichkeit von Lebensstilen, Heiratskreisen und Parteiungen hinein zum Wegweiser der aktuellen Ungleichheitstheorie geworden. Pierre Bourdieu etwa schuldete seine Theorie kultureller Klassenmacht (1982) nicht zum geringsten Webers Erkenntnissen über den Zusammenhang von Klasse und Stand, und Reinhard Kreckels handlungssoziologische Ungleichheitstheorie (1992) schließt direkt an die Weber-Rezeption vor allem in der englischen Sozialwissenschaft an.

Unter allen Formen sozialer Ungleichheit hatte sich Weber besonders mit jenen befasst, die mit der kulturellen Lebensführung korrespondieren. Zu ihnen zählt die Zugehörigkeit von Personen zu verschiedenen Gruppen und Kreisen, deren jeweilige Wertschätzung Weber im Begriff der »sozialen Ehre« (1980: 531) ausdrückte. Wer den Blick auf diese Sphäre von Ungleichheit in der Gesellschaft wirft, wird wahrscheinlich zu einer vorsichtigeren Einschätzung der bisherigen Erkenntnisse der Sozialforschung gelangen. Die moderne Sozialstrukturanalyse lässt zwar hinsichtlich der Frage »wer bekommt was?« kaum eine Antwort offen; wenn aber gefragt wird, »wer gehört zu wem?«, fallen die Erklärungen weit sparsamer aus. Nun ist die Zugehörigkeit etwa zu ethnischen Gruppen, zu Religionsgemeinschaften oder bestimmten sozialen Milieus nicht eo ipso ein Indiz sozialer Ungleichheit. Aber Zugehörigkeiten können sich mit ungleichen Bildungs-, Arbeitsmarkt- und Einkommenschancen verknüpfen und überdies zum Nährboden eigener Formen sozialer Ungleichheit werden. Als vermittelte Ursache ungleicher sozialer Verteilung kommen Zugehörigkeiten immer dann zum Tragen, wenn sie Quelle sozialer Vor- oder Nachteile sind, ökonomisches und kulturelles Kapital erwerben zu können. Ein Beispiel hierfür dokumentierte die internationale Pisa-Studie, die zeigte, dass sich in Deutschland wie in keinem anderen vergleichbaren Land der OECD der Schulerfolg nach ethnischer Herkunft sortiert. Doch selbst ähnliche Ausbildungsniveaus oder materielle Besitzstände gewähren Personen verschiedener Zugehörigkeit nicht automatisch einen vergleichbaren Status, weil die Rangstellung in der Gesellschaft nicht allein von objektiv verfügbaren Ressourcen abhängig ist, sondern davon, welche Bewertung diese erfahren. So werden Nachkommen aus Migrantenfamilien oft schon wegen ihres fremdsprachigen Namens als »Ausländer« tituliert, auch wenn sie längst über die deutsche Staatsbürgerschaft verfügen oder gar parlamentarische Volksvertreter sind. Einen verwandten Fall von Abwertung kennt die Soziologie beim Sozialtypus des »avancierenden Fremden« (vgl. Hüttermann 2000): türkischstämmige Gewerbetreibende und Hausbesitzer zum Beispiel, die trotz ökonomischen Erfolgs und deutscher Sprachkompetenz keinen Einfluss in lokalen Vereinigungen erhalten, vielmehr nicht selten ein bevorzugtes Ziel von Zurücksetzungen sind. Bisweilen sogar juristischen Sanktionen ausgesetzt werden Fremde, wenn sie sich in bestimmten Institutionen mit sichtbaren Symbolen ihrer Zugehörigkeiten versehen. So hat das Tragen eines Kopftuchs im Schulunterricht einer Muslima die Zulassung zum Lehrerberuf im Land Baden-Württemberg verwehrt.

Sowohl bei der Verweigerung eines gleichberechtigten Zugangs zu den gesellschaftlichen Statusquellen als auch bei der Herabminderung jener Ressourcen, die eine Person bereits hat, spielen soziale Prozesse der Zuschreibung und Einstufung die entscheidende Rolle, die keine vorab bereits feststehende Rangordnung bloß exekutieren, sondern diese tatsächlich erst schaffen. Die Staatsbürgerschaft – die nationale Zugehörigkeit – ist in der modernen Gesellschaft der wohl bedeutsamste Fall, bei dem eine soziale Einstufung über Besitz oder Nichtbesitz grundlegender Rechte und Ressourcen entscheidet. Zugehörigkeiten treten dann auch als selbständige Ursache sozialer Ungleichheit auf, mit Konsequenzen bis tief in die materielle Verteilungsordnung von Gütern und Positionen hinein.

In der modernen Gesellschaft, die sich auf die Werte der Rechtsgleichheit und Leistungsgerechtigkeit beruft, können Zugehörigkeiten allerdings nur in seltenen Fällen ein offizieller und legitimer Grund für soziale Ungleichheit sein. Zeiten, in denen »Gastarbeiter« ganz selbstverständlich keine Beschäftigung im Öffentlichen Dienst finden konnten, gehören mittlerweile der Vergangenheit an. Und auch die Geschlechtszugehörigkeit stellt zumeist keinen legalen Hinderungsgrund sozialer Chancen mehr dar. Ihre wichtigste Bedeutung gewinnt die Tatsache, zu einer bestimmten Gruppe zu zählen, heute daher nicht in den durch Rechtsnormen regulierten Gesellschaftsbereichen, sondern in den inoffiziellen Sphären der alltäglichen Lebenswelt. Wer welcher Gruppe angehört oder von anderen zugeschlagen wird, beeinflusst, welche Handlungschancen Akteure bei der Wahrnehmung ihrer Interessen und in der Artikulation eigener Bedürfnisse haben, wie hoch der Grad ihrer Konfliktfähigkeit ist, wie bedeutend sich der soziale Wert nützlicher Beziehungen ausnimmt, welche Einbindungen in soziale Netzwerke existieren. Für die »relationale Beziehungsungleichheit« (Kreckel 1992: 19f.), die neben der materiellen Verteilungsungleichheit eine zweite Grundform sozialer Teilungen ist, sind differente Zugehörigkeiten daher ebenso von Belang wie für die Verteilung des »sozialen Kapitals« (Bourdieu 1983). Über gefährdete Soziallagen, wie Armut oder andauernde Unsicherheit, hat die Sozialforschung denn auch ermittelt, dass soziale Beziehungen mit der Zeit weniger, instabiler und sozial homogener werden (vgl. Kronauer 2002: 151ff.). Dies befördert Zugehörigkeiten, die allein aus der Not geboren sind, sowie eine zunehmende soziale Distanz zu besser gestellten und anerkannteren Gruppen. Je einheitlicher aber die Netzwerke schwächerer Gruppen sind und je größer ihr Abstand zu starken Milieus, desto geringer ihre sozialen Chancen. Soziale Beziehungen sind eine *second order resource* (Boissevain 1975), die Zugang zu den Ressourcen anderer verschafft. Wenn die anderen aber ebenso wenig besitzen, steigert sich nur die eigene Machtlosigkeit.

Zugehörigkeiten sind also nicht natürlicherweise oder aus objektiven Gründen gegeben. Sie sind Ergebnis sozialer Interaktionen und repräsentieren Beziehungskategorien, die zwischen Akteuren ausgehandelt werden.

Eigene Gruppenbildung und externe Zuschreibung greifen hierbei oft ineinander. Zum einen streben Akteure Zugehörigkeiten selbsttätig an, wie im Fall von Freundschaftskreisen, Berufsmilieus oder politischen Loyalitäten. Zum anderen werden Zugehörigkeiten durch die Einstufungen anderer definiert, die sich hierfür »an irgendeiner gemeinsamen Eigenschaft vieler« (Weber 1980: 534) orientieren. Als eigenes Handlungsziel werden Zugehörigkeiten gewählt, weil sich mit ihnen Identitätsansprüche und soziale Vorteile verbinden lassen. Ungleichheitsrelevant ist dabei vor allem, dass sich Zugehörigkeiten durch Grenzziehungen konstituieren, um die eigene Wir-Gruppe nach innen begünstigen und nach außen abheben zu können. Das wahrscheinlich universellste Muster hierfür ist die »Etablierten/Außenseiter-Figuration« (Elias/Scotson 1990), in der sich Alteingesessene gegen die Aspirationen neu Hinzukommender beschützen. Daraus entstehen selektive Bevorteilungen, vielfach an gültigen Rechtsnormen oder Verfahrensregeln vorbei. Welche Folgen der Alltag wechselseitiger Begünstigungen aber für die soziale Ungleichheit hat, ist notorisch ein Dunkelfeld der Soziologie, über das kaum exakte Informationen vorliegen.

Sehr häufig zum Nachteil der jeweils Betroffenen schlagen jene Zugehörigkeiten aus, für welche die Zuschreibungen anderer maßgeblich sind. Selbstverständlich lassen sich Akteure auch selbst gern als Angehörige geschlossener Gruppen identifizieren, wenn sich hierfür je nach Kontext oder Rangstellung irgendein Nutzen einstellen mag. Bei mindermächtigen Gruppen geschehen solche Zuschreibungen aber zumeist, ohne dass man sie abweisen kann. Von der jeweiligen Machtstärke hängt ab, in welchem Ausmaß Zugehörigkeiten gewählt oder auferlegt sind und welche gesellschaftlichen Folgen sie haben. So können etwa weiße Amerikaner in den USA weitgehend frei über ihre »ethnischen Optionen« (Waters 1990) entscheiden, während Afroamerikaner ihre Hautfarbe als soziales Schicksal erfahren.

Zwei grundlegende Methoden, Beziehungsungleichheiten zwischen Personen und Gruppen zu etablieren, fallen somit ins Gewicht: Im *Handeln* von Akteuren gehen Zugehörigkeiten stets auf »soziale Schließung« zurück (Weber 1980: 23ff.), auf die Praxis also, soziale Beziehungen exklusiv zu halten und deren Erträge zu monopolisieren. In der *Deutung* sozialer Gemeinschaften entsteht Zugehörigkeit durch die Bewertungsakte der »Klassifikation«, infolge der »kollektiven Vorstellungen« (Durkheim/Mauss 1987) also, die bei menschlichen Gruppen über die verschiedenen Elemente ihrer Sozialwelten existieren.

Klassifikationsprozesse finden vermittels offizieller Bezeichnungen und medialer Berichte statt, doch vor allem in der soziologisch stets schwer fassbaren Sphäre flüchtiger Begegnungen und alltäglicher Interaktionen, privater Gespräche und symbolischer Zeichen. Als Indikatoren für die Zugehörigkeit zu starken oder schwachen Gruppen dienen vor allem äußerlich gut erkennbare Merkmale wie Hautfarbe, Alter, Körperschema, Habitus und Geschlecht, denen unterschiedliche Werte zuerkannt werden. Das Individuum wird dann solchen allgemeinen Kategorien subsumiert und in der Skala der sozialen Rangordnung auf die entsprechende Stelle gesetzt. In der Folge derartiger Bewertungen, die den sozialen Austausch konstant begleiten, sich häufig aber auch nur mit dem Erleben einzelner »Schlüsselsituationen« verknüpfen, vollzieht sich der je gültige Statusaufbau sozialer Gemeinschaften nicht durch Güterverteilung oder das Rechtssystem, sondern durch Kommunikation. Akteure erfahren Anerkennung oder werden bewundert, finden kaum Beachtung oder werden auf ihre Plätze verwiesen. Soziale Ungleichheit, sofern sie den Erfahrungsraum unserer Lebenswelt durchzieht, wird maßgeblich erst durch solche kommunikativen Akte der Einstufung erzeugt und nimmt in ihnen eine konkrete Gestalt im Erleben an. Anders würden auch materielle Unterschiede kaum als Folge ungleicher Sozialverhältnisse interpretiert, sondern einfach nur Abstände ausdrücken.

Als ein Begriffssystem von Unterscheidungen, die hierarchisch geordnet werden, stellen Klassifikationen gleichwohl eine unvermeidliche und notwendige Orientierung im sozialen Raum dar. Ohne sie könnte kein Akteur zu einer Ordnung seiner Wahrnehmungen und seiner Handlungsweisen gelangen. Die jeweils verwendeten Bewertungskategorien variieren jedoch mit den historischen, sozialen und kulturellen Kontexten der Praxis. Seit Émile Durkheim und Marcel Mauss weiß die Soziologie, dass die Begriffe der praktischen Erkenntnis eng mit der jeweiligen sozialen Ordnung einer Gesellschaft zusammenhängen. Gerade deshalb lassen sich anhand von Klassifikationen die Entwicklungen rekonstruieren, die sich in den Zugehörigkeitsmustern sozialer Gemeinschaften vollziehen.

In der soziologischen Forschung wird hierfür zwischen verschiedenen Arten von Klassifikationen differenziert. Am grundlegendsten ist, ob sich in »kollektiven Vorstellungen« *graduelle* oder *kategoriale* Unterscheidungen zwischen Personen und Gruppen manifestieren (vgl. Berger 1989). Graduelle Klassifikationen verhandeln Akteure unter dem Gesichtspunkt von »quantitativen« Differenzen. Diese Bewertungen haben eine ordinale

Struktur: Wahrgenommene Merkmale oder Eigenschaften werden nach den Maßstäben von »größer/kleiner« oder »mehr/weniger« vermessen und in eine kontinuierliche Rangfolge verbracht, welche die prinzipielle Vergleichbarkeit der Bewertungsobjekte zur Voraussetzung hat. Graduelle Klassifikationen sind somit zwar vertikal und hierarchisch; die »Logik der Differenz« (Bourdieu 1992: 146) aber, die durch sie symbolisch zum Ausdruck kommt, ist trotz aller Rangstufen prinzipiell »konjunktiv« (Mannheim 1980: 211ff.) organisiert, weil sie auf einem sozial geteilten Erfahrungsraum und der Zuschreibung grundlegender Zugehörigkeit basiert. Typischerweise sind es in der modernen Gesellschaft erworbene Merkmale wie Bildung, Einkommen oder beruflicher Status, die für graduelle Bewertungen kandidieren, weil sie in sich veränderlich und in ihrer sozialen Wertigkeit verhandelbar sind.

Klassifikationen hingegen, die kategoriale Unterscheidungen artikulieren, fällen über Personen und Gruppen »qualitative« Urteile der Andersartigkeit. Diese Bewertungen haben eine nominale Struktur: Wahrgenommene Merkmale oder Eigenschaften werden nach dem Maßstab »gleich/ungleich« oder »ähnlich/verschieden« sortiert, so dass keine Rangfolge auf einem Kontinuum zustande kommt, sondern eine »mentale Landkarte« sich ausschließender Kategorien. Vor allem askriptive Merkmale kandidieren hierfür, weil sie unveränderlich sind und als Gegensatzpaare auftreten (»Frau« oder »Mann«; »schwarz« oder »weiß«). Da kategoriale Unterscheidungen vorausgesetzter Gemeinsamkeiten entbehren, bieten sie sich in besonderer Weise dafür an, dass soziale Gemeinschaften die *Ungleichheit* von Akteuren als deren *Ungleichwertigkeit* interpretieren. Die »Logik der Differenz« ist dann prinzipiell »disjunktiv« organisiert.

Klassifikationen, die *graduelle* Unterscheidungen ausdrücken, bewerten schwächere Personen und Gruppen zwar als unterlegen (vgl. Neckel 1996b), aber nicht als minderwertig und gestehen ihnen prinzipiell Veränderungschancen zu. Werden schwächere Akteure aber als *kategorial* ungleich eingestuft, beruht dies stets auf der abwertenden Zuschreibung unveränderlicher Zustände und essentialistisch gedeuteter Eigenschaften. Schwächeren Gruppen wird dann bereits die Anerkennung verwehrt, gleiche Lebenschancen überhaupt beanspruchen zu können. Auch schwerwiegende Benachteiligungen können sie kaum bekämpfen, weil die Öffentlichkeit für sie nicht die gleichen Maßstäbe anwendet wie für jene Bevölkerungsteile, die ihr natürlicherweise als zugehörig gelten. Kategorial als ungleichwertig gedeutete Gruppen laufen Gefahr, von der Teilhabe an anderweitig garantierten Rechten ausgeschlossen zu werden oder zumindest eine Absenkung garantierter Standards erfahren zu müssen. In der extremsten Form derartiger Exklusionsprozesse wird soziale Ungleichheit symbolisch dem Geltungsbereich moderner Gleichheits- und Gerechtigkeitsideale vollständig entzogen und von jeglichem Begründungs- und Veränderungsdruck befreit (vgl. Giesen 1987).

Die genannten Binnendifferenzierungen sozialer Klassifikationen sind selbstverständlich als eine soziologische Idealtypik zu verstehen. In ihren realen sozialen Gebrauchsweisen sind graduelle und kategoriale Bewertungen vielfach miteinander verknüpft. Ein Beispiel hierfür ist etwa die Verwendung von Intelligenzquotienten zur Rechtfertigung ethnischer Schließungen. Intelligenzquotienten sind an sich »gradueller« Struktur, da sie auf einer Relation des »mehr oder weniger« beruhen. Werden Intelligenzquotienten jedoch – zum Beispiel aus vermeintlich genetischen Gründen – mit ethnischen Unterscheidungen verknüpft – wie in den USA etwa hinsichtlich der amerikanischen Schwarzen (vgl. Herrnstein/Murray 1994) –, nehmen sie selbst eine »kategoriale« Gestalt an: Wenn Schwarze durchschnittlich eine niedrigere Intelligenz haben und Intelligenz genetisch bedingt ist, haben Schwarze minderwertige Gene, so dass man sich mit ihnen nicht vermischen sollte.

Auch kennen graduelle und kategoriale Klassifikationen mannigfache Übergänge. Jenseits bestimmter Schwellenwerte tragen »graduelle« Einstufungen einen »kategorialen« Charakter, etwa wenn Armut nicht allein Kennzeichen großer quantitativer Unterschiede zu anderen Einkommensklassen ist, sondern auch den Makel des Ausschlusses von allen durchschnittlichen Lebenschancen in sich trägt. Ebenfalls ist der Sozialforschung gut bekannt, dass soziale Kämpfe im Bildungswesen – also um eine graduelle Rangordnung des »mehr oder weniger« – faktisch kategoriale Grenzen errichten können, wenn es einzelnen Gruppen durch eine Mikropolitik der sozialen Schließung gelingt, den Besuch besserer Schulen für den eigenen Nachwuchs zu monopolisieren.

Trotz solcher Abwandlungen in der realen Praxis erweist sich die Idealtypik gradueller und kategorialer Klassifikationen als hilfreich, um aktuelle Entwicklungen von Zugehörigkeiten in der deutschen Gesellschaft zu analysieren. Zwei Prozesse stehen hierbei gegenwärtig im Mittelpunkt des soziologischen Interesses: die Einstufungen ethnischer Minoritäten und die Klassifikationen sozialökonomischer Unterschiede.

Ethnisch-nationale Klassifikationen gelten als typischer Fall kategorialer Divergenzen, und gerade in Deutschland waren interethnische Beziehungen in früheren Zeiten überwiegend rein abgrenzend organisiert. Auch heute stellt die nationale Zugehörigkeit ein umkämpftes Terrain dar, nicht zuletzt zwischen Ost- und Westdeutschen, wenngleich wir diese Kämpfe um Zugehörigkeit nicht als ethnisch begreifen mögen. Hinsichtlich der in Deutschland lebenden Migranten ist vielfach eine Kontinuität kategorialer Symboliken zu konstatieren. So wurden in Zeitungsberichten über die Pisa-Studie Schulen in großstädtischen Einwanderervierteln als »Gettoschulen« bezeichnet, und in Gestalt der jugendlichen »Russlanddeutschen« haben die sozialen Zuschreibungen von Ungleichwertigkeit ein neues Objekt gefunden – fast so, als ob die deutsche Gesellschaft den formalen Rechtsakt, der den russischstämmigen Deutschen gleichwertige Zugehörigkeit verlieh, im Alltag wieder rückgängig machen wollte. Doch sind auch gegenläufige Entwicklungen festzustellen. In der nunmehr schon dritten Einwanderergeneration, die sich auf ein verändertes Staatsbürgerschaftsrecht und einen ethnisch übergreifenden kulturellen »Generationsstil« (Mannheim 1964a: 553) beziehen kann, werden kategoriale Einordnungen vermehrt in graduelle Abstufungen überführt. Öffentlich weithin sichtbare Schauspiele davon sind etwa jene populären Fernsehshows, in denen türkischstämmige Protagonisten die eigene Herkunftskultur, benachbarte Ethnien und natürlich die Sitten der Deutschen einem befreienden Lachen aussetzen. Jene postkolonialen *sitcoms*, die bisher nur in der multiethnischen Kultur angelsächsischer Länder verbreitet waren, erteilen dem sozialen Stress des Zusammenlebens keine gewaltträchtige, sondern eine (selbst)ironische Abfuhr. Mit ihren gegenseitigen Stigmatisierungsspielen vor einem gemeinsamen Publikum symbolisieren sie einen neuartigen »konjunktiven« Erfahrungsraum, dem auch Einwanderer angehören.

Was ihre sozialökonomischen Unterschiede betrifft, so redet sich die deutsche Gesellschaft gerne ein, die kategorialen Grenzen früherer Klassenschranken längst überwunden zu haben. Auch gehört es zum Selbstverständnis einer »Leistungsgesellschaft«, nur graduelle und veränderbare Maßstäbe der Statusverteilung zu kennen. Tatsächlich bezeugen die heute vorherrschenden Klassifikationen sozialer Ungleichheit aber etwas anderes. Eine ausufernde »Gewinner-Verlierer«-Semantik ist vielfach an jene Stelle getreten, an der zuvor Ausdrücke wie »Benachteiligte« oder »Sozial Schwache« gestanden haben. Im Sprachgebrauch des Wohlfahrtsstaats wurde bei Benennungen wie »sozial Schwache« die gesellschaftliche Verantwortung sozial stärkerer Gruppen immer schon mitgedacht – auch deshalb, weil die Schwachen nicht allein als haftbar für ihre Lage galten. Die »Gewinner-Verlierer«-Semantik hingegen repräsentiert ein symbolisches Nullsummenspiel, zu dessen Wesen es gerade gehört, als »Verlierer« ausscheiden zu müssen. Die Zugehörigkeit endet beim Misserfolg, der ebenso persönlich zu verantworten wie sozial ausschließend ist. »Sozial Schwache« werden indes als »Opfer« verlacht (vgl. Hartung 2001) – ein Wort, das in solch einer Verwendung Leid und Beschädigung selbst zum Makel erklärt. Die Erfolgskultur der heutigen Marktgesellschaft hat mit all ihren kategorialen Gegensätzen von wachsendem Reichtum und lauernder Armut, von auftrumpfendem Wettbewerbsgeist und sozialer Resignation tiefe Spuren in der symbolischen Ordnung von Ungleichheit hinterlassen. Nur derjenige wird diese Spuren zu deuten wissen, der die Macht der Klassifikation zu begreifen versucht.

Gewinner – Verlierer

In der modernen Gesellschaft ist Konfliktmanagement zu einer verbreiteten Kulturtechnik geworden. Rosenkriege, Kooperationsprobleme in Unternehmen und Eskalationen im Streit zwischen Staaten werden vielfach von Experten begleitet und analysiert, die damit versuchen, Gegnerschaften möglichst jenen riskanten Zündstoff zu entziehen, der im schlimmsten Fall zum Schaden aller Kontrahenten, wenn nicht gar zu ihrem gemeinsamen Untergang führen kann. Eine der wichtigsten Beobachtungen professioneller Konfliktberatung ist, dass Streitfälle häufig dahin tendieren, im Stadium ihrer Verschärfung eine Gewinner/Verlierer-Konstellation heraufzubeschwören, aus der sich eine selbstdestruktive Eskalationsdynamik entwickeln kann. Zu den Ratschlägen des Konfliktmanagements gehört deshalb, Gewinner/Verlierer-Anordnungen möglichst ganz zu vermeiden. Die *win-lose-Situation* nämlich, in der eine Konfliktpartei versucht, eigene Gewinne durch die Verluste anderer zu realisieren, endet in nicht seltenen Fällen damit, dass Gewinnern bei der Verwirklichung ihrer Ziele so viele eigene Ressourcen verloren gehen, bis schließlich eine *lose-lose-Situation* entsteht, von der keine der beteiligten Parteien noch einen Vorteil hat. Auf Sieg oder Niederlage zu setzen – so die sozialwissenschaftliche Spieltheorie – ist im Grunde nur dann rational, wenn man einen Gegner im Notfall auch beseitigen könnte oder über die Chance verfügt, die Konfliktsituation ein für allemal zu verlassen.

Gesellschaftliche Risiken der Gewinner/Verlierer-Konstellation

Moderne Gesellschaften sind notorisch von Konflikten durchzogen und daher in all ihren Bereichen höchst anfällig für die Risiken der Gewinner/

Verlierer-Konstellation. Neben den Spannungen, die aus dem Streit um Werte oder Machtansprüche entstehen, sind es vor allem Interessenkonflikte, die für das Nullsummenspiel der Gewinner/Verlierer-Struktur kandidieren. Die ungleiche Verteilung von Ressourcen wie Einkommen, Bildung und Macht lässt soziale Konflikte um die Teilhabe und Teilnahme am Gesellschaftsprozess regelmäßig auftreten. Doch wie in den alltäglichen Formen des Konfliktmanagements auch, stellen Konstellationen, in denen eine Seite soviel gewinnt wie die andere Verluste hinnehmen muss, keine besonders rationale Bewältigungsform sozialer Gegensätze dar. In der Wirtschaft kann man Arbeitskräfte entlassen, um den Aktienwert eines Unternehmens zu steigern – die davon betroffenen Menschen aber bleiben ein Teil der Gesellschaft. Und auch die Globalisierung kennt keine Exit-Option. Die Niederlagen, die man Verlierern zugefügt hatte, holen die Gewinner an anderen Orten der Welt schnell wieder ein und rufen neue Konfliktparteien auf.

Auch berühren Gewinner/Verlierer-Konstellationen die normativen Prinzipien, die moderne Gesellschaften für sich reklamieren. Im Unterschied zu ihren historischen Vorgängern oder autoritären Regimes beanspruchen moderne Demokratien, einen Interessenausgleich zwischen unterschiedlichen Sozialgruppen herbeizuführen. Dies gilt zumal für einen weiteren Bereich, in dem sich Gewinner/Verlierer-Konstellationen typischerweise zeigen: dem Wettbewerb um Lebenschancen, wie er sich vor allem im Wirtschaftssystem vollzieht. Im Unterschied zum offenen Konflikt, den zwei Parteien gegeneinander führen, ist der Wettbewerb ein nur indirekter Kampf, den die betreffenden Konkurrenten durch den Vergleich sachlicher Leistungen austragen. Da »bei jedem Wettbewerb [...] die Bedeutung der Leistung durch das Verhältnis bestimmt (wird), das sie zu der Leistung des Nebenmannes hat«, gehört es zum Charakteristikum der Konkurrenz, »dass der Gewinn, weil er dem einen zufällt, dem andern versagt bleiben muss« (Simmel 1983). Moderne Gesellschaften setzen jedoch eine Vielzahl von Mitteln ein, um den gesellschaftlichen Schaden von Wettbewerben abzuwenden, der immer dann eintritt, wenn Konkurrenz direkt den Niedergang einer Seite bewirkt. Auch wenn kaum eine Gesellschaft auf den Vorteil von Wettbewerben – die Chance zur Leistungssteigerung – verzichten mag, so sehen doch nur wenige Sozialordnungen davon ab, die Nachteile von Wettbewerben zu begrenzen. Nullsummenspiele mit einseitigen Erträgen, bei denen die Verlierer vollkommen leer ausgehen, bringen ebenso tiefe gesellschaftliche Spaltungen hervor wie Wettbewerbsordnungen, bei denen die Leistungsbeiträge bestimmter Gruppen »unbelohnt ins Nichts fallen« (Georg Simmel). Die Wettbewerbskulturen in den Gesellschaften der Gegenwart betten die soziale Konkurrenz daher vielfach in rechtliche und moralische Normen ein. So dient die Maxime der Verteilungsgerechtigkeit, auf die sich moderne Gesellschaften mit dem Leistungsprinzip berufen, dem Versuch, Gewinner/Verlierer-Konstellationen im Wirtschaftsleben möglichst nicht aufkommen zu lassen.

Das deutsche Sozialmodell – eine Gewinnergeschichte

So problematisch die Gewinner/Verlierer-Konstellation grundsätzlich für den sozialen Zusammenhalt ist, so variantenreich sind indes die gesellschaftlichen Methoden im Umgang mit ihr. Vor allem das amerikanische Modell des individualistischen Marktkapitalismus ist durch eine vergleichsweise große Unbefangenheit gegenüber den Wettbewerbsfolgen der Gewinnerkultur charakterisiert, während das europäische Modell des sozialstaatlichen Kapitalismus sie stets eingrenzen wollte. In den Vereinigten Staaten bieten die dominierende Stellung auf den internationalen Finanzmärkten und die fortwährende Integration neuer Einwanderungsgruppen stetigen Anlass für den Optimismus, Wettbewerbe in *win-win-Situationen* verwandeln zu können. Da Verlierergruppen häufig auch ethnisch identifiziert sind, stellt sich die Spaltung in Gewinner und Verlierer nicht immer schon als Problem der Mehrheitsgesellschaft dar. Werden jedoch weiße Mittelschichten von den Folgen ruinöser Wettbewerbe erfasst, wird die »Angst vor dem Absturz« (Barbara Ehrenreich) gleichwohl auch in den USA zum öffentlich diskutierten Problem.

Deutschland hat – soweit es bis 1990 seinen westlichen Teil betrifft – im europäischen Modell der regulierten Wirtschaftskonkurrenz stets das Konzept der Sozialpartnerschaft vertreten. Zu diesem Konzept gehörte, dass Kapital und Arbeit zugleich gewinnen und alle sozialen Schichten an den langfristigen Wohlstandszuwächsen partizipieren. Typische Institutionen im Umgang mit gesellschaftlichen Konflikten waren die »Schlichtung« und der parlamentarische »Vermittlungsausschuss«. Einen Kompromiss gefunden zu haben, bei dem es »keine Gewinner und keine Verlierer« gibt, gehörte zum (wirtschafts-)politischen Ethos der alten Bundesrepublik. Arena dieses Aushandlungsmodells war das »korporatistische Dreieck«

(Reinhard Kreckel) aus Staat, Unternehmen und Gewerkschaften, in dem Verteilungskonflikte kleingearbeitet wurden. Einer scharfen Trennung der Gesellschaft in verlierende und gewinnende Gruppen stand entgegen, dass die Anstrengungen des Wiederaufbaus politisch mit dem Versprechen »Wohlstand für alle« (Ludwig Erhard) verknüpft worden waren, um sozialen Spannungen bei der Neuordnung zu entgehen.

Das Sozialmodell der alten Bundesrepublik beruhte auf dem Grundsatz, dass die Bereitschaft zu hohen Arbeitsleistungen gegen die umfassende Teilhabe an sozialen Chancen eingetauscht werden sollte. Faktisch bildeten sich zwar erneut beträchtliche Ungleichheitsrelationen, denen jedoch aufgrund anhaltender Wachstumssteigerungen auch bei den unteren Sozialschichten Wohlstandsgewinne entsprachen. Eine »enttraditionalisierte« Klassengesellschaft entstand, in der die Arbeiterschaft »Abschied von der Proletarität« (Josef Mooser) nehmen konnte. Die fortdauernde Ungleichverteilung sozialer Chancen verblasste in der gesellschaftlichen Wahrnehmung durch den »Fahrstuhleffekt« (Ulrich Beck) eines erheblich höheren Gesamtniveaus der materiellen Versorgung. Als Verhaltensstil der westdeutschen Eliten prägte sich die Haltung aus, auf sichtbare Statussymbole und »demonstrativen Konsum« weitgehend zu verzichten.

Komplementäre Entwicklungen fanden – wenn auch unter ganz anderen politischen Vorzeichen – im östlichen Deutschland statt, in dem sich die »arbeiterliche Gesellschaft« (Wolfgang Engler) der DDR konsolidierte. Das SED-Regime gestand den »Werktätigen« zwar keine politischen Freiheiten zu, sorgte aber für die kulturelle Hegemonie der Arbeiterschaft, um sie als »Gewinner« des Sozialismus erscheinen zu lassen. Aus dem proletarischen Milieu und verwandter Sozialgruppen entstammte auch das Führungspersonal der SED, das in seinem Habitus kleinbürgerlich-autoritäre Züge aufwies und daher keinen großen Kontrast zur Bevölkerungsmehrheit abgab. Zwischen Partei und Gesellschaft bildete sich ein dichtes Netzwerk klientelistischer Beziehungen, in dem Loyalität und Teilnahme gegen die Zuweisung knapper Ressourcen, soziale Bevorzugung und ideologische Zugeständnisse getauscht wurden. Auf diese Weise versuchte auch die DDR, Zustimmung in der Bevölkerung zu erreichen.

Wenn in den ersten Jahrzehnten der Bundesrepublik die Unterscheidung von Gewinnern und Verlierern öffentliche Anwendung fand, so bezog sie sich auf den Ausgang des Krieges, den die Deutschen verloren und die Alliierten gewonnen hatten. Für die Gesellschaftspolitik aber spielte diese Entgegensetzung kaum eine Rolle. Dies begann sich im westlichen

Deutschland zunächst in den 1980er Jahren zu ändern, als der Begriff »Modernisierungsverlierer« breitere Aufmerksamkeit erlangte. Das »Modell Deutschland« mit Vollbeschäftigung und wohlfahrtsstaatlicher Sicherung war an sein Ende gekommen, wie der Niedergang klassischer Industrieregionen und der Beginn der Massenarbeitslosigkeit signalisierten. Als Leitbegriff der Gesellschaftsanalyse machte »Individualisierung« die Runde. Vor diesem Hintergrund begann sich auch die sozialwissenschaftliche Forschung für jene Sozialgruppen zu interessieren, die mittlerweile den Anschluss an den ökonomischen und technischen Strukturwandel verloren hatten. Hierzu gehörten das traditionelle Arbeitermilieu, dessen Arbeitsplätze mehr und mehr verschwanden, sowie Jugendliche mit geringem Bildungskapital, die kaum mehr dauerhaft in den Arbeitsmarkt integriert werden konnten. Beiden Sozialgruppen war zudem eigen, besonders abweisend auf die kulturelle Modernisierung der Bundesrepublik zu reagieren, die sich in zunehmendem Wertepluralismus, im Feminismus und in hedonistischen Lebensstilen dokumentierte. Seinen politischen Ausdruck fand dies in der Unterstützung rechtsradikaler Parteien, die ihre vorübergehenden Wahlerfolge in westdeutschen Landes- und Kommunalparlamenten maßgeblich den Proteststimmen der »Modernisierungsverlierer« verdankten. Von »Modernisierungsgewinnern« als Sozialgruppen war hingegen kaum die Rede, da die Mehrheitsgesellschaft sich insgesamt noch im Aufwind der Modernisierung wähnte. Allein die »Distinktionsgewinne«, die aufstrebende Sozialgruppen im neu entdeckten Wettbewerb kultureller Lebensstile erzielten, erregten öffentliches und auch sozialwissenschaftliches Interesse.

Deutsche Einheit: Wer gewinnt – wer verliert?

Dann kam die deutsche Einheit, die den bisher vorherrschenden Ungleichheitsmustern neue Unterscheidungslinien hinzugefügt hat. Quer zu den sonstigen Abstufungen in der sozialen Schichtung legt sich seither eine Struktur disparitärer Lebensverhältnisse zwischen Ost und West über das Land, die seit 1990 als »Wohlstandsgefälle« und »innere Spaltung« beschrieben wird. Die Chancen von Aufstieg und Abstieg, von Gewinn und Verlust sind nach der Vereinigung noch einmal von neuem verteilt worden. Während die Entlassung der Werktätigen in die Freiheit des Marktes in vielen ostdeutschen Regionen Dauerarbeitslosigkeit hinterließ und die Auflösung des Partei- und Staatsapparats der DDR zum Statusverlust zahlreicher Bevölkerungsgruppen führte, nahmen westdeutsche Führungskräfte, Beamte und Teile des Besitzbürgertums leitende Positionen in den ostdeutschen Ländern ein.

Auf zweierlei Weise wurde fortan die öffentliche Debatte über die deutsche Einheit von der Gewinner/Verlierer-Semantik geprägt. Zum einen ist zwischen West- und Ostdeutschland im Ganzen heftig umstritten, wer zu den Gewinnern und wer zu den Verlierern der Vereinigung zählt. Während die ostdeutschen Länder den Zusammenbruch zahlreicher Wirtschaftsregionen und die Entvölkerung ganzer Landstriche beklagen, weisen westdeutschen Länder auf eigene Wohlstandsverluste hin, die sich aufgrund der Transferzahlungen von etwa 1,3 Billionen Euro, die zwischen 1990 und 2004 nach Ostdeutschland flossen, eingestellt hätten. Das Charakteristische dieser innerdeutschen Kontroverse ist, dass im Streit um Kosten und Nutzen der Einheit jede Seite versucht, den Eindruck einer eindeutigen Gewinnerposition zu vermeiden, da dies der Berufung auf die »innere Einheit« als politischem Ziel abträglich wäre. Die Sonderkonjunktur, welche die Vereinigung der westdeutschen Wirtschaft bis 1993 bescherte, und die Vermögenszuwächse, zu denen die Rückübertragungen von Eigentum bei westdeutschen Hauhalten führten, werden ebenso heruntergespielt wie umgekehrt die Wohlstandsgewinne relativiert werden, die sich seit 1990 für große Teile der ostdeutschen Bevölkerung eingestellt haben. Jede Seite hat ihre populären Symbole dafür, sich selbst auf der Seite der eigentlichen Verlierer zu sehen. Im Westen konkretisiert sich das Gefühl, dass das Land durch die Kosten der Vereinigung auf lange Sicht ins Hintertreffen gekommen sei, am Niedergang einst strahlender Wahrzeichen des eigenen Wohlstands. In Berlin etwa am langsamen Siechtum der Flaniermeile des Kurfürstendamms, den die westliche Tagespresse seit Jahren als den »wahren Verlierer« der deutschen Einheit beschreibt, während die Zukunft gen Osten importiert worden sei: »Wer hat denn nun den kalten Krieg gewonnen?«, wie durch eine Berliner Wochenzeitung in diesem Zusammenhang angefragt wurde. Im Osten hingegen gilt der Umstand, dass mit dem Abstieg von Hansa Rostock für lange Jahre auch der letzte Ost-Verein aus der 1. Fußball-Liga verschwand, während sich gleichzeitig westdeutsche Proficlubs mit den besten ostdeutschen Spielern bestückten, als Mahnmal westlicher Demütigung.

Viel weniger umstritten als die innerdeutsche Gewinn- und Verlust-
rechnung ist, dass die deutsche Vereinigung in der ostdeutschen Bevölkerung selbst zu einer Aufspaltung in Gewinner und Verlierer führte. Die
Gewinnerseite wird hierbei vor allem vom neuen ostdeutschen Bürgertum
gestellt, das sich wirtschaftlich konsolidiert hat und politisch bis in die
Führung von Regierung und Parteien aufsteigen konnte. Für die sozial
abgeschlagenen Bevölkerungsteile im Osten hat sich die Bezeichnung
»Wendeverlierer« als Sammelbegriff etabliert. Zu ihnen zählen alle, die aus
der zerklüfteten Beschäftigungsstruktur der ostdeutschen Länder faktisch
herausgefallen sind, im Transformationsprozess eine gesicherte Stellung
verloren oder zu jenen bildungsfernen und immobilen Bevölkerungsteilen
gehören, die in den verödeten Regionen des Ostens sitzen geblieben sind.
Als ihre politische Heimstatt gilt die Linkspartei/PDS, von der politischen
Konkurrenz als »Partei der Wendeverlierer« bezeichnet. Als äußere Erken-
nungszeichen fungieren Jogginghose und Unterhemd, die der typische
ostdeutsche Verlierer selten ablegen würde, wie ein westdeutscher Publizist
von einer literarischen Deutschlandreise berichtet. Das Geschlecht des
»Wendeverlierers« wiederum ist eindeutig männlich, und so wird der ostdeutsche Mann bis in die aufmunternden Texte jüngerer ostdeutscher
Schriftstellerinnen hinein als Verlierer schlechthin charakterisiert, da er
auch auf den Heiratsmärkten den Anschluss verloren habe. Gleichwohl
wurde dem (männlichen) »Wendeverlierer« in jüngster Zeit auch manche
Ehrenrettung zuteil. Verstärkt durch eine kulturelle Strömung im Westen,
die »die Kunst des Verlierens« (Martin Doehlemann) und das Schöne am
Scheitern entdeckte, nimmt der »Wendeverlierer« vor allem im zeitgenössischen deutschen Film *(Alles Zucker)* mitunter so etwas wie einen neuen
Kultstatus ein.

In den Sozialwissenschaften schließlich drängte sich die Gewin-
ner/Verlierer-Unterscheidung schon frühzeitig in den Forschungen über
den Umbruch in Ostdeutschland auf. Eine Unzahl von Untersuchungen zu
den Lebenslagen und den Berufsverläufen der ostdeutschen Bevölkerung
führen seit 1990 »Gewinner und Verlierer« im Titel. Bisweilen stieß die
soziologische Forschung dabei auf bisher wenig bekannte Differenzie-
rungsprozesse. So etwa in der Gegenüberstellung von »aktiven Verlierern
und passiven Gewinnern« (Willisch/Brauer 1998), womit eine besondere
Paradoxie im Verlauf der ostdeutschen Transformation zum Ausdruck
gebracht worden ist. Konnte bis dahin angenommen werden, dass sich
eine Gewinnerposition eher mit einem aktiven und die Verliererstellung

mit einem passiven Lebensmuster verbindet, so identifizierte die Sozialforschung jetzt biographische Fallgruppen, die gerade deswegen von Verlusten und Rückschlägen heimgesucht wurden, weil sie sich dem ostdeutschen Strukturwandel zu schnell oder im falschen Moment angepasst hatten. Am Ende standen sie dadurch ohne jede Sicherheit dar. Im subjektiven Gefühl, alles richtig zu machen, gerieten die aktiven Verlierer in einen Strudel von Umschulung, Umzug und neuen Anfängen hinein, ohne jedoch die subjektive Wirksamkeit zu erlangen, die sie sich von ihrer aktiven Lebenseinstellung versprachen.

Neuer Kapitalismus:
Die Ausbreitung einer Gewinner/Verlierer-Kultur

Während sich die deutsche Gesellschaft noch ganz auf ihre inneren Probleme in der erweiterten Bundesrepublik konzentrierte, vollzogen sich indes längst weltweite Veränderungen in der modernen Ökonomie, die auch die Gewinner/Verlierer-Konstellationen tiefgreifend modifizierten. Die Grenzenlosigkeit, in der nach dem Fall des eisernen Vorhangs Kapital, Arbeitskräfte, Güter, Geld und Informationen mobil gemacht werden konnten, trieb die Globalisierung des siegreichen Kapitalismus entschieden voran. In ihrem Gefolge erstarkten die internationalen Finanzmärkte zu den nunmehr wichtigsten Institutionen der globalen Ökonomie. Begleitet von Innovationsschüben in der elektronischen Kommunikation setzte sich im »Turbo-Kapitalismus« (Edward Luttwak) der Gegenwart eine neoliberale Wirtschaftsideologie durch, die den Marktkräften weitgehende Freiheiten ließ und den *shareholder value* als alleinigen Maßstab wirtschaftlichen Erfolgs im modernen Anlegerkapitalismus inthronisierte. Die meisten westlichen Industrieländer sehen sich überdies in einer weltweiten Standortkonkurrenz gefangen, in der fortwährend die Investitionsflucht ins Ausland und ein Unterbietungswettbewerb um die günstigsten Anlegerkonditionen drohen. Die Politik hat darauf mit der Deregulierung der Arbeitsmärkte und von wohlfahrtsstaatlichen Institutionen reagiert, weshalb »Flexibilität« und »Eigenverantwortung« zu neuen Leitbildern wurden.

In Deutschland wurde die Gewinner/Verlierer-Konstellation zunächst noch als begrenztes Folgeproblem der staatlichen Einheit verstanden, als Begleiterscheinung der auch politisch bedingten Interessenkonflikte um

Ressourcen und Macht. Als sich die Auswirkungen der Globalisierung aber auch in der deutschen Wirtschaft deutlich bemerkbar machten, generalisierte sich im Zuge eines weltweiten ökonomischen Wettbewerbs die Unterscheidung von *winner* und *loser* zu einer allgegenwärtigen Dichotomie, mit der die Verteilung sozialer Positionen in bald allen Gesellschaftsbereichen ausgedrückt wurde.

Dabei hatten die Umbrüche in der globalen Ökonomie zunächst wie die Erneuerung des Versprechens gewirkt, dass die moderne Marktwirtschaft eine allgemeine Wohlstandssteigerung herbeiführen könne. Scheinbar mühelos sorgte vor allem der Aktienmarkt dafür, das Trugbild eines »Kapitalismus für alle« (Legnaro et al. 2005) zu verbreiten. Als im Juli 1997 die Kursgewinne in den Vereinigten Staaten alle früheren Rekorde brachen und der Boom der *New Economy* begann, multiplizierten sich die Aktienwerte in kürzester Zeit in einen wahren Höhenrausch hinein. Die spekulativen Finanzströme verselbständigten sich weitgehend von den Realitäten materieller Wertschöpfungsketten und so betrug etwa der Aktienwert des Internetbuchhändlers *Amazon* im Jahr 1999 mehr als 25 Milliarden US-Dollar, obgleich das Unternehmen bis dahin noch keinen Cent Gewinn gemacht hatte. Kurze Zeit später platzten die spekulativen Blasen des »Neuen Marktes«. Der Deutsche Aktienindex fiel zwischen 1999 und 2002 um 60 Prozent, wodurch in dieser Zeit allein in Deutschland 955 Milliarden Euro vernichtet worden sind.

Der Börsenkrach war nur der Höhepunkt einer von heftigen Krisen geschüttelten wirtschaftlichen Entwicklung, in deren Folge sich die Lebenslagen in der deutschen Gesellschaft insgesamt polarisierten. Auf der Verlustseite stehen eine dauerhafte Massenarbeitslosigkeit von über fünf Millionen Erwerbspersonen, das Sinken der Löhne, der Einbruch sozialer Sicherheiten, prekäre Lebensmuster und die zunehmende Verbreitung von Armut, während auf der Gewinnerseite Reichtumszuwächse bei Vermögensbesitzern, steigende Unternehmensgewinne sowie wachsende Bezüge und Karrierechancen in der neuen »globalen Klasse« (Ralf Dahrendorf) der High Potentials, des oberen Managements und der modernen Erfolgselite zu verbuchen sind. Folgerichtig ist die Entgegensetzung von Gewinnern und Verlierern nunmehr zum Deutungsmuster schlechthin der gesellschaftlichen Statusordnung geworden. »Die neoliberale Globalisierung hat sehr viele Verlierer und nur wenige Gewinner hervorgebracht«, heißt es etwa in einer Grundsatzerklärung des Netzwerkes *Attac*, das mit dieser Diagnose zum Initiator einer Protestbewegung gegen den neuen Kapitalismus werden konnte (Attac 2002). Doch nicht nur Globalisierungskritiker der politischen Linken greifen zum Bild der Gewinner/Verlierer-Konstellation. »The big winners are the very, very rich«, lautet auch das Fazit des Princeton-Ökonomen Paul Krugman (2002) in einer international vergleichenden Analyse zur gegenwärtigen Reichtumskonzentration, während gleichzeitig die Armutsforschung eine »no-winner-Situation« (Ernst-Ulrich Huster) vor allem junger Leute konstatiert, überhaupt noch zur Teilhabe am gesellschaftlichen Reichtum fähig zu sein.

Tatsächlich kommt kaum eine sozialwissenschaftliche Gegenwartsanalyse heute daran vorbei, von den »Gewinnern in der sozialen Polarisierung« und den »Verlierern im Sozialstaat« zu sprechen, wie einschlägige Titel lauten. Und auch die aktuelle Sozialstrukturforschung zur deutschen Gesellschaft, wie sie etwa die Forschungsgruppe um Michael Vester betreibt, nimmt mittlerweile die Teilung in Gewinner und Verlierer als systematisches Unterscheidungsmerkmal auf, um die gegensätzlichen Bewältigungsformen des ökonomischen Wandels in verschiedenen Sozialmilieus zu beschreiben. Die Medien greifen ihrerseits zur Rhetorik des Nullsummenspiels und charakterisieren damit die Veränderungen öffentlich sichtbarer Statuspositionen. So stellte das Handelsblatt in seiner Weihnachtsausgabe 2005 erneut die »Gewinner und Verlierer des Jahres« vor, derweil die Bild-Zeitung im Winter 2005/2006 gleich eine tägliche »Gewinner und Verlierer«-Kolumne eingerichtet hat. Auf der Gewinnerseite sind unter anderem zu finden: der Chef der Commerzbank, Angela Merkel, Dieter Bohlen, Hans-Olaf Henkel, Günther Jauch und Bild selbst, während als Verlierer der DGB-Vorsitzende Sommer, der Chef der Deutschen Post, Jürgen Fliege und Michael Jackson auftreten.

Die Ökonomie der Gewinner

Der öffentliche Gebrauch, den die Gewinner/Verlierer-Semantik heute findet, stellt keine Erfindung der Medien oder von sozialwissenschaftlichen Deutungsexperten dar. Er verweist auf reale Mechanismen des modernen Marktkapitalismus und lässt sich mit empirischen Daten belegen. Die wichtigsten Ursachen sind in der Ausweitung und dem Strukturwandel der ökonomischen Märkte zu sehen. Im wirtschaftlichen Wettbewerb ist Erfolg keine absolute, sondern eine relative Größe, die sich an der unterlegenen Position von Konkurrenten erweist. Weiten sich die gesellschaftlichen Bereiche aus, in denen Wettbewerbe über die Verteilung von Ressourcen entscheiden, vervielfachen sich zwangsläufig auch die Platzierungen nach dem Gewinner/Verlierer-System.

Märkte sind die zentralen Arenen der wirtschaftlichen Konkurrenz. In dem Maße, wie Märkte insgesamt die Sozialordnung bestimmen, nimmt der Wettbewerb in allen Lebensbereichen zu. Die Vermarktlichung von Wirtschaft und Gesellschaft aber hat schwerwiegende Konsequenzen für die Art und Weise, in der gesellschaftlicher Reichtum unter den verschiedenen Sozialgruppen verteilt wird. Ist ökonomischer Erfolg allein durch den Vorrang im Marktwettbewerb zu erzielen, wird die Platzierung in der Konkurrenz zu seinem dominierenden Maßstab. Erfolg bemisst sich unter diesen Bedingungen nicht daran, eine vom Konkurrenzkampf unabhängige Leistung erbracht zu haben, sondern verwandelt sich zu einer reinen Wettbewerbskategorie. Der Wert eines Erfolgs erweist sich dann allein an der Höhe der Einkünfte, die eine Person im Vergleich zu ihren Konkurrenten erzielt. Dieser Strukturmechanismus setzt eine fortwährende Steigerungsdynamik in Gang, da unter den Konkurrenten nur derjenige immer wieder Erfolge vorzeigen kann, der stets die höchsten Erträge verbucht. Erfolgreiche Marktteilnehmer, die sich bereits in einer günstigen Wettbewerbsposition befinden, werden privilegiert, weil ökonomische Märkte für die Vermehrung von Vorteilen keine eigenen Stoppregeln kennen. Wer hingegen kaum Markterfolge, sondern nichts weiter als seine eigenen Leistungen vorweisen kann (oder aus Mangel an Gelegenheiten noch nicht einmal das), wird rasch zum Verlierer in der modernen Marktökonomie.

Die wirtschaftliche Entwicklung in Deutschland bietet für diese Verteilungslogik des Marktkapitalismus reichhaltiges Anschauungsmaterial. Gewinne und Verluste in der Verteilung von Gütern und Lebenschancen treten zunehmend auseinander. Auch sind sie eindeutig von der jeweiligen sozialen Stellung bestimmt, so dass die sozialwissenschaftliche Zeitdiagnose nicht grundlos von einer »Renaissance der Klassengesellschaft« (Paul Nolte) oder gar von der »Refeudalisierung« (Rainer Forst) der Sozialordnung spricht. Bereits seit Ende der 1970er Jahre ist der langfristige Trend zu mehr Gleichheit bei wachsendem ökonomischem Wohlstand zu Ende gegangen. Seither haben sich die durchschnittlichen Einkommen deutscher Arbeitnehmer nicht mehr verbessern können. Trotz Anstieg der Bruttolöhne war ihr Nettorealeinkommen 2002 genau so hoch wie 1978. Hingegen haben sich die Einkünfte aus Unternehmertätigkeit und Vermögen seit

1980 mehr als verdoppelt. Insbesondere im letzten Jahrzehnt verschärfte sich die Ungleichverteilung zwischen Arbeit und Kapital. Zwischen 1991 und 2002 gingen die durchschnittlichen jährlichen Nettoreallöhne um 2,6 Prozent zurück, obgleich das Bruttoinlandsprodukt in dieser Zeit um 15 Prozent und die Produktivität je Arbeitsstunde um 21 Prozent gewachsen sind. Die Gewinn- und Vermögenseinkommen jedoch nahmen netto allein zwischen 1999 und 2002 um 50 Prozent zu. Das derzeitige Gesamtvermögen deutscher Privathaushalte von fünf Billionen Euro gehört laut 2. Armuts- und Reichtumsbericht der Bundesregierung beinahe zur Hälfte dem reichsten Zehntel der Haushalte, während nur knapp 4 Prozent der Geld- und Sachwerte auf die ärmere Hälfte der Haushalte entfallen.

Die gesellschaftlichen Wohlstandsgewinne wurden im Verlauf dieser Entwicklung faktisch von den ökonomisch erfolgreichen Schichten monopolisiert. In der Wirtschaftstheorie gilt als Doktrin, dass nur »Positionsgüter« wie die Führungspositionen in hierarchischen Organisationen (Unternehmen, Parteien, Verbände, Staaten) nach der Logik von Nullsummenspielen erworben werden, während materielle Güter wie Einkommen und Vermögen kollektiv wachsen könnten, da deren Ungleichverteilung Leistungsanreize für den sozialen Aufstieg stifte. Der Markt ist aber mitnichten eine meritokratische Institution, da er nicht Leistungen belohnt, sondern sich nach der zahlungskräftigen Nachfrage richtet. Eine Machtstellung auf ökonomischen Märkten erlaubt daher unbeachtet aller Leistungsnormen die Maximierung von Gewinnen, während Arbeitsleistungen, nach denen eine verminderte Nachfrage besteht, relative Verluste einbringen können und Personen, für die der Wettbewerb keine Verwendung findet, ins ökonomische Abseits geraten.

Die größten Gewinner in der wachsenden Ungleichverteilung der letzten Jahre stellen denn auch all jene Sozialgruppen dar, die ihre hohen Erträge an eine bereits bestehende Spitzenposition im Marktwettbewerb anbinden konnten. Sie sind zumeist in jenen Wirtschaftsbereichen tätig, in denen sich die jeweilige Belohnungsstruktur nicht am Wert von Arbeitsleistungen bemisst, sondern relativ zur jeweiligen Position, die eine Person im Verhältnis zu ihren Konkurrenten am Markt innehat. Spitzenpositionen werden überproportional entgolten, weil sie zahlenmäßig knapp sind und aufgrund ihrer immensen Erträge sich der Wettbewerb auf sie konzentriert. Einkommensunterschiede erklären sich dann nicht mehr aus Leistungsdifferenzen oder Qualifikationsvorsprüngen, sondern allein aus der Gelegenheitsstruktur, angebotene Privilegien wahrnehmen zu können. Bei den

Topverdienern schließlich herrscht ein agonaler Wettbewerb vor, bei dem Gewinnen bedeutet, dass der Siegpreis nur wenigen zufällt, während die Masse leer ausgeht. Solche *winner-take-all*-Märkte, wie amerikanische Wirtschaftswissenschaftler sie nennen, haben sich auch in Deutschland in zahlreichen Branchen entwickelt. Bekanntermaßen funktionieren der Profisport, die Unterhaltungsindustrie, der Kunstmarkt und andere Zweige des Kulturbetriebs nach dem agonalen Prinzip, dass die Ersten am Markt mehr verdienen als zahlreiche Schlechterplatzierte zusammen. In der Wirtschaft hingegen galt jedenfalls offiziell, dass Marktchancen sich durch Leistungsnormen rechtfertigen müssen, was der Gier nach den größtmöglichen Vorteilen gewisse Zügel anlegte. Vor 1990 waren Millionenbezüge von Topmanagern in Deutschland nahezu unbekannt. Dann setzte eine Vermarktlichung des Leistungsprinzips ein, die als entscheidenden Maßstab von »Leistung« den Erfolg im Wettbewerb etablierte. Heute sehen deutsche Führungskräfte weitgehend davon ab, ihre Bezüge noch mit den Einkommen ihrer Mitarbeiter zu vergleichen. Sie scheuen sich aber nicht, sich selbst als hoch bezahlte Superstars zu verstehen. In einem Interview mit der FAZ begründete Wendelin Wiedeking, Vorstandsvorsitzender von Porsche, seine millinenschweren Einkünfte mit den folgenden Worten:

»Seit wann wird denn ein Vorstand nach Stunden bezahlt? Auch bei einem Michael Schumacher, einer Julia Roberts oder einem Thomas Gottschalk wird es niemandem einfallen, den Stundenlohn auszurechnen [...] Letztlich bestimmt doch der Markt den Preis einer Leistung. Wer etwas anbieten kann, das stark nachgefragt wird, aber relativ schwer zu bekommen ist, erzielt dafür eben einen hohen Preis. Dies gilt nicht nur für berühmte Schauspieler, für Popstars, Spitzensportler oder Promi-Friseure, sondern auch für Vorstände«.

Die *winner-take-all*-Märkte der ökonomischen Spitzengruppen setzen minimale Leistungsdifferenzen in maximale Ertragsunterschiede um, sofern Leistungsmaße hierbei überhaupt eine Rolle spielen. Einmal in eine Führungsposition gelangt, sorgen die *winner-take-all*-Märkte dafür, dass begünstigte Gruppen immer weiter nach oben getragen werden. Das deutsche Top-Management hat aus diesen Marktmechanismen größte Vorteile bezogen. Die Durchschnittsgehälter der Vorstandsmitglieder der 30 DAX-Unternehmen lagen im Jahr 2003 bei 1,42 Millionen Euro und sind allein zwischen 1997 und 2002 um 65 Prozent gestiegen. Am meisten erhielt der Chef der Deutschen Bank Josef Ackermann, der nach eigenen Angaben im Jahr 2005 Einkünfte von 11,9 Millionen Euro bezog. Seine Bezüge liegen damit um mehr als das 297fache höher als das Bruttodurchschnittseinkommen eines vollzeitbeschäftigten westdeutschen Arbeitnehmers, der circa 40.000 Euro im Jahr verdient.

Die Maxime des Leistungsprinzips, Aufwand und Ertrag in ein Entsprechungsverhältnis zu setzen, wird bei solchen Einkommensdifferenzen vollkommen bedeutungslos. Ebenso verhält es sich bei anderen beruflichen Spitzengruppen wie Fachleuten der IT-Branche, führenden Wissenschaftlern, Beratern, Marketingexperten und PR-Spezialisten. Die Nutznießer der Wissensgesellschaft und der Erfolgsökonomie haben globale Marktchancen erlangt und erzielen Einkünfte, welche die Vergleichswerte der Arbeitsmärkte weit hinter sich lassen. In den heute wichtigsten Bereichen der modernen Ökonomie haben sich die Erträge schließlich restlos vom Leistungsprinzip entkoppelt. Die Einkünfte, die die internationalen Finanzmärkte gewähren, lassen sich nicht auf individuelle Leistungsbeiträge beziehen, sondern entstehen durch schwankende Börsenkurse, Spekulationsgewinne und reine Mitnahmeeffekte. Statt als eine Instanz zu wirken, die vermeintlich den Leistungsgedanken fördert, begünstigen die Märkte der globalen Ökonomie den »passiven« finanziellen Erfolg und die Herrschaft der Zufälligkeit. Der »amerikanische Albtraum« (Paul Krugman) einer massiven Verletzung jedweder Verteilungsgerechtigkeit hat dadurch im letzten Jahrzehnt auch Deutschland heimsuchen können. Vom Wachstum des gesellschaftlichen Vermögens, das nominal allein zwischen 1998 und 2003 um 17 Prozent anstieg, profitierten fast ausschließlich Selbständige, Vermögensbesitzer, wohlhabende Pensionäre und berufliche Führungsgruppen. Absolute Spitzenverdienste wiederum sind bei den Virtuosen der modernen »Gelegenheitsökonomie« zu finden. Selbst Josef Ackermanns Gehalt steht bei der Deutschen Bank nicht obenan. Das höchste Einkommen erzielt vielmehr der Chef des Investmentbanking, dessen geschätzte Einkünfte sich im Jahr 2005 auf 36 Millionen Euro beliefen.

Die scharfe Unterscheidung in Gewinner und Verlierer, die das ökonomische Erfolgsprinzip züchtet, lässt auf der Verliererseite eine große Zahl von Erwerbstätigen und die Arbeitslosen zurück. Die Sozialstruktur nimmt dadurch eine von Gegensätzen geprägte Gestalt an, in der geringer Qualifizierte und der industrielle Kern der Arbeitsgesellschaft durch Jobmangel, Prekarität und die Entwertung ihrer Arbeitsleistungen an Status verloren haben. Am untersten Ende der Rangordnung sind jene zu finden, die überhaupt keine Aussichten haben, in reguläre Erwerbsarbeit einzutreten oder zurückzukehren. Ihnen mangelt es dadurch an Inklusion in die gesellschaftlichen Systeme von Bildung, Versorgung und Sicherheit. In der medialen Gestalt einer »neuen Unterklasse« bilden sie stattdessen das kollektive Entrüstungsobjekt einer paternalistisch gestimmten Öffentlichkeit, die aus der sozialen Randständigkeit den Anlass für eine Moralisierung sozialer Ungleichheit von oben nach unten gewinnt.

Die Daten hingegen berichten in einer anderen Sprache. Dem 2. Armuts- und Reichtumsbericht der Bundesregierung zufolge lebten im Jahr 2003 13,5 Prozent der Bevölkerung unterhalb der Armutsgrenze von 938 Euro. Zu ihnen zählen auch drei Millionen vollzeitbeschäftigte Arbeitnehmer, deren Einkommen unterhalb der Armutsschwelle liegt, wie überhaupt der Anteil von Personen in den untersten Einkommensklassen kontinuierlich wächst. Besonders hohe Armutsrisiken bestehen bei unter 18-jährigen, bei Ausländern und Arbeitslosen, die fast 50 Prozent aller Sozialhilfeempfänger ausmachen. Zu den schlechter gestellten Gruppen gehören schließlich auch die Verlierer der jüngsten Arbeitsmarkt- und Sozialreformen: Arbeiter und Angestellte, deren Kündigungsschutz gelockert wurde, Pflichtmitglieder der gesetzlichen Krankenkassen, denen Selbstbeteiligung auferlegt ist, sowie ältere Personen, die dauerhaft arbeitslos sind. Aber nicht nur die Verteilung materieller Güter vollzieht sich im Muster der Gewinner/Verlierer-Konstellation. Auch der Erwerb von Bildung ist hiervon betroffen. Trotz allgemeiner Ausweitung der Bildungschancen über alle Berufsgruppen hinweg konnten Kinder aus höheren Schichten ihre Bildungsvorsprünge weiter ausbauen. So stellte der PISA-Bundesländer-Vergleich vom Herbst 2005 fest, dass bei gleichem Wissensstand und Lernvermögen ein 15-jähriger Schüler aus reichem Elternhaus eine viermal so große Chance hat, das Abitur zu erlangen als ein Gleichaltriger aus einer schlechter gestellten Familie. Arbeiterkinder – vor allem, wenn sie männlich oder ausländischer Herkunft sind – werden auch im Datenreport 2004 als die »relativen Verlierer« der Bildungsexpansion identifiziert.

»Im Wettbewerb kann es nicht nur Gewinner geben«, so lautet gewöhnlich die Rechtfertigung, wenn die Medien die Botschaft von den unvermeidlichen Härten des wirtschaftlichen Konkurrenzkampfes verbreiten. Im politischen Raum kommt dies als Forderung nach dem »Ende der Konsenskultur« an, womit die neue Hierarchisierung der Sozialgruppen auch eine staatliche Billigung findet. Verschwiegen bleibt dabei, dass nicht wenige Lebensformen und biographische Lagen zwangsweise einem Marktwettbewerb unterstellt werden, der ihnen als solchen schon einen

Verliererstatus zuweist. Familiäre Lebensformen, für deren Gelingen Wettbewerbserfolge bedeutungslos sind, sehen sich mit Rivalitäten um Statuspositionen und materielle Ressourcen konfrontiert, in denen all jene Nachteile hinnehmen müssen, die für Wettbewerbe nicht andauernd antreten können, weil Familie und Kinder hierzu keine Gelegenheit lassen. Die Allgegenwärtigkeit, mit der im heutigen Berufsleben Wettbewerbssituationen anwesend sind, tritt vor allem jüngeren Frauen als Drohung kommender Niederlagen entgegen, falls sie in den entscheidenden Jahren des Statuserwerbs eigene Kinder wollen. Ältere und jene, denen Krankheit die kontinuierliche Teilnahme an Marktwettbewerben verwehrt, laufen in ähnlicher Weise Gefahr, unversehens in die Verliererposition der Konkurrenzgesellschaft zu geraten. Der neue Kapitalismus mutet den Menschen zahlreiche Ungewissheiten, Mobilitätsbereitschaft und Risikofreude zu. Er geht mit kulturellen Orientierungen einher, die persönliche Unabhängigkeit und kurzfristige Zeitpläne prämieren. Das Festhalten am erlernten Beruf, die lokale Verwurzelung und langfristige Bindungen sind deshalb dabei, zum Merkmal typischer »Verlierer« zu werden, obgleich die Gesellschaft all dieser Lebensmuster bedarf.

Gesellschaftliche Verluste

Die Erfolgskultur der Marktgesellschaft mit all ihren Gegensätzen von wachsendem Reichtum und lauernder Armut, von auftrumpfendem Wettbewerbsgeist und sozialer Resignation hat tiefe Spuren in der deutschen Sozialordnung hinterlassen. Kaum eine Lebenssphäre wird heute nicht anhand der Entgegensetzung von Gewinnern und Verlierern charakterisiert, ob es sich hierbei um den ökonomischen Wandel, um »Standortkonkurrenz«, Arbeitsmärkte, Familienformen, Generationen, Geschlechter, Sozialpolitik oder Bildungswettbewerbe handelt. Die ausufernde Gewinner-Verlierer-Semantik ist dabei vielfach an jene Stelle getreten, an der zuvor Ausdrücke wie »Benachteiligte« oder »sozial Schwache« gestanden haben. Im Sprachgebrauch des Sozialstaats wurde bei solchen Bezeichnungen die gesellschaftliche Verantwortung sozial stärkerer Gruppen immer schon mitgedacht – auch deshalb, weil die Schwachen nicht allein als haftbar für ihre Lage galten. Heute jedoch hat sich mit der allerorts erhobenen Forderung nach »Eigenverantwortung« geradezu ein neuer Existentialismus verbreitet, der soziale Nachteile als falsche Entscheidungen individualisiert und keine »sozialen Umstände« mehr gelten lässt. Damit ist auch die Neigung verbunden, Benachteiligte moralisch abzustrafen und öffentliche Demütigungsrituale zu inszenieren. So ließ etwa die Plakatwerbung der Bild-Zeitung im Herbst 2005 neben einer fiktiven Vereinigung »bestochener Bundesliga-Schiedsrichter« auch den nicht weniger fiktiven »Bund der Sozial-Schmarotzer« auftreten, um vermeintlich vor der Lektüre der Bild-Zeitung zu warnen. Schwächere werden indes als »Opfer« verlacht, wie es heute auf den Schulhöfen und in der jugendlichen Alltagskommunikation vielfach heißt. Und auch der »Verlierer« grassiert in den sozialen Ausscheidungskämpfen jüngerer Generationen als ein höhnisches Schimpfwort, mit dem Niederlagen signalisiert und als beschämender Makel bloßgestellt werden.

Derartige Phänomene einer Verwilderung gesellschaftlicher Konkurrenz zeigen die Risiken von Gewinner/Verlierer-Konstellationen auf. Während die Gewinner ökonomisch, sozialräumlich und symbolisch mittlerweile eine Parallelgesellschaft bilden, endet für Verlierer die Zugehörigkeit beim persönlichen Misserfolg, der ebenso individuell zu verantworten wie sozial ausschließend ist. Zu den folgenschwersten Verwerfungen der heutigen Wettbewerbsordnung gehört, dass die Sozialstruktur im Ganzen das agonale Muster der wirtschaftlichen Verteilungslogik allmählich reproduziert. Soziale Ungleichheit wird dann weniger von einem graduellen Abstufungssystem unterschiedlicher Wettbewerbspositionen bestimmt, als vielmehr von den kategorialen Unterschieden unvergleichbarer Soziallagen der Inklusion und Exklusion. Verlierer verfügen bei allen Benachteiligungen zumindest noch über Chancen, in Aushandlungsprozessen mit den Gewinnern um ihre Besserstellung zu streiten. Fallen sie jedoch aufgrund ihrer Degradierung zu »Überflüssigen« aus den gesellschaftlichen Aushandlungssystemen heraus, kann auch kein Konfliktmanagement mehr das Aufbrechen gesellschaftlicher Spaltungen und die Ausbreitung von Feindseligkeit verhindern. Verluste entstehen dadurch auf beiden Seiten. Den Gewinnern treibt das soziale Nullsummenspiel die Integrationskosten hoch, sollen Verlierer nicht dazu greifen, die Sozialordnung friedlos zu stellen. Zurückgesetzte Gruppen wiederum werden von der »panikartigen Ungewissheit« getrieben, ob sie »noch zu den Verlierern gehören oder schon zu den Parias« (Offe 1996). An den Bruchstellen der Gewinner/Verlierer-Konstellation droht somit eine Konfliktlage anderer Art. In ihr herrschen nicht Gewinnspiele und Wettbewerb vor, sondern Ausschluss und offener Kampf.

Die gefühlte Unterschicht: Vom Wandel der sozialen Selbsteinschätzung

Zu den Eigenheiten der Moderne gehört, dass die Wissenschaft erheblich zur gesellschaftlichen Selbstbeschreibung beiträgt, nicht zuletzt die Soziologie. Zahlreiche Begriffe, mit denen die moderne Gesellschaft sich zu begreifen versucht, stammen direkt aus den Arsenalen der soziologischen Forschung, um von hier aus eine mitunter abenteuerliche Reise durch die diversen Sphären öffentlicher und privater Deutungsbedürfnisse anzutreten. So ist es bekanntlich den soziologischen Arbeiten über die »nivellierte Mittelschichtsgesellschaft«, die »Individualisierung« oder die »Erlebnisgesellschaft« ergangen, die allesamt nicht nur als wissenschaftliche Studien, sondern auch als Zeitdiagnosen angelegt waren. Unsere Gegenwart erlebt nun seit geraumer Zeit, dass die »Wiederkehr der Klassengesellschaft« zum öffentlichen Thema avanciert, das mediale Berichte und politische Kontroversen prägt. Wann immer soziale Kategorien zur Debatte stehen, an denen sich die gesellschaftliche Selbstidentifizierung orientiert, wächst der Soziologie eine besonders starke symbolische Macht zu. Wer – wie Pierre Bourdieu einmal angemerkt hat – es unternimmt, mit der Legitimität akademischer Würden »Grenzen zwischen den Klassen, Regionen, Nationen zu ziehen, mit wissenschaftlicher Autorität zu befinden, ob und wieviel gesellschaftliche Klassen es gibt, ob diese oder jene Klasse – Proletariat, Bauernschaft oder Kleinbürgertum – Realität oder Fiktion sind« (Bourdieu 1985: 52), der trägt selbst zu den sozialen Klassifizierungen bei, mit denen sich gesellschaftliche Kämpfe um Über- und Unterordnung vollziehen. Die soziologische Klassifizierung unterscheidet sich von anderen Ordnungssystemen wie etwa botanischen oder zoologischen Taxonomien ja dadurch, dass die Objekte, denen sie ihren Platz zuweist, selbst klassifizierende Subjekte sind (vgl. ebd.: 53). Deshalb ist für die soziologische Forschung in besonderem Maße Selbstreflexivität gefordert, will sie sich mit ihren eigenen Klassifizierungen nicht blind in die symbolischen Rangordnungskonflikte gesellschaftlicher Gruppen verstricken.

Zur Konstruktion einer Sozialkategorie:
Das »abgehängte Prekariat«

Unter allen Sozialkategorien ist es vor allem die Armut, mit der sich die Öffentlichkeit den Tatbestand vergegenwärtigt, dass die gesellschaftliche Wirklichkeit sozialen Teilungen unterliegt. Aufgrund ihrer medialen Dramatisierungsoptionen verfügt Armut über einen vergleichsweise hohen Nachrichtenwert. Einen letzten Höhepunkt der Aufgeregtheit, die dadurch immer wieder erzeugt werden kann, erlebte die deutschsprachige Medienöffentlichkeit im Herbst 2006, als die sozialdemokratische Friedrich-Ebert-Stiftung erste Ergebnisse einer Milieu-Studie publik machte, welche sodann wochenlang durch alle Medienkanäle zirkulierte – um freilich nach einiger Zeit sogleich wieder von anderen Schreckensnachrichten wie dem fehlenden Nachwuchs in Deutschland oder der mangelnden Disziplin in Schule und Erziehung abgelöst zu werden. Als zentrale Botschaft der Ebert-Studie galt die vermeintlich überraschende Entdeckung, dass in Deutschland eine »neue Unterschicht« herangewachsen sei. Dieser Begriff tauchte in den Milieuuntersuchungen der besagten Untersuchung, die methodisch auf einer Repräsentativbefragung sowie auf Interviews mit sozialen Fokusgruppen beruhte, zwar gar nicht auf. Allerdings übersetzte sich die mediale Öffentlichkeit auf diese Weise den komplizierter klingenden Begriff des »abgehängten Prekariats«, welcher die Ebert-Studie zur Kennzeichnung des untersten Sozialmilieus verwendet hatte. Hierbei bediente sie sich eines Begriffs, der vor allem in der französischen Sozialdiskussion verbreitet ist und die Destabilität einer ganzen Lebensweise meint (vgl. Bourdieu 1998; Castel 2000: 357ff.). Große Resonanz fand die besagte Untersuchung vor allem auch dadurch, dass sozialdemokratische Politiker sogleich in einer Weise auf sie reagierten, als hätten sie in den Ergebnissen der Studie einen einzigen Vorwurf an sich erkannt. Während SPD-Chef Kurt Beck eine der Ursachen von sozialer Randständigkeit in einer mangelnden Leistungsbereitschaft der Betroffenen sah, wollte der damalige Arbeitsminister Franz Müntefering den Begriff der Unterschicht gar »lebensfremden Soziologen« anlasten, da es »keine Schichten in Deutschland« gäbe, nur »Menschen, die es schwerer haben«.

Die Ergebnisse der Ebert-Studie (vgl. Neugebauer 2007) indes sprachen davon, dass mittlerweile 8 Prozent der Bevölkerung in Deutschland zu jener untersten Sozialkategorie des »abgehängten Prekariats« gehörten, dessen Lebensschicksal vor allem daurch eine grundlegende Existenzunsicherheit gekennzeichnet sei. Charakteristisch für dieses Sozialmilieu, dem 4 Prozent der westdeutschen, aber 25 Prozent der ostdeutschen Bevölkerung zugehörig sind, ist danach eine bedrückende Kumulation von Lebensproblemen. Zweidrittel aus dieser Gruppe, die zumeist aus schlecht ausgebildeten und mehrheitlich in ländlichen Räumen ansässigen Männern besteht, sind arbeitslos. Auch falls sie zeitweilig eine einfache Beschäftigung finden, liegt ihr Einkommen kaum über dem Sozialhilfesatz – einer der Gründe, weshalb sie keinerlei Identifikation mit ihrer Arbeit aufbringen. Sie leben in schwierigen Wohnverhältnissen, haben häufig familiäre Probleme, sind nicht selten verschuldet oder chronisch krank und zu beruflicher Mobilität weder fähig noch bereit. Vor allem jedoch sind sie davon überzeugt, sich aus eigener Kraft aus ihrer Situation nicht mehr befreien zu können, so dass Resignation bis zur völligen persönlichen Aufgabe vorherrschend ist. Zu Parteien und Politikern besteht eine enorme Distanz; die Demokratie wird nicht für die beste Regierungsform gehalten (vgl. ebd.: 82ff.).

Nicht zuletzt, weil die Studie der Friedrich-Ebert-Stiftung bereits ein halbes Jahr vor ihrer vollständigen Buchpublikation gleichsam als soziologische Eilmeldung in Auszügen veröffentlicht wurde, rief sie zunächst eine nicht geringe Verwirrung hervor, was ihre Begriffe, Methoden und Ergebnisse betraf. Besonders unklar blieb, ob die Sozialkategorie »Prekariat« eigentlich identisch mit Begriffen wie »Unterschicht« oder »Arme« ist, welche in der öffentlichen Diskussion häufig synonym verwendet werden. Denn prekäre Lebenslagen mit geringer Sicherheit, wechselnder Beschäftigung und niedrigem Lohn gibt es etwa auch in bildungsstarken Sozialgruppen, die öffentlich nicht zur »Unterschicht« gezählt werden würden, denkt man etwa an das moderne akademische Proletariat, das sich mit Werkverträgen, Teilzeitjobs und Praktika herumschlagen muss. Armut an sich ist kein alleiniges Merkmal der Unterschichten, weshalb die Gruppe der gegenwärtig knapp 14 Millionen Armen in Deutschland auch größer als die der so bezeichneten »Unterschicht« ist. Die Armutsforschung in Deutschland zählt etwa ein Drittel aller Armen zu den sogenannten »verwalteten Armen« (vgl. Meier et al. 2003), bei denen jene Merkmale vorliegen, die gemeinhin mit einer »Unterschicht« assoziiert werden. Hierzu gehört vor allem, über mehrere Generationen hinweg in Abhängigkeit von Sozialhilfeleistungen zu sein. Reine Einkommensarmut hingegen kann vielfältige Gründe haben und kommt – verteilt über unterschiedliche Lebensphasen – in ganz verschiedenen Sozialgruppen vor.

Aus dieser Unschärfe des Armutsbegriffs resultiert auch die beständig wiederkehrende öffentliche Diskussion darüber, ob diejenigen, die als arm gelten, auch tatsächlich arm sind. Die Unterschichtsarmut jedenfalls ist durch ein zugleich materielles und symbolisches Merkmal charakterisiert, dass in seiner ganzen deprimierenden Konsequenz bereits von Georg Simmel beschrieben wurde (vgl. hierzu auch Coser 1992; Barlösius 2001). Im Unterschied zum armen Kaufmann, Künstler oder Angestellten – so Simmel –, die trotz Armut durch die Qualitäten ihrer beruflichen Tätigkeiten in ihren jeweiligen sozialen Kategorien verbleiben, sind die Angehörigen einer Armutsklasse dadurch gekennzeichnet, »ihrer sozialen Stellung nach nur arm [...] und weiter nichts (zu sein)« (Simmel 1908/1992: 554). Die Ursache hierfür liegt Simmel zufolge darin, dass die »Klasse der Armen [...] eine höchst eigenartige soziologische Synthese« (ebd.) ist. Der Arme als soziologische Kategorie entsteht nämlich »nicht durch ein bestimmtes Maß von Mangel und Entbehrung, sondern dadurch, dass er Unterstützung erhält oder sie nach sozialen Normen erhalten sollte« (ebd.: 551). Arm zu sein kann mannigfaltige individuelle Ursachen haben und je nach sozialer Stellung und Lebensverlauf in Ausmaßen und Auswirkungen stark variieren. Auch werden die Schwellen zur Armut von den Angehörigen verschiedener Sozialmilieus unterschiedlich hoch angesetzt. Zu einer einheitlichen Kategorie wird Armut erst dadurch, dass die Gesellschaft in einer bestimmten Weise mit den Armen verfährt. Erst die Unterstützung, die sie aus gesellschaftlichem Eigeninteresse und nicht im Hinblick auf das individuelle Interesse der Armen gewährt, konstituiert Simmel zufolge die Gemeinsamkeit, welche sich auf der Seite der Armen dann darin zeigt, in den Augen der sozialen Gemeinschaft aller sonstiger positiver Qualitäten und Eigenschaften zu ermangeln.

Die »neue Unterschicht«, die im Zuge der medialen Debatte über die besagte Studie der Friedrich-Ebert-Stiftung öffentlich entdeckt worden ist, stellt ein aktuelles Beispiel für die gesellschaftliche Konstruktion einer Armutsklasse dar, zumal sie zuvor bereits von den medialen Parteigängern einer »neuen Bürgerlichkeit« auch kulturell mit zahlreichen Untugenden ausstaffiert worden war (vgl. etwa Nolte 2004). Die »neuen Unterschichten« wurden gewissermaßen als inneres Ausland der deutschen Marktgesellschaft präsentiert, mit zugleich befremdlichen wie nur allzu bekannten Eigenschaften, an deren Vulgarität sich das gerade erst wieder neu aufkeimende bürgerliche Selbstbewusstsein aufrichten konnte[1]. Wie unscharf indes derartige Konstruktionen nicht nur hinsichtlich der äußeren Lebenswirklichkeiten, sondern auch der inneren Lebensbewältigung sind, erschließt sich insbesondere dann, wenn man sich jene Daten der Ebert-Studie betrachtet, die nicht über objektive Sachverhalte wie die Verbreitung von Einkommensarmut und Arbeitslosigkeit informieren, sondern die sich darüber hinaus mit gruppenspezifischen Einstellungen, Einschätzungen, Gesellschaftsbildern und Selbstwahrnehmungen befassen. Methodisch beruhte die Studie ja nicht auf statistischen Analysen zu deskriptiven Sozialdaten, wie dies etwa bei den Untersuchungen des Statistischen Bundesamtes (vgl. Statistisches Bundesamt 2006) oder den Armuts- und Reichtumsberichten der Bundesregierung (vgl. Bundesministerium 2005) geschieht. Vielmehr erfassten sowohl die repräsentative Befragung als auch die Fokusgruppendiskussionen überwiegend die Einstellungen, Wertorientierungen und Verhaltensdispositionen der jeweiligen Probanden, so dass auch die Ermittlung solcher Sozialmilieus wie des »abgehängten Prekariats« ausschließlich auf der Einstellungsebene erfolgte (vgl. Neugebauer 2007: 26f.). In soziologischen Fachtermini ausgedrückt, lag der Untersuchung der Friedrich-Ebert-Stiftung kein »monitoring« objektiver Lebensbedingungen zugrunde. Stattdessen berichtete sie hauptsächlich über die soziale Selbsteinschätzung verschiedener Bevölkerungsteile und somit über die »gefühlte Unterschicht«, die hier ins Zentrum der Aufmerksamkeit rückte.

Dies nun macht die besagte Studie als einen exemplarischen Fall der Konstruktion einer Sozialkategorie nicht weniger interessant, ganz im Gegenteil. Und auch die Charakterisierung als »gefühlte« Zugehörigkeit zu einer bestimmten, nämlich der niedrigsten Sozialkategorie belegt keine abnehmende Relevanz solcherart »emotionaler« Daten, die nicht weniger informativ als statistische Zahlen oder kognitiv begründete Urteile sind.

---

1 Eine gelungene Persiflage hierzu haben die beiden Journalisten Nadja Klinger und Jens König (2006) in ihrem Buch *Einfach abgehängt* formuliert: »Der typische Arme des Jahres 2006 sieht demnach so aus: Er trägt einen Jogginganzug aus Ballonseide und trinkt schon zum Frühstück seine Büchse Bier. Er wohnt in heruntergekommenen Wohnblocks am Rande der Großstadt und parkt vor seiner Tür einen breit bereiften BMW oder Audi TT. Das Einzige, was er auf die Reihe kriegt, ist das pünktliche Kassieren seiner Hartz-IV-Stütze. Die verkloppt er beim nächsten McDonald's, wo er sich mit Pommes und Big Mäc sein Übergewicht anfrisst. Was er immer besitzt, ist die modernste Version seines Nokia-Handys; was er unter Garantie nie kennen gelernt hat, ist blanke Not. Die einzige Armut, von der er je betroffen war, ist die Armut in seinem Kopf. Ach ja, reich ist auch noch – an Kindern. Die stammen natürlich von mehreren Partnern« (ebd.: 113).

Gefühle sind affektive Stellungnahmen des Selbst, die Personen in unwill-
kürlicher Weise zu ihren eigenen Erfahrungen einnehmen (vgl. Engelen
2007; Neckel 1991). Neben ihrer affektiven Komponente haben Gefühle
stets auch eine Bewertungsfunktion, indem sie uns signalisieren, in welchem Verhältnis wir uns der Welt gegenüber jeweils gerade befinden. Gefühle wie Angst, Niedergeschlagenheit oder Resignation können sich zudem als latente Dispositionen, die beständig anwesend sind, über das gesamte Erleben der persönlichen Wirklichkeit legen, so dass lang anhaltende
Stimmungen entstehen, die eine Vielzahl von Alltagserfahrungen einfärben
und prägen. Insofern ist es durchaus plausibel, dass die Ergebnisse der
Ebert-Studie unter Überschriften wie »Lebensgefühle« und »gesellschaftliche Grundstimmungen« präsentiert worden sind.

Gefühlslagen der Exklusion

Diese »Lebensgefühle« und »Grundstimmungen« nun zeigen, in welch
erstaunlichem Ausmaß eine Art von sozialer Resignation in den unterschiedlichen Sozialgruppen der Gegenwart verbreitet ist – und zwar weit
über jenes Milieu des »abgehängten Prekariats« hinaus, bei dem eine de-
pressiv-ängstliche Grundstimmung am ehesten zu erwarten war. Den
Auswertungen der Ebert-Studie zufolge sehen sich bereits 14 Prozent der
Bevölkerung in jeder Hinsicht als »Verlierer der gesellschaftlichen Entwicklung« und »gesellschaftlich ins Abseits geschoben«, und somit annä-
hernd doppelt so viele wie dem Milieu des »abgehängten Prekariats« zuge-
hören (vgl. Neugebauer 2007: 28). Selbst noch im mittleren und oberen
Drittel der Sozialstruktur rechnen sich danach jeweils über ein Achtel der
Bevölkerung zu denjenigen, die auf der Verliererseite stehen und am gesellschaftlichen Prozess immer weniger teilhaben können (vgl. ebd.: 84ff.).
Interessanterweise ist die Verschlechterung des je eigenen Lebensstandards
durchaus nicht in allen Sozialmilieus ursächlich für diese Form einer de-
pressiven Selbstcharakterisierung, weil sich den Untersuchungsergebnissen
zufolge viele Probanden trotz materieller Einbußen nicht ins Abseits gestellt sahen und umgekehrt unter denen, die sich selbst als Verlierer ein-
schätzten, auch solche waren, die über einen relativ soliden Lebensstandard
verfügten. Entscheidender als die materielle Situation ist danach die
Verbreitung eines bestimmten Gesellschaftsbildes, nach dessen Konturen

die soziale Ordnung zunehmend durch tiefe Spaltungen und Gegensätze geprägt ist. Über 70 Prozent der Befragten meinten, dass »unsere Gesellschaft immer weiter auseinander treibt«, und über 60 Prozent stimmten der Aussage zu, dass »es keine Mitte mehr gibt, sondern nur noch ein Oben und Unten« (vgl. ebd.: 28f.). Dieses in der Ebert-Studie selbst so genannte »bipolare« Gesellschaftsbild war naturgemäß im Sozialmilieu des »abgehängten Prekariats« am größten, wurde aber auch in anderen Gruppen häufiger artikuliert. Hierfür waren vor allem Befürchtungen wie jene entscheidend, dass die mittleren Schichten zwischen der Oberklasse und den unteren Sozialmilieus zerrieben würden und nach unten absteigen könnten, dass die eigene Leistungsbereitschaft keine Gewähr mehr für Aufstiegschancen biete und mutmaßlich mit einer Verschlechterung der persönlichen Lebensumstände in der Zukunft zu rechnen sei.[2]

Die resignative Grundstimmung, die sich in diesen Daten vermittelt, ist also nicht einfach Ausdruck einer schlechten sozialen Lage, da sie weit über die prekär lebenden Bevölkerungsgruppen hinaus verbreitet ist. Für die Stabilität dieses Befundes spricht, dass zeitgleich mit der zitierten Ebert-Studie auch andere empirische Untersuchungen zu ähnlichen Ergebnissen kamen. So stellten in einer Studie, die an der Universität Kassel durchgeführt wurde, Heinz Bude und Ernst-Dieter Lantermann fest, dass das Gefühl des sozialen Ausschlusses keine lineare Funktion schlechter materieller Lebensumstände sei:

»Es scheinen nicht allein die ›wirklichen‹ Verhältnisse zu sein, die über das Gefühl des Ausgeschlossenseins vom gesellschaftlichen Ganzen bestimmen. Erst im Verbund mit externen und internen Ressourcen, über die eine Person verfügt, wird eine prekäre Lage auch tatsächlich als eine solche negativ bewertet – und wenn dann noch die Sorge hinzutritt, die gegenwärtige Lage könnte sich in Zukunft verschlechtern, empfinden bereits heute diejenigen sich sozial exkludiert […], die sich gegenwärtig (noch) einer durchaus komfortablen, wenig prekären Lebenslage erfreuen können« (Bude/Lantermann 2006: 244).

Die Autoren plädieren deshalb dafür, zwischen sozialer Exklusion und dem »Exklusionsempfinden« analytisch zu unterscheiden. Das Exklusionsempfinden geht danach über die faktische Exklusion weit hinaus, muss aber mit einer exkludierten Soziallage nicht zwangsläufig in direkter Ver-

---

2   Eine ähnliche Datenlage wird auch in den empirischen Forschungen zur »gruppenbezogenen Menschenfeindlichkeit« berichtet, die seit 2002 an der Universität Bielefeld durchgeführt werden und die hierbei regelmäßig auch die Wahrnehmungen sozialer Desintegration erheben; vgl. zuletzt Heitmeyer 2007: 37ff.

bindung stehen. Neben externen Ressourcen wie Erwerbssituation und persönliche Einbindung, deren Existenz oder Mangel die »Opportunitäten« des Handelns darstellen würden, seien auch sogenannte »interne« Ressourcen entscheidend, zu denen die jeweiligen Erwartungshorizonte, das Institutionenvertrauen, die Ungewißheitstoleranz und schließlich das Gefühl persönlicher Leistungsfähigkeit gehörten.

Nun mag man bezweifeln, ob aus solchen Befunden schon der Schluss gezogen werden kann, dass sich das Exklusionsempfinden ganz arbiträr unter den heutigen Sozialgruppen verteilt. Interne Ressourcen wie die genannten Deutungsmuster und Handlungskapazitäten gehen typischerweise auf bestimmte habituelle Prägungen zurück, die im Kontext der jeweiligen sozialen Herkünfte und typischer biographischer Laufbahnen erworben worden sind. Und ohne eine gewisse Erfahrung von Unsicherheit und Vereinzelung in der eigenen Lebensbewältigung wäre die Empfindung, vom Ganzen der Gesellschaft irgendwie abgekoppelt zu sein, rein projektiver Natur. Gleichwohl leuchtet ein, das Exklusionsempfinden als einen nicht nur abgeleiteten, sondern eigenständigen Faktor sozialer Ausschlussprozesse zu betrachten. Wie sich soziale Gruppen in ihrem Verhältnis zum gesellschaftlichen Prozess selbst identifizieren und welche Gefühle und Stimmungen diese Selbstidentifikationen begleiten, bestimmt nicht unwesentlich mit, an welcher Stelle im Gesellschaftsaufbau sie sich jeweils verorten und zu welcher Selbsteinschätzung über die eigene soziale Lage sie gelangen. Ein wichtiger Faktor hierbei ist, welche Art der Wahrnehmung von den gesellschaftlichen Ungleichheiten insgesamt existiert. Auch bei den Befunden der Ebert-Studie artikulierten sich die weit verbreiteten Exklusionsgefühle ja erst im Kontext eines »bipolaren« Gesellschaftsbildes, demzufolge sich im sozialen Alltag ein agonaler Kampf zwischen Gewinnern und Verlierern vollzieht, bei dem einzelne Sozialgruppen in dem Maße gewinnen wie anderen Verluste zugefügt werden.

Die Relevanz solcherart »subjektiver« Bewusstseinsprozesse bei der gesellschaftlichen Repräsentation der sozialen Struktur ist soziologisch kein vollkommen neues Thema. In der Soziologie der Gegenwart ist es vor allem Pierre Bourdieu gewesen, der auf die Bedeutung nicht nur des materiellen, sondern auch des »wahrgenommen Seins« als eine – wie es bei Bourdieu (1982: 755) heißt – »vergessene Dimension des Klassenkampfes« hingewiesen hat, was auch die Selbstwahrnehmung der Gesellschaftsklassen einschließt sowie die generellen Vorstellungen, die sich Akteure von ihrer Sozialwelt machen. Systematische Erklärungsansätze zur Theorie sozialer Selbsteinschätzung und zur Strukturbildung subjektiver Gesellschaftsbilder liegen in der Soziologiegeschichte aber schon etwas länger zurück, und nicht selten sind sie angesichts eines vermeintlichen Epochenwandels in der modernen Gesellschaft, der von Individualisierung und sozialer Destrukturierung geprägt sei, als veraltet zur Seite gelegt worden. Die Aktualität von Exklusionsgefühlen aber, von der zeitgenössische Untersuchungen berichten, sollte die Soziologie veranlassen, ihren Fundus in dieser Hinsicht noch einmal zu inspizieren. Eine solche Sichtung des soziologischen Wissens lässt genauer erkennen, was die aktuellen Studien zur »gefühlten Unterschicht« über den Wandel besagen, den die soziale Ungleichheit in der Gesellschaft der Gegenwart augenblicklich durchläuft.

Bildwelten des Sozialen

Einen ersten systematischen Versuch, die inneren Bilder von der Gesellschaftsstruktur analytisch zu ordnen, finden wir in dem Werk über die »Klassenstruktur im sozialen Bewusstsein«, das der polnische Soziologe Stanislaw Ossowski 1957 vorgelegt hat. Ossowski geht dabei von einer soziologischen Grundidee aus, die an das berühmte »Thomas-Theorem« (Thomas 1965: 114) aus der Theorieschule des Symbolischen Interaktionismus erinnert. Wie dieses nämlich besagt, dass Situationsdefinitionen reale Konsequenzen für das Handeln von Akteuren besitzen, so ist auch Ossowski davon überzeugt, dass »eine weit verbreitete Vorstellung über die soziale Struktur [...] ein Bestandteil der sozialen Situation« selbst ist und »den Charakter der zwischenmenschlichen Beziehungen (beeinflusst)« (Ossowski 1962: 18). Mit Hilfe einer weitausgreifenden und materialreichen Rekonstruktion, die von den biblischen Legenden bis zu den Begriffen der modernen Soziologie reicht, unternimmt es Ossowski sodann, über verschiedene Epochen und unterschiedliche Gesellschaftsordnungen hinweg drei typologische Grundkonzeptionen sozialer Ungleichheit zu identifizieren, die im Gesellschaftsbewusstsein beständig nachweisbar seien: die »dichotomische« Vorstellung von der Gesellschaftsstruktur, das »Gradationsschema« einer in sich gestuften Hierarchie sowie die »funktionelle« Konzeption gegenseitiger Abhängigkeit im Rahmen moderner Arbeitsteilung.

Das »dichotomische« Bild der Gesellschaft ist ein zweigliedriges System, das durch entgegengesetzte Attribute charakterisiert ist: arbeitende und nichtarbeitende Klasse, Ausbeuter und Ausgebeutete, Regierende und Regierte, Besitzende und Besitzlose, Arme und Reiche, Oben und Unten. Die Elemente des dichotomischen Schemas sind Glieder eainer strikt asymmetrischen Relation, welche als einseitige Abhängigkeit oder als übermächtiger Einfluss die Geschicke der Gesellschaftsmitglieder bestimmt (vgl. ebd.: 187). Die Teilung der Gesellschaft in zwei Hauptgruppen, von denen die eine die andere dominiert, ist Ossowski zufolge die älteste und die verbreitetste Auffassung sozialer Stratifizierung. Sie wird überall dort in der Wahrnehmung begünstigt, wo nicht nur »objektiv« eine Zweiteilung in der Gesellschaft herrscht, sondern auch unabhängig von einer real möglicherweise viel differenzierteren Sozialstruktur diese Zweiteilung den Gesellschaftsklassen sich aufdrängt, weil sie je nach Perspektive am wichtigsten erscheint (vgl. ebd.: 48ff.). »Von unten« aus betrachtet kann dies der Fall sein, wenn ein antagonistisches Verhältnis – zwischen Armen und Reichen, Arbeitern und Kapitalisten – alle anderen Sozialbeziehungen aus dem Bewusstsein verdrängt. »Von oben« aus wiederum treten Ossowski zufolge dichotomische Gesellschaftsbilder als Ergebnis großer sozialer Distanzen zu allen anderen Klassen auf.

Das Stufenschema der »Gradation« hingegen ist eine Konzeption der gestuften »Mehrgliedrigkeit«, die außer den dichotomischen Klassen von Oben und Unten nicht nur weitere dazwischen kennt, sondern diese Mittelklassen auch als Zentrum der Gesellschaftsordnung betrachtet. Die Reichen und die Armen sind Klassen, die danach von der normalen Soziallage abweichen und als extreme Fälle gewissermaßen Randklassen sind (vgl. ebd.: 56). Im Unterschied zur Willkür der Dichotomie weist das Stufenschema eine spezifische Ordnung auf, nach der die Beziehungen der Gesellschaftsklassen untereinander gedacht und ihre Hierarchie begründet wird. Danach beruht die vertikale soziale Rangordnung auf der Steigerung objektiv messbarer Merkmale, die sich etwa in der Größe von Besitz und Einkommen oder am Bildungsgrad zeigen können (vgl. ebd.: 58ff.). Das bewusstseinsmäßige Erfassen der sozialen Struktur durch graduelle Termini des »mehr oder weniger« und »höher oder niedriger« kommt gesellschaftsgeschichtlich mit der Überwindung der Ständeordnung ins Spiel, da sich nunmehr höhere Einstufungen in der gesellschaftlichen Hierarchie nicht mehr den sozialen Schließungen einer Erbaristokratie verdanken. Stattdessen entsteht ein Gesellschaftsbild untereinander durchlässiger

Schichten, die in komparativen Begriffen charakterisiert werden können, was in der empirischen Sozialforschung dann etwa die Form angenommen hat, die Sozialstruktur in Kategorien wie obere Oberschicht, untere Mittelschicht oder unterste Unterschicht zu erfassen.

Demgegenüber ist das »funktionelle Schema« nicht von der Vorstellung einheitlicher und untereinander vergleichbarer Maßstäbe gekennzeichnet, sondern vielmehr von einem Bild funktioneller Verschiedenheiten, die dann auch soziale Unterschiede zur Konsequenz haben sollen (vgl. ebd.: 78ff.). Die Statusgruppen einer Gesellschaft finden ihren Platz in der sozialen Struktur in Abhängigkeit vom jeweiligen Beitrag, den eine Gruppe zur gesellschaftlichen Arbeitsteilung leistet. Entsprechend lässt sich dieses gedankliche Schema von der Idee einer Aufgabenverteilung leiten, bei dem alle Sozialgruppen eine wenn auch unterschiedlich bedeutsame, so doch gegenseitig unentbehrliche Rolle einnehmen. Die sozialen Teilungen nach Einkommensquellen wie Grundrente, Kapital oder Lohn und nach der jeweiligen Einkommenshöhe erscheinen dann als Konsequenzen einer sachlichen Differenzierung, weshalb daraus entstehende Interessengegensätze eines Antagonismus entbehren und vielmehr Kooperation und Ausgleich nach sich ziehen (ebd.: 188f.).[3]

Ossowskis Anliegen war es, in wissenssoziologischer Absicht die unterschiedlichen Interpretationstypen sozialer Ungleichheit zu rekonstruieren, da er davon überzeugt war, dass der Begriff der »Klasse« nicht losgelöst von bestimmten Bewusstseinsinhalten verstanden werden kann. Hiermit nahm er auch Stellung gegen objektivistische Konzeptionen einer Klassentheorie, wie sie im Marxismus verbreitet waren, und wollte dazu beitragen, die politischen Mythen abzutragen, die den illusionslosen Blick auf die Realitäten gesellschaftlicher Klassenverhältnisse verstellen. Gleichwohl wurde seine Pionierarbeit weitgehend vergessen. Erst die zeitgenössische Soziologie schließt dort wieder an Ossowski an, wo sie sich für die symbolischen Dimensionen sozialer Ungleichheit interessiert. So hat Peter Berger in seinen begriffstheoretischen Arbeiten zu den »Ungleichheitssemantiken« der modernen Gesellschaft zwei prinzipiell distinkte Arten der Wahrnehmung und der sprachlichen Repräsentation sozialer Ungleichheiten unterschieden: Eine »graduell-quantitative« Semantik beschreibt danach Ungleichheit als ein vertikales Kontinuum von Unterschieden, während eine

---

3   Das »funktionelle Schema« wurde von Ossowski den Modellannahmen der funktionalistischen Schichtungstheorie nachgebildet. Empirisch wurden in der Sozialforschung nur wenige Hinweise auf seine faktische Bedeutung ermittelt.

»kategorial-exklusive« Semantik Ungleichheit durch Merkmale charakterisiert, die sich untereinander ausschließen und zwischen denen es keine fließenden Übergänge gibt (vgl. Berger 1989).

Eine weitere Variante dieser ursprünglich auf Ossowski zurückgehenden Unterscheidung zwischen »Gradation« und »Dichotomie« findet sich auch in meinen eigenen Forschungsarbeiten zur symbolischen Ordnung sozialer Ungleichheit wieder (vgl. auch Neckel/Sutterlüty 2005, Sutterlüty/Neckel 2006). Mit Bezug auf Bourdieu werden hierbei die wechselseitigen Bewertungen sozialer Gruppen als »Klassifikationen« verstanden, die über das unterschiedliche Ausmaß an Wertschätzung und Anerkennung bei verschiedenen Sozialgruppen informieren. Klassifikationen lassen sich anhand zweier Strukturmuster rekonstruieren, die sich vor allem hinsichtlich ihrer inneren Distinktionslogik unterscheiden. Graduelle Klassifikationen beurteilen Personen und Gruppen unter dem Gesichtspunkt von quantitativen Differenzen. Diese Bewertungen haben eine ordinale Struktur: Wahrgenommene Merkmale oder Eigenschaften werden nach den Maßstäben von »größer/kleiner« oder »mehr/weniger« vermessen und in eine kontinuierliche Rangfolge verbracht, welche die prinzipielle Vergleichbarkeit der Bewertungsobjekte zur Voraussetzung hat. Graduelle Klassifikationen sind somit zwar vertikal und hierarchisch; die »Logik der Differenz« (Bourdieu 1992: 146) aber, die durch sie symbolisch zum Ausdruck kommt, beruht trotz aller Rangstufen auf der Zuschreibung grundlegender gemeinsamer Eigenschaften. Graduelle Bewertungen haben eine Affinität zu erworbenen Merkmalen wie Einkommen, Bildung und beruflicher Status, da diese Merkmale in sich veränderlich und in ihrer sozialen Wertigkeit verhandelbar sind.

Kategoriale Klassifikationen hingegen fällen über Personen und Gruppen qualitative Urteile der Andersartigkeit. Hier sind die Bewertungen nominal strukturiert: Wahrgenommene Merkmale werden nach dem Maßstab von »gleich/ungleich« oder »ähnlich/verschieden« sortiert, so dass keine Rangfolge auf einem Kontinuum zustande kommt, sondern eine »mentale Landkarte« sich ausschließender Kategorien. Da kategoriale Unterscheidungen vorausgesetzter Gemeinsamkeiten entbehren, bieten sie sich in besonderer Weise dafür an, dass soziale Gemeinschaften die Ungleichheit von Akteuren als deren Ungleichwertigkeit interpretieren. Vor allem zugeschriebene Merkmale wie Ethnizität, Religion und Geschlecht kandidieren für kategoriale Bewertungen, da sie als unveränderlich gelten und als Gegensatzpaare – »schwarz« oder »weiß«, »christlich« oder »musli-misch«, »Frau« oder »Mann« – auftreten.

Die analytischen Vorschläge, die sich in der heutigen Soziologie auf die symbolischen Klassifikationen und Semantiken sozialer Ungleichheit rich-ten, haben Ossowskis klassische Arbeiten vor allem in systematischer Hin-sicht erweitert und differenziert. Empirisch wurden die ersten Untersu-chungen zur symbolischen Repräsentanz der sozialen Struktur jedoch un-ter dem viel schlichteren Begriff des »Gesellschaftsbildes« durchgeführt. Im selben Jahr, in dem auch Ossowskis Analyse erschien, legte eine Auto-rengruppe um die deutschen Soziologen Heinrich Popitz und Hans-Paul Bahrdt eine Studie zum »Gesellschaftsbild des Arbeiters« (Popitz et al. 1957) vor, zu dem seinerzeit in der Hüttenindustrie des Ruhrgebietes und auf der Grundlage einer offenen Befragung von sechshundert Arbeitern geforscht worden war. Ziel der Untersuchung war es, die »soziale Bildwelt« (ebd.: 3) zu erschließen, die sich insbesondere auf jene gesellschaftlichen Sphären richtet, die den unmittelbaren Erlebnisbereich überschreiten. Aus den einzelnen Elementen dieser »Bildwelten« sollte sowohl die gesell-schaftliche Platzierung ersichtlich sein, wie umgekehrt diese Platzierung auch anhand des jeweiligen Gesellschaftsbildes nachzuvollziehen war (vgl. ebd.: 9). Im Ergebnis entstand eine Typologie von insgesamt sechs Deu-tungsvarianten der gesellschaftlichen Wirklichkeit, die allesamt eine fun-damentale Gemeinsamkeit hatten: »Alle Arbeiter, mit denen wir gespro-chen haben und die überhaupt ein Gesellschaftsbild in dem von uns defi-nierten Sinne entwickeln, sehen die Gesellschaft als […] Dichotomie« (ebd.: 237).

Auch wenn die dichotomische Struktur der Gesellschaft je nach Typus der Deutung als unabwendbar oder als veränderlich, als unüberbrückbar oder als reformierbar aufgefasst wurde, so waren sich die befragten Arbei-ter doch einig in der Sichtweise, eindeutig dem unteren Segment der Ge-sellschaft zuzugehören, dem eine Oberschicht konträr gegenüberstand. Unter allen Wahrnehmungsmustern, die Ossowski systematisch rekon-struiert hatte, war somit bei Industriearbeitern in den 1950er Jahren nur das eine, das dichotomische, wirklich präsent. Eine graduelle Stufenord-nung der Gesellschaft, die Ossowski als zweites Grundschema herausgear-beitet hatte, war höchstens bei Angestellten zu finden, welche die Sozial-welt nicht dichotomisch, sondern hierarchisch interpretierten, und die sich selbst in der Mitte dieser Hierarchie angeordnet sahen (vgl. ebd.: 242).

Das Interessante dieser wegweisenden Untersuchung nun war, dass die Autoren als Hintergrund des dichotomischen Gesellschaftsbildes keineswegs ein Gefühl eigener Machtlosigkeit unter den Arbeitern entdeckten. Innerhalb der als gegensätzlich aufgefassten Sozialwelt vermochten die Befragten vielmehr einen eigenen gesellschaftlichen Ort zu benennen, der es ihnen ermöglichte, sich selbst als Teil der großen und bedeutsamen Klasse der Arbeiterschaft zu verstehen. Zwei Grundzüge dieses gemeinsamen Arbeiterbewusstseins waren dabei besonders relevant: Zum einen das eigene Leistungsbewusstsein (vgl. ebd.: 237ff.) – die Selbstwahrnehmung also, die eigentlich produktive und somit »primäre« Arbeit zu leisten, was immer auch bedeutete, in der Körperlichkeit der Arbeit den sinnfälligsten Ausdruck für deren gesellschaftliche Nützlichkeit zu finden. Dieses Leistungsbewusstsein diente auch der Abgrenzung nach »außen« gegen die Angestelltenschaft sowie nach »oben« gegen Werksleitung und Unternehmer (vgl. ebd.: 241f.). In beiden Fällen artikulierte sich mit diesen Distanzierungen auch ein Zweifel daran, ob deren Positionen durch nützliche Arbeitsleistungen überhaupt legitimiert seien.

Als zweiten Grundzug des Arbeiterbewusstseins konnten die Autoren ein Kollektivgefühl ermitteln: »Die Sicht, aus der Industriearbeiter gesellschaftliche Zusammenhänge betrachten, mag im Einzelfall von Ressentiments bestimmt sein, häufiger noch von einem ungeschichtlichen Paria-Bewusstsein, – sie steht aber in der Regel nicht unter dem Bann einer individuellen Isoliertheit und sozialen Verlorenheit« (ebd.: 7). Demzufolge sieht sich die Arbeiterschaft als Klasse mit einer eigenen Geschichte, welche sich in der Gegenwart fortsetzt. Sie ist kein Kollektiv, dem man entrinnen kann oder will, sondern wird als der soziale Ort interpretiert, dem man zugehörig ist. Eine wesentliche Ursache für diese starken Zugehörigkeitsgefühle sahen Popitz/Bahrdt darin, dass der Arbeiterschaft der 1950er Jahre realistische Chancen für berufliche Mobilität und sozialen Aufstieg weitgehend fehlten, was die Vorstellung eines kollektiven Lebensschicksals begünstigt hat (vgl. ebd.: 241). Beides zusammen – Leistungsbewusstsein und Kollektivgefühl – sorgte im Gesellschaftsbild des Arbeiters dafür, sich zwar als untenstehend, aber nicht als ausgeschlossen wahrzunehmen.

Flucht in die Mittelschicht

Das dichotomische Gesellschaftsbild der 1950er Jahre, bei dem sich die unteren Schichten selbst nach unten verwiesen, erinnert in manchem an die »bipolare« Wahrnehmung der Gegenwart, von der heute aktuelle Studien wie jene der Friedrich-Ebert-Stiftung berichten. Verfolgt man das dichotomische Gesellschaftsbild durch die Nachkriegsjahrzehnte des westlichen Deutschlands hindurch, scheint es zunächst jedoch nur bis zum Ende der 1960er Jahre eine gewisse Konstanz zu haben. Das darauf folgende sozialdemokratische Jahrzehnt Jahre markiert den Bruch, wie eine mittlerweile methodisch stärker formalisierte Sozialforschung seinerzeit nachweisen konnte. So wurden in der Umfrageforschung standardisierte Instrumente eingesetzt, um Gesellschaftsbilder als sogenannte »subjektive Indikatoren« zu operationalisieren. Entsprechende empirische Untersuchungen zeigten, dass sich nunmehr auch im Bewusstsein der Arbeiterschaft das von Ossowski so bezeichnete »Gradationsschema« sozialer Schichtung an die Stelle des dichotomen Oben und Unten gesetzt hatte. Bis weit in die 1980er Jahre hinein sahen nur knapp 5 Prozent der westdeutschen Bevölkerung das Gefüge sozialer Ungleichheit als eine Zweiteilung an, während bald 80 Prozent ein Drei-Schichten-Modell mit einer breiten Mittelschicht für realistisch hielten und der Rest gar von einer Gesellschaft ohne klare Schichtgrenzen ausging. Die Wahrnehmungsunterschiede zwischen den Klassen waren minimal geworden. Allgemein herrschte die Überzeugung vor, eine Einebnung sozialer Ungleichheit zu erleben (vgl. Hradil 2001: 408ff.).

Die Tendenz, Ungleichheit zunehmend moderater wahrzunehmen, schlug sich auch in der sozialen Selbsteinschätzung verschiedener Bevölkerungsgruppen nieder. Inzwischen wurde sie mit dem standardisierten Instrument der »Sozialen Selbsteinstufung« (SSE) (vgl. Kleining/Moore 1968) gemessen, bei dem Probanden aufgefordert werden, anhand vorgegebener Antwortkategorien sich selbst auf einer Skala von Sozialschichten einzuordnen. Seit 1980 wurde dieses Instrument auch in die Fragebatterien der »Allgemeinen Bevölkerungsumfrage der Sozialwissenschaften« (ALLBUS) aufgenommen, so dass hier vergleichsweise umfangreiche Datensätze vorliegen. Bis Anfang der 1990er Jahre rechneten sich danach immer größere Gruppen der westdeutschen Bevölkerung – mit Werten bis zu über 60 Prozent – der »Mittelschicht« zu, so dass sich die berühmte dickbauchige »Zwiebel«, mit der die Schichtsoziologie den Gesellschaftsaufbau symbolisierte, auch in den Bewertungen der Bevölkerung wiederfand. Ungelernte Arbeiter sahen sich zu bald einem Drittel der Mittelschicht zugehörig, Facharbeiter ordneten sich ihr zu fast 40 Prozent zu, und auch mehr als die Hälfte aller Personen mit einem Hauptschulabschluss sahen sich hier platziert (vgl. Noll 1999: 150ff.).

Die langen Jahrzehnte einer kollektiven Wohlstandssteigerung, von Ulrich Beck bekanntlich als »Fahrstuhleffekt« beschrieben, schlugen sich erkennbar auch in der sozialen Selbsteinschätzung und dem Gesellschaftsbild nieder. Bis in die 1980er Jahre hinein war die allgemeine Anhebung des Lebensniveaus für die unteren Schichten zudem mit einer Öffnung des sozialen Raumes verbunden, wodurch nun jene Aufstiegs- und Mobilitätschancen entstanden, über deren Fehlen Popitz und Bahrdt zwei Jahrzehnte zuvor noch berichtet hatten. Doch auch auf der symbolischen Ebene des gesellschaftlichen Selbstverständnisses vollzog sich ein gravierender Wandel, an dem nicht zuletzt die Sozialwissenschaft selbst mit beteiligt war. Allgemein setzte in den unteren Schichten eine Flucht vor der öffentlichen Selbstcharakterisierung als »Arbeiterschaft« ein. Zumindest die »untere Mittelschicht« sollte es sein. Dieser symbolischen Zentrierung auf die mittleren Schichten korrespondierte, dass es seinerzeit in der empirischen Sozialforschung üblich war, in der Darstellung der entsprechenden Untersuchungsergebnisse »Arbeiterschaft« und »Unterschicht« zusammenzulegen und zwischen beiden Sozialgruppen kategorial nicht mehr zu unterscheiden (vgl. etwa die Grafiken bei Noll 1999). Wer sich der Arbeiterschaft zugehörig fühlte, sah sich danach sogleich in die Unterschicht verbracht.

Wenn diese kategoriale Vermengung als ein Reflex gesellschaftlicher Bewertungen in der Gesellschaftswissenschaft selbst betrachtet werden kann, so ist es nicht minder interessant, dass heute nun in der empirischen Sozialforschung von dieser Melange wieder Abstand genommen wird und »Arbeiterschaft« und »Unterschicht« erneut als getrennte Sozialkategorien auftreten (vgl. etwa Datenreport 2006: 593ff.). Darin drückt sich nicht zuletzt ein merklicher Wandel der Sozialstruktur und der gesellschaftlichen Selbstwahrnehmung in der Gegenwart aus, zu der nun wieder zurückgekehrt werden soll.

Die Wiederkehr der Gegensätze

Die symbolische Flucht aus der Arbeiterschaft in die Mittelschichten endete im mittlerweile vereinigten Deutschland im Verlauf der 1990er Jahre. In Westdeutschland nimmt seither die Identifikation statusniedriger Bevölkerungsgruppen mit der Mittelschicht kontinuierlich ab, zugunsten einer zunehmenden Selbstzurechnung zur Arbeiterschaft und zu den unteren Schichten – ein Phänomen, das als *declining middle* auch in anderen westlichen Ländern festgestellt wird (vgl. Noll 1999: 152; Datenreport 2006: 593ff.). Gleichwohl ist den Daten der Messungen sozialer Selbsteinstufungen zu entnehmen, dass in den alten Bundesländern nach wie vor eine – wenn auch merklich schrumpfende – Identifikation mit der Mittelschicht besteht. Anders hingegen in Ostdeutschland, wo wir als Gesellschaftsbild eine pyramidenförmige Sozialstruktur vorfinden, in der die Arbeiterschicht die weitaus größte Gruppe in der jeweiligen Selbstzurechnung darstellt (vgl. Datenreport 2006: 594). Beiden deutschen Teilgesellschaften ist zudem gemeinsam, dass sich ein Großteil der Bevölkerung, die von abhängiger Beschäftigung lebt, zunehmend niedriger innerhalb des Schichtungsgefüges einstuft, wie dies die Sozialforschung heute mit dem Instrument der »Oben-Unten-Skala« ermittelt (vgl. ebd.: 593). Einher geht dies mit einer wachsenden Kritik großer Bevölkerungsgruppen an Ungerechtigkeiten in der Verteilung von Belohnungen und Lasten, von Einkommen und Lebensstandards. Da diese Kritik deutlich über jene Sozialgruppen hinausgeht, die tatsächlich Einbußen zu erleiden hatten, spricht nunmehr auch der letzte Datenreport des Statistischen Bundesamtes davon, dass es sich bei dieser Entwicklung offensichtlich um den »Ausdruck einer wahrgenommenen sozialen Degradierung (handelt)« (ebd.: 596).

Genau dieses Gefühl einer sozialen Degradierung scheint es zu sein, welches dafür sorgt, dass sich heute so zahlreiche Gruppen selbst der Unterschicht zurechnen oder sich als »Verlierer« identifizieren. Zur Exklusion eines modernen Versorgungsproletariats, das von den Ressourcen einer selbständigen Lebensführung dauerhaft abgeschnitten ist, gesellt sich so der gefühlte soziale Abstieg in anderen Gesellschaftsklassen. Begleitet wird dies von einer Schrumpfung der Mittellagen im allgemeinen Bewusstsein sowie von der Wiederkehr eines dichotomischen Gesellschaftsbildes, das als eines seiner zentralen Elemente eine wachsende Unterschicht ausweist. Klassifikationstheoretisch ausgedrückt, sehen wir mit Erstaunen, dass sich jedenfalls in der Wahrnehmung der Bevölkerung die graduelle Stufenord-nung sozialer Statusunterschiede – und somit ein zentrales Leitbild der modernen Gesellschaft – mehr und mehr in das kategoriale Gegenüber voneinander abgeschlossener Gruppen verwandelt, zwischen denen es keine Übergänge gibt.

An diesem symbolischen Wandel, der anderweitig bereits als »Refeudalisierung« (Forst 2005: 24) sozialer Ungleichheit bezeichnet worden ist, fallen einige Besonderheiten auf. Sie verweisen auf die gesellschaftlichen Erfahrungen, die diesen Wandel erst ausgelöst haben. Da ist erstens der schwindende Glaube an die soziale Mobilität. Graduelle Schemata in der Wahrnehmung der Sozialstruktur sehen einzelne Statuspositionen ja prinzipiell als veränderbar an. Heute jedoch verbindet sich bis weit in die scheinbar gut etablierten Mittelklassen hinein eine allgegenwärtige Abstiegsgefahr mit faktischen Aufstiegsblockaden (vgl. Vogel 2006a). Entfällt aber die Erfahrung der Teilhabe an sozialen Aufstiegsprozessen, verfestigt sich das innere Bild einer Klassenstruktur der Gesellschaft offenbar in einer derart nachhaltigen Weise, dass sich die Bevölkerungsgruppen untereinander stärker denn je als sozial völlig undurchlässig erleben.

Eine zentrale Bedeutung kommt in diesem Zusammenhang dem Leistungsprinzip zu, da es soziale Mobilität ebenso ermöglichen wie Statusunterschiede normativ rechtfertigen soll. Tatsächlich kann sich das Leistungsprinzip als eine Idealnorm für die gesellschaftliche Statusverteilung anhaltend auf die Zustimmung einer großen Bevölkerungsmehrheit in allen westlichen Ländern stützen, wie entsprechende Untersuchungen immer wieder festgestellt haben. Mehrheitlich in Frage gestellt wird heute aber zugleich, ob das Leistungsprinzip tatsächlich auch faktische Geltung in der gesellschaftlichen Wirklichkeit für sich beanspruchen kann. An die Stelle der Zurechnung von Leistungen treten zunehmend fatalistische Deutungsmuster, die fallweise den Zufall, Ranküne oder bereits bestehende Privilegien als Ursache für einen höheren Statuserwerb ausmachen und die im Übrigen von der Willkür gesellschaftlicher Erfolge zutiefst überzeugt sind (vgl. auch Neckel et al. 2005). Wenn aber der gesellschaftlichen Wahrnehmung der Leistungsmaßstab verloren geht, entfällt die zentrale Vergleichskategorie, mit der die Sozialstruktur anhand gradueller Termini des »mehr oder weniger« vermessen werden könnte. Dem graduellen Gesellschaftsbild fehlt dann ein normativer Rahmen, der es zusammenhält. Diese Erosion des Leistungsprinzips im öffentlichen Bewusstsein, in dem es gewissermaßen nur noch als Idealnorm oder als Sarkasmus fortexistiert, trägt seinerseits dazu bei, den Glauben an die soziale Durchlässigkeit der

Gesellschaft zu erschüttern, so dass sich die Wiederkehr eines dichotomischen Bildes von der Sozialstruktur geradezu aufdrängt.

Diese Dichotomie ist nicht zuletzt dadurch charakterisiert, dass erneut eine große Distanz zwischen den Sozialgruppen ausgemacht wird. In den aktuellen Daten der Ebert-Studie kommt dies etwa in der hohen Zustimmung zu der Aussage zum Ausdruck, dass »es keine Mitte mehr gibt, sondern nur noch ein Oben und Unten« (vgl. Neugebauer 2007: 28f.). Und tatsächlich treten Gewinne und Verluste in der Verteilung von Gütern und Lebenschancen zunehmend auseinander. Vom Wachstum des gesellschaftlichen Reichtums profitieren heute fast ausschließlich Selbständige, Vermögensbesitzer, wohlhabende Pensionäre und berufliche Führungsgruppen, während gering Qualifizierte, einfache Angestellte und die Industriearbeiterschaft durch Jobmangel, Prekarität und die Entwertung ihrer Arbeitsleistungen erheblich an Lebenschancen eingebüßt haben. Da zugleich die soziale Verwundbarkeit mittlerer Schichten wächst, rücken auch die Abstände zwischen Armut und den Zonen eines »prekären Wohlstandes« enger zusammen (vgl. Vogel 2006b). Zumindest in der sozialen Wahrnehmung schieben sich die Realitäten einer Unterschicht, der Arbeiterschaft und mancher Mittelschichtsgruppen immer mehr ineinander.

Auf diese Weise aktualisiert sich das althergebrachte dichotome Gesellschaftsbild von Oben und Unten heute als eine allgegenwärtige Unterscheidung von Gewinnern und Verlierern, welche sich zum Deutungsmuster schlechthin der gesellschaftlichen Statusordnung verwandelt hat. In dem Maße, wie dadurch das graduelle Abstufungssystem unterschiedlicher Soziallagen in die kategorialen Unterschiede wechselseitig exklusiver Statusgruppen überführt wird, richten sich »soziale Bildwelten« im gesellschaftlichen Bewusstsein ein, die vermeintlich eher in vormodernen Gesellschaften ihren Ursprung haben. Noch Ossowski hielt etwa in Bezug auf moderne Gesellschaften wie den USA das dichotomische Schema letztlich für ein Residuum, das allein hinsichtlich des Rassenkonflikts noch relevant für die amerikanische Gesellschaft sei: Nur »auf dem Boden der Beziehungen zwischen der Negerbevölkerung und den Weißen« habe »sich die Dichotomie bis zu unserer Zeit erhalten« (vgl. Ossowski 1962: 53). Heute hingegen beobachten wir, wie sozialökonomische Einteilungen, die dem Selbstverständnis der modernen Gesellschaft nach graduell gestaffelt sein sollten, in kategoriale Bewertungen umschlagen und zumindest in dieser Hinsicht ethnischen Unterscheidungen immer mehr gleichen.

Gewiss ist dieser Umschlag auch eine Frage materieller Schwellenwerte, wenn etwa Armut nicht allein große quantitative Unterschiede zu anderen Einkommensklassen markiert, sondern ihr der Makel des Ausschlusses von allen durchschnittlichen Lebenschancen anhaftet. Und so gerät auch länger anhaltende Arbeitslosigkeit in den Sog kategorial ausschließender Bewertungen, wie dies bei der Rede von »nicht vermittelbaren« Arbeitslosen, »nicht beschäftigungsfähigen« Sozialhilfeempfängern und dem »gesellschaftlichen Ballast« der Fall ist. Gleichwohl ist die Wiederkehr der Dichotomien im Gesellschaftsbild weder als bloßer Reflex faktischer Veränderungen von Lebenslagen zu verstehen (vgl. hierzu bereits Haller 1988) noch als Folge rein diskursiver Prozesse. Vielmehr artikuliert sich darin auch die Enttäuschung eines sozialmoralischen Bewusstseins, das Gelegenheit hatte, in den langen Jahrzehnten des rheinischen Kapitalismus starke Inklusionserwartungen auszubilden, die nun ganz offensichtlich hinfällig geworden sind. In Ostdeutschland korrespondieren diesen Inklusionserwartungen die enttäuschten Hoffnungen auf die Wiedervereinigung.[4] Ursächlich hierfür sind nicht nur materielle Probleme, sondern auch Anerkennungsverluste, die heute in der Wahrnehmung weiter Bevölkerungskreise mit ihrer sozialen Deklassierung einhergehen. Deshalb hat die Selbstzurechnung zur Unterschicht und zu den Verlierern im gesellschaftlichen Prozess auch stets etwas Anklagendes, das starke Anerkennungsansprüche für sich reklamiert und die Entkoppelung von Wohlstand und sozialer Mobilität als kulturell unwürdig und als Bedrohung der eigenen Respektabilität empfindet.

Wie heimatlos indes diese Anerkennungsbedürfnisse bisweilen geworden sind, zeigt sich, wirft man ein letztes Mal einen Blick auf die Zeitgeschichte der Gesellschaftsbilder zurück. Auch in der deutschen Nachkriegszeit nahm die Arbeiterschaft die sozialen Teilungen ja dergestalt wahr, dass – wie es seinerzeit Popitz und Bahrdt ausgedrückt haben – durch die Gesellschaft eine »Schlucht ohne Brücke« (Popitz et al. 1957: 201) verläuft. Doch konnten sich die unteren Schichten durch ein eigenes

---

4   Zwischen West- und Ostdeutschland scheinen aber auch in dieser Hinsicht weiterhin gewisse Unterschiede zu bestehen. In den neuen Bundesländern laden Sozialkategorien wie »Unterschicht« und »Prekariat« offenbar stärker zur eigenen Identifikation ein, was in den alten Ländern weitgehend fehlt. Davon zeugt auch ein Witz, den anlässlich der Berichterstattung über die »neuen Unterschichten« in Deutschland die »Thüringer Allgemeine« aus Erfurt kolportiert hatte: »Treffen sich vormittags zwei Ostdeutsche am Kiosk mit einer Bierflasche in der Hand. Sagt der eine zum anderen: ›Seit wir Unterschicht sind, habe ich endlich wieder ein Gemeinschaftsgefühl!‹«.

Leistungsbewusstsein und ein Gefühl kollektiver Zugehörigkeit vor »Isolation und sozialer Verlorenheit« (ebd.: 7) schützen. Das »abgehängte Prekariat« unserer Zeit hingegen verteilt sich vergleichsweise zerstreut in der Gesellschaft der Gegenwart und vermag ein Leistungsbewusstsein als Ressource der eigenen Selbstachtung kaum für sich zu entdecken. Aus dem kollektiven Empfinden gesellschaftlicher Benachteiligung ist eine gefühlte Abwertung geworden, welche die Individuen hauptsächlich für sich allein zu bewältigen haben. Und ausgerechnet Meinungsumfragen, Armutsberichte und medial aufbereitete soziologische Milieustudien sind es, in denen sich diese Gefühle der Resignation heute als Schwundstufen ihrer Gesellschaftlichkeit öffentlich noch repräsentieren.

Nachweise

Die Marktgesellschaft als kultureller Kapitalismus. Zum neuen Synkretismus von Ökonomie und Lebensform, in: Kurt Imhof und Thomas Eberle (Hg.), Triumph und Elend des Neoliberalismus, Zürich 2005.

Peanuts-Pastorale. Verheißungen einer Angebotsmoral, in: Kursbuch, Heft 136, Berlin 1999.

Kunst und Ökonomie – Probleme einer Unterscheidung, in: Le Monde diplomatique, 14. Jahrgang, August 2008.

»Leistung« und »Erfolg«. Die symbolische Ordnung der Marktgesellschaft, in: Eva Barlösius, Hans-Peter Müller und Steffen Sigmund (Hg.), Gesellschaftsbilder im Umbruch. Soziologische Perspektiven in Deutschland, Opladen 2001.

Ehrgeiz, Reputation und Bewährung. Zur Theoriegeschichte einer Soziologie des Erfolgs, in: Günter Burkart und Jürgen Wolf (Hg.), Lebenszeiten. Erkundungen zur Soziologie der Generationen, Opladen 2002.

Die Verdienste und ihr Preis: Leistung in der Marktgesellschaft, in: Axel Honneth (Hg.), Befreiung aus der Mündigkeit. Paradoxien des gegenwärtigen Kapitalismus, Frankfurt a. M. 2002 (gemeinsam mit Kai Dröge).

Design als Lebenspraxis. Ein Abgesang, in: Du. Zeitschrift für Kultur, Heft 766, Mai 2006.

Die Tragödie des Erfolgs, in: Neue Zürcher Zeitung, 30. April 2004.

Emotion by design. Das Selbstmanagement der Gefühle als kulturelles Programm, in: Berliner Journal für Soziologie, 15. Jg. (2005), Nr. 3.

Deutschlands gelbe Galle. Eine kleine Wissenssoziologie des teutonischen Neides, in: Kursbuch, Heft 143, Berlin 2001.

Kampf um Zugehörigkeit. Die Macht der Klassifikation, in: Leviathan, 31. Jg. (2003), Nr. 2.

Gewinner – Verlierer, in: Stephan Lessenich und Frank Nullmeier (Hg.), Deutschland – eine gespaltene Gesellschaft, Frankfurt/M. 2006.

Die gefühlte Unterschicht. Vom Wandel der sozialen Selbsteinschätzung, in: Rolf Lindner und Lutz Musner (Hg.), Unterschicht. Kulturwissenschaftliche Erkundungen der »Armen« in Geschichte und Gegenwart, Freiburg i.B., Berlin, Wien 2008.

Literatur

Adorno, Theodor W. (1964): *Jargon der Eigentlichkeit. Zur deutschen Ideologie*, Frankfurt/M.

Adorno, Theodor W. (1979): Aberglaube aus zweiter Hand (1962), in: Ders., *Soziologische Schriften I*, Frankfurt/M., S. 147–176.

Adorno, Theodor W. (1980): *Minima Moralia. Reflexionen aus dem beschädigten Leben* (1951), Frankfurt/M.

Attac (2002): *Erklärung*, http://www.attac.de/ueber-attac/was-ist-attac/attac-erklaerung/erklaerung.php

Axelrod, Robert (1988): *Die Evolution der Kooperation*, München.

Baethge, Martin (1999): Subjektivität als Ideologie. Von der Entfremdung in der Arbeit zur Entfremdung auf dem (Arbeits-)Markt?, in: Gert Schmidt (Hg.), *Kein Ende der Arbeitsgesellschaft. Arbeit, Gesellschaft und Subjekt im Globalisierungsprozess*, Berlin, S. 29–44.

Barlösius, Eva (2001): Das gesellschaftliche Verhältnis der Armen. Überlegungen zu einer theoretischen Konzeption einer Soziologie der Armut, in: Eva Barlösius und Wolfgang Ludwig-Mayerhofer (Hg.), *Die Armut der Gesellschaft*, Opladen, S. 69–94.

Bauman, Zygmunt (1999): *Unbehagen in der Postmoderne*, Hamburg.

Beck, Ulrich (1983): Jenseits von Stand und Klasse? Soziale Ungleichheiten, gesellschaftliche Individualisierungsprozesse und die Entstehung neuer sozialer Formationen und Identitäten, in: Reinhard Kreckel (Hg.), *Soziale Ungleichheiten* (Soziale Welt, Sonderband 2), Göttingen, S. 35–74.

Beck, Ulrich (1996): Kapitalismus ohne Arbeit, in: *Der Spiegel*, Nr. 20, S. 140–146.

Beckert, Jens (1996): Was ist soziologisch an der Wirtschaftssoziologie? Ungewissheit und die Einbettung wirtschaftlichen Handelns, in: *Zeitschrift für Soziologie*, 25. Jg., S. 125–146.

Beckert, Jens (1997): *Grenzen des Marktes. Die sozialen Grundlagen wirtschaftlicher Effizienz*, Frankfurt/M.

Beckert, Jens (1999a): Ökonomische Rationalität und die Einbettung wirtschaftlichen Handelns, in: Axel Paul (Hg.), *Ökonomie und Anthropologie*, Berlin, S. 89–101.

Beckert, Jens (1999b): Erbschaft und Leistungsprinzip. Dilemmata liberalen Denkens, in: *Kursbuch 135*, Berlin, S. 41–63.

Bedau, Klaus-Dietrich (1999): Geldvermögen und Vermögenseinkommen der privaten Haushalte, *DIW-Wochenbericht* 30.

Bender, Gerd (1997): *Lohnarbeit zwischen Autonomie und Zwang. Neue Entlohnungsformen als Element veränderter Leistungspolitik,* Frankfurt/M.

Berger, Peter A. (1989): Ungleichheitssemantiken. Graduelle Unterschiede und kategoriale Exklusivitäten, in: *Archives Européennes de Sociologie,* 30. Jg., Nr. 1, S. 48–60.

Bode, Ingo und Hanns-Georg Brose (1999): Die neuen Grenzen organisierter Reziprozität. Zum gegenwärtigen Wandel der Solidaritätsmuster in Wirtschafts- und Nonprofit-Organisationen, in: *Berliner Journal für Soziologie,* 9. Jg., Heft 2, S. 179–196.

Boissevain, Jeremy (1975): *Friends of Friends. Networks, Manipulators, and Coalitions,* New York.

Boltanski, Luc und Ève Chiapello (2003): *Der neue Geist des Kapitalismus.* Konstanz.

Bolte, Karl Martin (1979): *Leistung und Leistungsprinzip,* Opladen.

Bonß, Wolfgang und Helmut Dubiel (1987): Zwischen Feudalismus und Post-Industrialismus. Metamorphosen der Leistungsgesellschaft, in: *Freibeuter,* Heft 32, Berlin, S. 45–56.

Botton, Alain de (2004): *StatusAngst,* Frankfurt/M.

Bourdieu, Pierre und Jean-Claude Passeron (1971): *Die Illusion der Chancengleichheit. Untersuchungen zur Soziologie des Bildungswesens am Beispiel Frankreich,* Stuttgart.

Bourdieu, Pierre et al. (1981): *Titel und Stelle. Über die Reproduktion sozialer Macht,* Frankfurt/M.

Bourdieu, Pierre (1982): *Die feinen Unterschiede. Kritik der gesellschaftlichen Urteilskraft.* Frankfurt/M.

Bourdieu, Pierre (1983): Ökonomisches Kapital, kulturelles Kapital, soziales Kapital, in: Reinhard Kreckel (Hg.), *Soziale Ungleichheiten* (Soziale Welt, Sonderband 2)*,* Göttingen, S. 183–198.

Bourdieu, Pierre (1985): *Sozialer Raum und »Klassen«. Lecon sur la lecon. Zwei Vorlesungen,* Frankfurt/M.

Bourdieu, Pierre (1992): Sozialer Raum und symbolische Macht, in: Ders., *Rede und Antwort,* Frankfurt/M., S. 135–154.

Bourdieu, Pierre (1997): *Der Tote packt den Lebenden. Schriften zu Politik und Kultur 2,* Hamburg.

Bourdieu, Pierre (1998): *Gegenfeuer. Wortmeldungen im Dienste des Widerstands gegen die neoliberale Invasion,* Konstanz.

Bourdieu, Pierre (2001): *Die Regeln der Kunst. Genese und Struktur des literarischen Feldes,* Frankfurt/M.

Bröckling, Ulrich (2002): Das unternehmerische Selbst und seine Geschlechter. Gender-Konstruktionen in Erfolgsratgebern, in: *Leviathan,* 30. Jg., Heft 2, S. 175–194.

Bröckling, Ulrich, Susanne Krasmann und Thomas Lemke (2000): *Gouvernementalität der Gegenwart. Studien zur Ökonomisierung des Sozialen,* Frankfurt/M.

Brooks, David (2000): *Bobos in Paradise. The New Upper Class and How They Got There*, New York.

Bude, Heinz und Ernst-Dieter Lantermann (2006): Soziale Exklusion und Exklusionsempfinden, in: *Kölner Zeitschrift für Soziologie und Sozialpsychologie*, 58. Jg., Nr. 2, S. 233–252.

Bundesministerium für Gesundheit und Soziale Sicherung (2005): *Lebenslagen in Deutschland. Der 2. Armuts- und Reichtumsbericht der Bundesregierung*. Bonn.

Carnegie, Dale (2002): *Wie man Freunde gewinnt. Die Kunst beliebt und einflussreich zu werden (1937)*, Bern.

Castel, Robert (2000): *Die Metamorphosen der sozialen Frage. Eine Chronik der Lohnarbeit*, Konstanz.

Castells, Manuel (2001): *The Internet Galaxy. Reflections on Internet, Business, and Society*, Oxford/New York.

Collins, Randall (1979): *The Credential Society. An Historical Sociology of Education and Stratification*, New York.

Coser, Lewis A. (1992): Soziologie der Armut: Georg Simmel zum Gedächtnis, in: Stephan Leibfried und Wolfgang Voges (Hg.), *Armut im modernen Wohlfahrtsstaat* (Kölner Zeitschrift für Soziologie und Sozialpsychologie, Sonderheft 32), Opladen, S. 34–47.

D'Souza, Dinesh (2000): *The Virtue of Prosperity. Finding Values in an Age of Techno-Affluence*, New York.

Dahrendorf, Ralf (1956): Industrielle Fertigkeiten und soziale Schichtung, in: *Kölner Zeitschrift für Soziologie und Sozialpsychologie*, 8. Jg., S. 540–568.

Dahrendorf, Ralf (2000): Die globale Klasse und die neue Ungleichheit, in: *Merkur*, 54. Jg., Heft 11, Nr. 619, S. 1057–1068.

Datenreport 2006 (2006): *Zahlen und Fakten über die Bundesrepublik Deutschland*, Bonn.

Davis, Kingsley und Wilbert E. Moore (1966): Some Principles of Stratification, in: Reinhard Bendix und Seymour Martin Lipset (Hg.), *Class, Status, and Power. Social Stratification in Comparative Perspective* (Second Edition), New York, S. 47–53.

Deutsches Aktieninstitut (2000): *DAI-Factbook 2000. Statistiken, Analysen und Graphiken zu Aktionären, Aktiengesellschaften und Börsen*, Frankfurt/M.

DiMaggio, Paul (1994): Culture and Economy, in: Neil Smelser und Richard Swedberg (Hg.), *Handbook of Economic Sociology*, Princeton/New York, S. 27–57.

Dreitzel, Hans Peter (1962): *Elitebegriff und Sozialstruktur. Eine soziologische Begriffsanalyse*, Stuttgart.

Dreitzel, Hans Peter (1974): Soziologische Reflexionen über das Elend des Leistungsprinzips, in: Arnold Gehlen et al., *Sinn und Unsinn des Leistungsprinzips*, München, S. 31–53.

Durkheim, Émile (1983): *Der Selbstmord* (1897), Frankfurt/M.

Durkheim, Émile (1986): Der Individualismus und die Intellektuellen (1898), in: Hans Bertram (Hg.), *Gesellschaftlicher Zwang und moralische Autonomie*, Frankfurt/M., S. 54–70.

Durkheim, Émile und Marcel Mauss (1987): Über einige primitive Formen von Klassifikation. Ein Beitrag zur Erforschung der kollektiven Vorstellungen (1903), in: Émile Durkheim, *Schriften zur Soziologie der Erkenntnis*, Frankfurt/M., S. 169–256.

Ehrenberg, Alain (2004): *Das erschöpfte Selbst. Depression und Gesellschaft in der Gegenwart*, Frankfurt/M.

Einstein, Norbert (1919): *Der Erfolg. Ein Beitrag zur Frage der Vergesellschaftung*, Frankfurt/M.

Ekman, Paul (1981): Universale emotionale Gesichtsausdrücke, in: Gerd Kahle (Hg.), *Logik des Herzens. Die soziale Dimension der Gefühle*, Frankfurt/M., S. 177–186.

Elias, Norbert (1969): *Die höfische Gesellschaft. Untersuchungen zur Soziologie des Königtums und der höfischen Aristokratie*, Darmstadt/Neuwied.

Elias, Norbert (1979): *Über den Prozess der Zivilisation. Soziogenetische und psychogenetische Untersuchungen. Zweiter Band: Wandlungen der Gesellschaft. Entwurf zu einer Theorie der Zivilisation* (1939), Frankfurt/M.

Elias, Norbert und John L. Scotson (1990): *Etablierte und Außenseiter*, Frankfurt/M.

Elster, Jon (1987): *Subversion der Rationalität*, Frankfurt/M.

Engelen, Eva-Maria (2007): *Gefühle*, Stuttgart.

Faludi, Susan (1999): *Stiffed. The Betrayal of the American Man*, New York.

Featherstone, Mike (1992): *Consumer Culture and Postmodernism*, London.

Fineman, Stephen (Hg.) (2000): *Emotion in Organizations*. Second Edition, London.

Flam, Helena (1990): Emotional Man. Corporate Actors as Emotion-motivated Emotion Managers, in: *International Sociology*, Vol. 5, S. 225–234.

Fligstein, Neil (2001): *The Architecture of Markets. An Economic Sociology of Twenty-First-Century Capitalist Societies*, Princeton/Oxford.

Forst, Rainer (2005): Die erste Frage der Gerechtigkeit, in: *Aus Politik und Zeitgeschichte*, Nr. 37, 12. September, S. 24–31.

Franck, Georg (1998): *Ökonomie der Aufmerksamkeit. Ein Entwurf*, München.

Frank, Robert H. und Philip J. Cook (1995): *The Winner-Take-All Society*, New York.

Fraser, Nancy und Axel Honneth (2001): *Anerkennung oder Umverteilung? Eine politisch-philosophische Kontroverse*, Frankfurt/M.

Freud, Sigmund (1963): *Gesammelte Werke. Zehnter Band: Werke aus den Jahren 1913–1917*, Frankfurt/M.

Fromm, Erich (1980): Psychoanalyse und Ethik. Bausteine einer humanistischen Charakterologie (1947), in: Ders., *Gesamtausgabe*, Band II, Stuttgart, S. 1–157.

Gamson, Joshua (1994): *Claims to Fame. Celebrity in Contemporary America*, Berkeley.

Ganßmann, Heiner (2004): 30 Jahre Massenarbeitslosigkeit in der Bundesrepublik – ein deutscher Sonderweg, in: *Leviathan*, 32 Jg., Nr.2, S. 164–184.

Gehlen, Arnold et al. (1974): *Sinn und Unsinn des Leistungsprinzips*, München.

Geiger, Theodor (1931): Rezension zu Gustav Ichheiser ›Kritik des Erfolges‹, in: *Zeitschrift für die gesamte Staatswissenschaft*, Bd. 90, S. 173–175.

Giddens, Anthony (1996): Risiko, Vertrauen und Reflexivität, in: Ulrich Beck, Anthony Giddens und Scott Lash (Hg.), *Reflexive Modernisierung. Eine Kontroverse*, Frankfurt/M., S. 316–337.

Giddens, Anthony (1997): *Jenseits von Links und Rechts. Die Zukunft radikaler Demokratie*, Frankfurt/M.

Giesen, Bernhard (1987): Natürliche Ungleichheit, Soziale Ungleichheit, Ideale Gleichheit. Zur Evolution von Deutungsmustern sozialer Ungleichheit, in: Ders. und Hans Haferkamp (Hg.), *Soziologie der sozialen Ungleichheit*, Opladen, S. 314–345.

Goebel, Andreas und Eckart Pankoke (1998): Grenzen der Solidarität. Solidaritätsformeln und Solidaritätsformen im Wandel, in: Kurt Bayertz (Hg.), *Solidarität. Begriff und Problem*, Frankfurt/M., S. 463–494.

Goffman, Erving (1986): Wo was los ist – wo es action gibt, in: Ders., *Interaktionsrituale. Über Verhalten in direkter Kommunikation* (1967), Frankfurt/M., S. 164–292.

Goleman, Daniel (1997): *Emotionale Intelligenz*, München.

Goleman, Daniel (2000): *EQ². Der Erfolgsquotient*, München.

Goleman, Daniel, Richard Boyatzis und Annie McKee (2003): *Emotionale Führung*, Berlin.

Gonschorrek, Ulrich und Esther Berg (2002): *Emotionales Management. Erfolgsfaktoren sozial kompetenter Führung*, Frankfurt/M.

Göttlicher, Udo und Rainer Winter (Hg.) (2002): *Politik des Vergnügens. Zur Diskussion der Populärkultur*, Köln.

Gouldner, Alvin W. (1984): *Reziprozität und Autonomie*, Frankfurt/M.

Granovetter, Mark (1985): Economic Action and Social Structure: The Problem of Embeddedness, in: *American Journal of Sociology*, Vol. 91, S. 481–510.

Graw, Isabelle (2008): Die doppelte Abstraktion der Ware Kunst. Über das Wechselspiel zwischen Symbol- und Marktwert, in: *Texte zur Kunst*, 18. Jg., Heft 69, S. 86–97.

Habermas, Jürgen (1981): *Theorie des kommunikativen Handelns*, Band 1, Frankfurt/M.

Hack, Lothar et al. (1979): *Leistung und Herrschaft. Soziale Strukturzusammenhänge subjektiver Relevanz bei jüngeren Industriearbeitern*, Frankfurt/M.

Hahn, Alois (1976): Ist die Bundesrepublik Deutschland eine Leistungsgesellschaft?, in: *Civitas*, 14. Jg., S. 38–54.

Haller, Max (1988): Die Klassenstruktur im sozialen Bewusstsein. Ergebnisse vergleichender Umfrageforschung zu Ungleichheitsvorstellungen, in: Ders. et al. (Hg.), *Kultur und Gesellschaft. Verhandlungen des 24. Deutschen Soziologentags, des 11. Österreichischen Soziologentags und des 8. Kongresses der Schweizerischen Gesellschaft für Soziologie in Zürich 1988*, Frankfurt/M., S. 447–469.

Hamann, Silke et al. (2001): *Entsolidarisierung? Leistungen für Arbeitslose im Urteil von Erwerbstätigen*, Frankfurt/M.

Handl, Johann (1996): Hat sich die berufliche Wertigkeit der Bildungsabschlüsse in den achtziger Jahren verringert? Eine Analyse der abhängig erwerbstätigen, deutschen Berufsanfänger auf der Basis von Mikrozensusergebnissen, in: *Kölner Zeitschrift für Soziologie und Sozialpsychologie*, 48. Jg., S. 249–273.

Hansen, Klaus P. (1992): *Die Mentalität des Erwerbs. Erfolgsphilosophien amerikanischer Unternehmer*, Frankfurt/M.

Hartfiel, Günter (Hg.) (1977): *Das Leistungsprinzip. Merkmale – Bedingungen – Probleme*, Opladen.

Hartmann, Michael (2002): *Der Mythos von den Leistungseliten. Spitzenkarrieren und soziale Herkunft in Wirtschaft, Politik, Justiz und Wissenschaft*, Frankfurt/M.

Hartung, Klaus (2001): Die Opfer des Schulhofs. Was die Sprache der Kinder über unsere Gesellschaft verrät, in: *Die Zeit*, Nr. 32, 2. August, S. 29.

Häußermann, Hartmut (2000): Die Krise der »sozialen Stadt«, in: *Aus Politik und Zeitgeschichte*, B 10–11, S. 13–21.

Heitmeyer, Wilhelm (Hg.) (2007): *Deutsche Zustände*. Folge 5. Frankfurt/M.

Herrnstein, Richard J. und Charles Murray (1994): *The Bell Curve. Intelligence and Class Structure in American Life*, New York/London.

Hirschman, Albert O. (1993): Der Streit um die Bewertung der Marktgesellschaft, in: Ders., *Entwicklung, Markt und Moral. Abweichende Betrachtungen*, Frankfurt/M., S. 192–225.

Hochschild, Arlie Russel (1990): *Das gekaufte Herz. Zur Kommerzialisierung der Gefühle*, Frankfurt/M.

Hochschild, Arlie Russel (1998): The Sociology of Emotion as a Way of Seeing, in: Gillian Bendelow und Simon J. Williams (Hg.), *Emotions in Social Life. Critical Themes and Contemporary Issues*, London, S. 3–15.

Hochschild, Jennifer L. (1981): *What's Fair? American Beliefs about Distributive Justice*, Cambridge.

Höge, Helmut (2002): Berliner Ökonomie, in: Dirk Baecker (Hg.), *Archäologie der Arbeit*, Berlin, S. 19–32.

Höhler, Gertrud (2003): *Warum Vertrauen siegt. 50 gute Gründe, sich aufeinander zu verlassen*, München.

Hondrich, Karl Otto et al. (1988): *Krise der Leistungsgesellschaft? Empirische Analysen zum Engagement in Arbeit, Familie und Politik*, Opladen.

Honneth, Axel (1992): *Kampf um Anerkennung. Zur moralischen Grammatik sozialer Konflikte*, Frankfurt/M.

Honneth, Axel (2001): Umverteilung als Anerkennung, in: Nancy Fraser und Axel Honneth, *Anerkennung oder Umverteilung? Eine politisch-philosophische Kontroverse*, Frankfurt/M.

Honneth, Axel (Hg.) (2002): *Befreiung aus der Mündigkeit. Paradoxien des gegenwärtigen Kapitalismus*, Frankfurt/M.

Horkheimer, Max und Theodor W. Adorno (1969): *Dialektik der Aufklärung. Philosophische Fragmente* (1947), Frankfurt/M.

Hradil, Stefan (2001): *Soziale Ungleichheit in Deutschland*, Opladen.

Hüttermann, Jörg (2000): Der avancierende Fremde. Zur Genese von Unsicherheitserfahrungen und Konflikten in einem ethnisch polarisierten und sozialräumlich benachteiligten Stadtteil, in: *Zeitschrift für Soziologie*, Jg. 29, S. 275–293.

Ichheiser, Gustav (1930): *Kritik des Erfolges. Eine soziologische Untersuchung*, Leipzig.

Jenner, Gero (1999): *Das Ende des Kapitalismus. Triumph oder Kollaps eines Wirtschaftssystems?*, Frankfurt/M.

Keller, Suzanne (1983): Celebrities as a National Elite, in: Moshe M. Czudnowski (Hg.), Political Elites and Social Change, DeKalb, S. 3–14.

Klages, Helmut (1984): *Wertorientierungen im Wandel. Rückblick, Gegenwartsanalyse, Prognosen*, Frankfurt/M.

Klein, Stefan (2003): *Die Glücksformel oder Wie die guten Gefühle entstehen*, Reinbek bei Hamburg.

Kleining, Gerhard und Harriett Moore (1968): Soziale Selbsteinstufung (SSE). Ein Instrument zur Messung sozialer Schichten, in: *Kölner Zeitschrift für Soziologie und Sozialpsychologie*, 20. Jg., S. 502–552.

Klinger, Nadja und Jens König (2006): *Einfach abgehängt. Ein wahrer Bericht über die neue Armut in Deutschland*, Berlin.

Kocyba, Hermann (2000): Der Preis der Anerkennung. Von der tayloristischen Missachtung zur strategischen Instrumentalisierung der Subjektivität der Arbeitenden, in: Ursula Holtgrewe, Stephan Voswinkel und Gabriele Wagner (Hg.), *Anerkennung und Arbeit*, Konstanz, S. 127–140.

Kohli, Martin (1985): Die Institutionalisierung des Lebenslaufs. Historische Befunde und theoretische Argumente, in: *Kölner Zeitschrift für Soziologie und Sozialpsychologie*, 37. Jg., Nr. 1, S. 1–29.

Kohli, Martin (1987): Ruhestand und Moralökonomie. Eine historische Skizze, in: Klaus Heinemann (Hg.), *Soziologie wirtschaftlichen Handelns* (Kölner Zeitschrift für Soziologie und Sozialpsychologie, Sonderheft 28), Opladen, S. 393–416.

Kraemer, Klaus (1997): Entwertete Sicherheiten. Zum Bedeutungswandel des kulturellen Kapitals, in: *Soziale Welt*, 48. Jg., Heft 4, S. 361–378.

Kraemer, Klaus und Uwe H. Bittlingmayer (2001): Soziale Polarisierung durch Wissen. Zum Wandel der Arbeitsmarktchancen in der »Wissensgesellschaft«, in: Peter A. Berger und Dirk Konietzka (Hg.), *Die Erwerbsgesellschaft. Neue Ungleichheiten und Unsicherheiten*, Opladen, S. 313–329.

Kreckel, Reinhard (1992): *Politische Soziologie der sozialen Ungleichheit*, Frankfurt/M.

Kronauer, Martin (2002): *Exklusion. Die Gefährdung des Sozialen im hoch entwickelten Kapitalismus*, Frankfurt/M.

Krugman, Paul (2002): Der amerikanische Albtraum, in: *Die Zeit*, Nr. 46, 7. November.

Lamont, Michèle (1992): *Money, Morals and Manners. The Culture of the French and the American Upper-Middle Class*, Chicago.

Leary, Mark R. (2003): The Self and Emotion. The Role of Self-Reflection in the Generation and Regulation of Affective Experience, in: Richard J. Davidson,

Klaus R. Scherer und H. Hill Goldsmith (Hg.), *Handbook of Affective Sciences*, Oxford, S. 773–786.

Legnaro, Aldo, Almut Birenheide und Michael Fischer (2005): *Kapitalismus für alle. Aktien, Freiheit und Kontrolle*, Münster.

Lenk, Hans (1976): *Sozialphilosophie des Leistungshandelns*, Stuttgart.

Lippl, Bodo (2000): *»Welten der Gerechtigkeit« in »Welten wohlfahrtsstaatlicher Regimes«*, International Social Justice Project – Arbeitsgruppe für die Bundesrepublik Deutschland, Arbeitsbericht Nr. 59.

Locke, John (1992): *Zwei Abhandlungen über die Regierung* (1690), Frankfurt/M.

Lohr, Karin (2003): Subjektivierung von Arbeit. Ausgangspunkt einer Neuorientierung der Industrie- und Arbeitssoziologie?, in: *Berliner Journal für Soziologie*, 13. Jg., S. 511–529.

Lovink, Geert (2002): Nach dem Dotcom-Crash. Der Internethype und die Kunst der Geldvernichtung. Eine Bilanz, in: *Lettre International*, Heft 57, Nr. II, S. 46–53.

Luttwak, Edward (1999): *Turbo-Capitalism: Winners and Losers in the Global Economy*, New York.

Lutz, Catherine (1988): *Unnatural Emotions. Everyday Sentiments on a Micronesian Atoll and their Challenge to Western Theory*, Chicago.

Machiavelli, Niccolò (1990): *Der Fürst* (1532), Frankfurt/M.

Macho, Thomas H. (1993): Von der Elite zur Prominenz. Zum Strukturwandel politischer Herrschaft, in: *Merkur*, 47. Jg., Heft 9/10, S. 762–769.

Mahnkopf, Birgit (2000): Formel 1 der neuen Sozialdemokratie: Gerechtigkeit durch Ungleichheit. Zur Neuinterpretation der sozialen Frage im globalen Kapitalismus, in: *Prokla*, 30. Jg., Nr. 4, Heft 121, S. 489–525.

Mandel, Michael J. (1996): *The High-Risk Society. Peril and Promise in the New Economy*, New York.

Mann, Thomas (2000): Wälsungenblut (1906), in: Ders., *Sämtliche Erzählungen*, Band 1, Frankfurt/M., S. 373–403.

Mannheim, Karl (1964a): Das Problem der Generationen (1928), in: Ders., *Wissenssoziologie. Auswahl aus dem Werk*. Eingeleitet und herausgegeben von Kurt H. Wolff, Berlin/Neuwied, S. 509–565.

Mannheim, Karl (1964b): Über das Wesen und die Bedeutung des wirtschaftlichen Erfolgsstrebens. Ein Beitrag zur Wirtschaftssoziologie (1930), in: Ders., *Wissenssoziologie. Auswahl aus dem Werk*. Eingeleitet und herausgegeben von Kurt H. Wolff, Berlin/Neuwied, S. 625–687.

Mannheim, Karl (1980): *Strukturen des Denkens (1922)*, herausgegeben von David Kettler, Volker Meja und Nico Stehr, Frankfurt/M.

Mayntz, Renate (1961): Kritische Bemerkungen zur funktionalistischen Schichtungstheorie, in: David V. Glass und Réne König (Hg.), *Soziale Schichtung und soziale Mobilität* (Kölner Zeitschrift für Soziologie und Sozialpsychologie, Sonderheft 5), Opladen, S. 10–28.

Meier, Uta, Heide Preuße und Eva M. Sunnus (2003): *Steckbriefe von Armut. Haushalte in prekären Lebenslagen*, Wiesbaden.

Menger, Pierre-Michel (2006): *Kunst und Brot. Die Metamorphosen des Arbeitnehmers*, Konstanz.

Menzel, Ulrich (1996): Wenn sich die Finanzwelt von der Warenwelt verselbständigt. Die Globalisierung und die Grenzen des Sozialstaats, in: *Frankfurter Rundschau*, 5. Oktober, S. 16.

Merton, Robert K. (1968): Social Structure and Anomie (1938), in: Ders., *Social Theory and Social Structure*, Enlarged Edition, New York, S. 185–214.

Merton, Robert K. (1985): Der Matthäus-Effekt in der Wissenschaft (1968), in: Ders., *Entwicklung und Wandel von Forschungsinteressen. Aufsätze zur Wissenschaftssoziologie*, Frankfurt/M., S. 147–171.

Meulemann, Heiner (1999): Der Wert Leistung in Deutschland 1956 bis 1996, in: Wolfgang Glatzer und Ilona Ostner (Hg.), *Deutschland im Wandel. Sozialstrukturelle Analysen*, Opladen, S. 115–130.

Miller, David (1999): *Principles of Social Justice*, Cambridge.

Mizruchi, Ephraim H. (1964): *Success and Opportunity. A Study in Anomie*, New York.

Moldaschl, Manfred und Dieter Sauer (2000): Internalisierung des Marktes. Zur neuen Dialektik von Kooperation und Herrschaft, in: Heiner Minssen (Hg.), *Begrenzte Entgrenzungen*, Berlin, S. 205–224.

Münch, Richard (1997): Elemente einer Theorie der Integration moderner Gesellschaften. Eine Bestandsaufnahme, in: Wilhelm Heitmeyer (Hg), *Was hält die Gesellschaft zusammen? Bundesrepublik Deutschland: Auf dem Weg von der Konsens- zur Konfliktgesellschaft*, Band 2, Frankfurt/M., S. 66–109.

Münch, Richard (1998): *Globale Dynamik, lokale Lebenswelten. Der schwierige Weg in die Weltgesellschaft*, Frankfurt/M.

Neckel, Sighard (1991): *Status und Scham. Zur symbolischen Reproduktion sozialer Ungleichheit*, Frankfurt/M.

Neckel, Sighard (1996a): Identität als Ware. Die Marktwirtschaft im Sozialen, in: Florian Müller und Michael Müller (Hg.), *Markt und Sinn. Dominiert der Markt unsere Werte?*, Frankfurt/M., S. 133–145.

Neckel, Sighard (1996b): Inferiority. From Collective Status to Deficient Individuality, in: *The Sociological Review*, Vol. 44, No. 1, S. 17–34.

Neckel, Sighard (1999): Blanker Neid, blinde Wut? Sozialstruktur und kollektive Gefühle in: *Leviathan*, 27. Jg., Nr. 2, S. 145–165.

Neckel, Sighard (2000a): *Die Macht der Unterscheidung. Essays zur Kultursoziologie der modernen Gesellschaft*, Frankfurt/M.

Neckel, Sighard (2000b): »Ein bisschen Kerstin ist in jedem von uns«. »Big Brother« – ein Talk: Sighard Neckel, Detlef Kuhlbrodt, Peter Körte und Harry Nutt im Gespräch, in: *Frankfurter Rundschau*, 8. Juni, S. 20.

Neckel, Sighard (2005): Die Verwilderung der Selbstbehauptung. Adornos Soziologie: Veralten der Theorie – Erneuerung der Zeitdiagnose, in: Axel Honneth

(Hg.), *Dialektik der Freiheit. Frankfurter Adorno-Konferenz 2003*, Frankfurt/M., S. 188–204.

Neckel, Sighard und Ferdinand Sutterlüty (2005): Negative Klassifikationen. Konflikte um die symbolische Ordnung sozialer Ungleichheit, in: Wilhelm Heitmeyer und Peter Imbusch (Hg.), *Integrationspotenziale einer modernen Gesellschaft*, Wiesbaden, S. 409–428.

Neckel, Sighard, Kai Dröge und Irene Somm (2005): Das umkämpfte Leistungsprinzip. Deutungskonflikte um die Legitimationen sozialer Ungleichheit, in: *WSI-Mitteilungen*. Monatszeitschrift des Wirtschafts- und Sozialwissenschaftlichen Instituts in der Hans-Böckler-Stiftung, 58. Jg., Nr. 7, S. 368–374.

Neugebauer, Gero (2007): *Politische Milieus in Deutschland. Die Studie der Friedrich-Ebert-Stiftung*, Bonn.

Noll, Heinz-Herbert (1999): Subjektive Schichteinstufung: Aktuelle Befunde zu einer traditionellen Frage, in: Wolfgang Glatzer und Ilona Ostner (Hg.), *Deutschland im Wandel. Sozialstrukturelle Analysen*, Opladen, S. 147–162.

Nollmann, Gerd und Hermann Strasser (2002): Armut und Reichtum in Deutschland, in: *Aus Politik und Zeitgeschichte. Beilage zur Wochenzeitung Das Parlament*, B 29–30, S. 20–28.

Nolte, Paul (2004): Fürsorgliche Vernachlässigung? Umrisse einer neuen Politik der Unterschichten, in: Ders., *Generation Reform. Jenseits der blockierten Republik*, München, S. 57–73.

Nullmeier, Frank (2002): Wettbewerbskulturen, in: Michael Müller, Thilo Raufer und Darius Zifonun (Hg.), *Der Sinn der Politik. Kulturwissenschaftliche Politikanalysen*, Konstanz, S. 157–175.

O'Connor, Joseph und John Seymour (1996): *Weiterbildung auf neuem Kurs. NLP für Trainer, Referenten und Dozenten*, Freiburg.

Oevermann, Ulrich (2001): Die Krise der Arbeitsgesellschaft und das Bewährungsproblem des modernen Subjekts, in: Roland Becker et al. (Hg.), *Eigeninteresse und Gemeinwohlbindung. Kulturspezifische Ausformungen in den USA und Deutschland*, Konstanz.

Offe, Claus (1970): *Leistungsprinzip und industrielle Arbeit. Mechanismen der Statusverteilung in Arbeitsorganisationen der industriellen »Leistungsgesellschaft«*, Frankfurt/M.

Offe, Claus (1986): Die Utopie der Null-Option, in: Johannes Berger (Hg.), *Die Moderne – Kontinuitäten und Zäsuren* (Soziale Welt, Sonderband 4), Göttingen, S. 97–117.

Offe, Claus (1996): Moderne ›Barbarei‹: Der Naturzustand im Kleinformat?, in: Max Miller und Hans-Georg Soeffner (Hg.), *Modernität und Barbarei. Soziologische Zeitdiagnose am Ende des 20. Jahrhunderts*, Frankfurt/M., S. 258–289.

Ossowski, Stanislaw (1962): *Die Klassenstruktur im sozialen Bewusstsein* (1957), Neuwied/Berlin.

Parsons, Talcott (1951): *The Social System*, New York.

Parsons, Talcott und Edward A. Shils (Hg.) (1951): *Toward A General Theory of Action*, Cambridge.

Peuckert, Rüdiger (1997): Die Destabilisierung der Familie, in: Wilhelm Heitmeyer (Hg.), *Was treibt die Gesellschaft auseinander? Bundesrepublik Deutschland: Auf dem Weg von der Konsens- zur Konfliktgesellschaft*, Band 1, Frankfurt/M., S. 287–327.

Polanyi, Karl (1978): *The Great Transformation. Politische und ökonomische Ursprünge von Gesellschaften und Wirtschaftssystemen* (1944), Frankfurt/M.

Polanyi, Karl (1979): *Ökonomie und Gesellschaft*, Frankfurt/M.

Pongratz, Hans J. (2002): Emotionalität und Effizienz. Typen von Erwerbsorientierungen und Lebensführung im Vergleich, in: Margit Weihrich und G. Günter Voß (Hg.), *Tag für Tag. Alltag als Problem – Lebensführung als Lösung?* München/Mering, S. 47–68.

Pongratz, Hans J. (2004): *Subordination. Inszenierungsformen von Personalführung in Deutschland seit 1933,* München/Mering.

Popitz, Heinrich, Hans Paul Bahrdt, Ernst August Jüres und Hanno Kesting (1957): *Das Gesellschaftsbild des Arbeiters. Soziologische Untersuchungen in der Hüttenindustrie,* Tübingen.

Rastetter, Daniela (2001): Emotionsarbeit. Betriebliche Steuerung und individuelles Erleben, in: Georg Schreyögg und Jörg Sydow (Hg.), *Emotionen und Management* (Managementforschung 11), Wiesbaden, S. 111–134.

Rauschenbach, Thomas et al. (Hg.) (1995): *Von der Wertegemeinschaft zum Dienstleistungsunternehmen. Jugend- und Wohlfahrtsverbände im Wandel*, Frankfurt/M.

Reik, Theodor (1929): Erfolg und unbewusste Gewissensangst. Zur analytischen Schicksalsforschung, in: *Die psychoanalytische Bewegung*, 1. Jg., Heft 1, S. 51–66.

Rifkin, Jeremy (2000): *Access. Das Verschwinden des Eigentums*, Frankfurt/M.

Ritter, Henning (1997): Nachwort, in: Hérault de Séchelles, *Theorie des Ehrgeizes* (1788), übersetzt und herausgegeben von Henning Ritter, München, S. 107–158.

Röggla, Kathrin (2004): *Wir schlafen nicht*, Roman, Frankfurt/M.

Rosa, Hartmut (2006): Wettbewerb als Interaktionsmodus. Kulturelle und sozialstrukturelle Konsequenzen der Konkurrenzgesellschaft, in: *Leviathan*, 34. Jg., Nr. 1, S. 82–104.

Röttger-Rössler, Birgitt (2004): *Die kulturelle Modellierung des Gefühls. Ein Beitrag zur Theorie und Methodik ethnologischer Emotionsforschung anhand indonesischer Fallstudien*, Münster.

Rubinstein, David (1988): The Concept of Justice in Sociology, in: *Theory and Society*, Vol. 17, S. 527–550.

Salovey, Peter, Marja Kokkonen, Paulo Lopes und John D. Mayer (2004): Emotional Intelligence. What Do We Know?, in: Antony S.R. Manstead, Nico Frijda und Agneta Fischer (Hg.), *Feelings and Emotions. The Amsterdam Symposium*, Cambridge, S. 321–340.

Schäfer, Claus (1999): Umverteilung ist die Zukunftsaufgabe. Zur Verteilungsentwicklung 1998 und den Vorjahren, in: *WSI-Mitteilungen*. Monatszeitschrift des Wirtschafts- und Sozialwissenschaftlichen Instituts in der Hans-Böckler-Stiftung, Nr. 11, S. 733–751.

Scheuch, Erwin K. und Ute Scheuch (1996): *Bürokraten in den Chefetagen. Deutsche Karrieren: Spitzenmanager und Politiker heute*, Reinbek.

Schmidt, Peter (2001): *Die Kraft der positiven Gefühle – Mit neuen Mentaltechniken innerlich frei werden*, München.

Schneider, Louis und Sverre Lysgaard (1953): The Deferred Gratification Pattern. A Preliminary Study, in: *American Sociological Review*, Vol. 18, S. 142–149.

Schreyögg, Georg und Jörg Sydow (Hg.) (2001): *Emotionen und Management* (Managementforschung 11), Wiesbaden.

Schumpeter, Joseph (1987): *Theorie der wirtschaftlichen Entwicklung* (1912), Berlin.

Schütz, Alfred (1972): *Der* wohlinformierte Bürger (1946), in: Ders., *Gesammelte Aufsätze, Band II: Schriften zur soziologischen Theorie*, Den Haag, S. 85–101.

Séchelles, Hérault de (1997): *Theorie des Ehrgeizes* (1788), übersetzt und herausgegeben von Henning Ritter, München.

Sennett, Richard (1998): *Der flexible Mensch. Die Kultur des neuen Kapitalismus*, Berlin.

Sieben, Barbara (2001): Emotionale Intelligenz – Golemans Erfolgskonstrukt auf dem Prüfstand, in: Georg Schreyögg und Jörg Sydow (Hg.), *Emotionen und Management* (Managementforschung 11), Wiesbaden, S. 135–170.

Simmel, Georg (1983): Soziologie der Konkurrenz (1903), in: Ders., *Schriften zur Soziologie. Eine Auswahl*, herausgegeben und eingeleitet von Heinz-Jürgen Dahme und Otthein Rammstedt, Frankfurt/M., S. 173–193.

Simmel, Georg (1992): *Soziologie. Untersuchungen über die Formen der Vergesellschaftung* (1908), Gesamtausgabe Band 11, Frankfurt/M.

Simmel, Georg (1999): *Philosophie des Geldes* (1900), Frankfurt/M.

Stäheli, Urs und Gregor Schwering (Hg.) (2000): *Big Brother. Beobachtungen*, Bielefeld.

Statistisches Bundesamt (2000): *Erwerbstätigkeit verliert für den Lebensunterhalt an Bedeutung*. Mitteilung für die Presse vom 7. April 2000.

Statistisches Bundesamt (2006): *Armut und Lebensbedingungen. Ergebnisse aus LEBEN IN EUROPA für Deutschland 2005*, Wiesbaden.

Statistisches Bundesamt (Hg.) (2004): *Datenreport 2004. Zahlen und Fakten über die Bundesrepublik Deutschland*. In Zusammenarbeit mit dem WZB und dem ZUMA, Bonn.

Sutterlüty, Ferdinand und Sighard Neckel (2006): Bashing the Migrant Climbers: Interethnic Classification Struggles in German City Neighborhoods, in: *International Journal for Urban and Regional Research*, Vol. 30, No. 4, S. 798–815.

Szydlik, Marc (1999): Erben in der Bundesrepublik Deutschland: Zum Verhältnis von familiarer Solidarität und sozialer Ungleichheit, in: *Kölner Zeitschrift für Soziologie und Sozialpsychologie*, 51. Jg., Nr. 1, S. 80–104.

Szydlik, Marc (2001): Wer hat, dem wird gegeben. Befunde zu Erbschaften und Schenkungen in Deutschland, in: *Informationsdienst Soziale Indikatoren (ISI)*, Nr. 25 (Januar), S. 5–8.

Taylor, Charles (1997): *Das Unbehagen an der Moderne*, Frankfurt/M.

Thoits, Peggy A. (2004): Emotion Norms, Emotion Work, and Social Order, in: Antony S.R. Manstead, Nico Frijda und Agneta Fischer (Hg.), *Feelings and Emotions. The Amsterdam Symposium*, Cambridge, S. 359–378.

Thomas, William I. (1965): *Person und Sozialverhalten*, Neuwied.

Thome, Helmut und Christoph Birkel (2006): *Sozialer Wandel und Gewaltkriminalität. Deutschland, England und Schweden im Vergleich*, Wiesbaden.

Tzvetan Todorov (1998): *Abenteuer des Zusammenlebens. Versuch einer allgemeinen Anthropologie*, Frankfurt/M.

Veblen, Thorstein (1986): *Theorie der feinen Leute. Eine ökonomische Untersuchung der Institutionen* (1899), Frankfurt/M.

Vester, Michael (2001): Von der Integration zur sozialen Destabilisierung: Das Sozialmodell der Bundesrepublik und seine Krise, in: Claus Leggewie und Richard Münch (Hg.), *Politik im 21. Jahrhundert*, Frankfurt/M., S. 75–121.

Vogel, Berthold (2006a): Sicher – Prekär, in: Stephan Lessenich und Frank Nullmeier (Hg.), *Deutschland – eine gespaltene Gesellschaft*, Frankfurt/M., S. 73–91.

Vogel, Berthold (2006b): Soziale Verwundbarkeit und prekärer Wohlstand. Für ein verändertes Vokabular sozialer Ungleichheit, in: Heinz Bude und Andreas Willisch (Hg.), *Das Problem der Exklusion. Ausgegrenzte, Entbehrliche, Überflüssige*, Hamburg, S. 342–355.

Voß, G. Günter und Hans Pongratz (1998): Der Arbeitskraftunternehmer. Eine neue Grundform der Ware Arbeitskraft?, in: *Kölner Zeitschrift für Soziologie und Sozialpsychologie*, Jg. 50, Heft 1, S. 131–158.

Voswinkel, Stephan (2000): Transformation des Marktes in marktorientierten Organisationen, in: Hanns-Georg Brose (Hg.), *Die Reorganisation der Arbeitsgesellschaft*, Frankfurt/M., S. 239–274.

Voswinkel, Stephan (unter Mitarbeit von Anna Korzekwa) (2004): *Dienstleistungsarbeit und Anerkennung. Arbeiten im Kundenkontakt und die Servicekulturdebatte*, Frankfurt/M.

Waters, Mary (1990): *Ethnic Options. Choosing Identities in America*, Berkeley.

Weber, Max (1980): *Wirtschaft und Gesellschaft. Grundriss der verstehenden Soziologie* (1922), Tübingen.

Weber: Max (1988): *Gesammelte Aufsätze zur Religionssoziologie I* (1920), Tübingen.

Wegener, Bernd und Stefan Liebig (1998): Gerechtigkeitsideologien 1991–1996, in: Heiner Meulemann (Hg.), *Werte und nationale Identität im vereinigten Deutschland. Erklärungsansätze der Umfrageforschung*, Opladen, S. 25–59.

Wenzel, Harald (2000): Obertanen. Zur soziologischen Bedeutung von Prominenz, in: *Leviathan*, 28. Jg., Nr. 4, S. 452–476.

Wiedeking, Wendelin (2005): ›Wie man das Thema auch wendet, es kommt immer Unsinn heraus‹. Porsche-Vorstandschef Wendelin Wiedeking zur Debatte um die Offenlegung von Managergehältern, in: *Frankfurter Allgemeine Zeitung*, 17. März.

Wiesenthal, Helmut (2000): Markt, Organisation und Gemeinschaft als »zweitbeste« Verfahren sozialer Koordination, in: Uwe Schimank und Raymund

Werle (Hg.), *Gesellschaftliche Komplexität und kollektive Handlungsfähigkeit*, Frankfurt/M., S. 44–73.

Willemsen, Roger (2004): *Deutschlandreise*, Frankfurt/M.

Willisch, Andreas und Kai Brauer (1998): Aktive Verlierer und passive Gewinner. Die Wahrnehmung individueller Aufstiegschancen und ihre integrative Kraft, in: *Berliner Debatte Initial*, Jg. 9, Heft 2/3, S. 117–131.

Wouters, Cas (1999): *Informalisierung. Norbert Elias' Zivilisationstheorie und Zivilisationsprozesse im 20. Jahrhundert*, Wiesbaden.

Zukin, Sharon und Paul DiMaggio (1990): Introduction, in: Dies. (Hg.), *Structures of Capital: The Social Organization of the Economy*, Cambridge, 1–36.

Campus Studium

Michael Hartmann
Elitesoziologie
Eine Einführung

2008, 2. korrigierte Auflage
203 Seiten, ISBN 978-3-593-37439-0

Heiner Minssen
Arbeits- und Industriesoziologie
Eine Einführung
2006, 262 Seiten, ISBN 978-3-593-38192-3

Johannes Huinink, Dirk Konietzka
Familiensoziologie
Eine Einführung
2007, 246 Seiten, ISBN 978-3-593-38368-2

Frank Adloff
Zivilgesellschaft
Theorie und politische Praxis
2005, 170 Seiten, ISBN 978-3-593-37398-0

Walther Müller-Jentsch
Organisationssoziologie
Eine Einführung
2003, 204 Seiten, ISBN 978-3-593-36792-7

Mehr Informationen unter
www.campus.de

Frankfurt · New York

Frankfurter Beiträge zur Soziologie und Sozialphilosophie

David Garland
Kultur der Kontrolle
Verbrechensbekämpfung und soziale Ordnung in der Gegenwart
Band 12, 2008, 394 Seiten, ISBN 978-3-593-38585-3

Thomas Lemke
Die Polizei der Gene
Formen und Felder genetischer Diskriminierung
Band 9, 2006, 173 Seiten, ISBN 978-3-593-38023-0

Rahel Jaeggi
Entfremdung
Zur Aktualität eines sozialphilosophischen Problems
Band 8, 2005, 268 Seiten, ISBN 978-3-593-37886-2

Reimut Reiche
Triebschicksal der Gesellschaft
Über den Strukturwandel der Psyche
Band 5, 2004, 212 Seiten, ISBN 978-3-593-37496-3

Ferdinand Sutterlüty
Gewaltkarrieren
Jugendliche im Kreislauf von Gewalt und Missachtung
Band 2, 2002, 382 Seiten, ISBN 978-3-593-37081-1

Axel Honneth (Hg.)
Befreiung aus der Mündigkeit
Paradoxien des gegenwärtigen Kapitalismus
Band 1, 2002, 254 Seiten, ISBN 978-3-593-37080-4

Mehr Informationen unter
www.campus.de

Frankfurt · New York